Christoph Gille | Christine Krüger | Júlia Wéber

Einflussnahmen der extremen Rechten – Herausforderungen für die Soziale Arbeit in Mecklenburg-Vorpommern

Diversität in der Sozialen Arbeit

Herausgegeben von
Birgit Jagusch | Yasmine Chehata

Diversität hat sich als Begriff für die theoretische wie praktische Verortung und Skizzierung von Gesellschaftsfigurationen, die sich durch vielfältige Bezugnahmen, Positionierungen und Kategorisierungen auszeichnen, etabliert. Darunter können Phänomene der Selbst- wie der Fremdzuordnung und Praxen der In- und Exklusion beleuchtet als auch Macht- und Herrschaftsregime kritisch in den Blick genommen werden. In Anlehnung an intersektionale Perspektiven soll es in den einzelnen Bänden dieser Reihe „Diversität in der Sozialen Arbeit" darum gehen, die Interdependenten wie gleichzeitigen Besonderheiten der einzelnen Facetten von Diversität und Positionierungen sowie Handlungs(un)möglichkeiten nachzuzeichnen und Perspektiven für die Soziale Arbeit zu entwickeln. Die einzelnen Bände berücksichtigen die Ebenen Theorie – Konzeption – Anwendungsbezug und skizzieren für je einen thematischen Fokus unterschiedliche theoretische wie handlungspraktische Ausgangsbedingungen.

Christoph Gille | Christine Krüger |
Júlia Wéber

Einflussnahmen der extremen Rechten – Herausforderung für die Soziale Arbeit in Mecklenburg-Vorpommern

BELTZ JUVENTA

Die Autor:innen

Prof.'in Dr. Júlia Wéber, Dipl. Soz. Päd., Dipl. Päd. DaF, Professorin für Migrationsgesellschaft und Demokratiepädagogik an der Hochschule Neubrandenburg.

Prof.'in Dr. Christine Krüger, Dipl. Sozialarbeiterin/Sozialpädagogin, M.A., Professorin für Sozialwissenschaften/Qualitative Forschung an der Hochschule Neubrandenburg.

Prof. Dr. Christoph Gille, Dipl. Sozialarbeiter/Sozialpädagoge, Professor für Soziale Arbeit in Kontexten von Armut und Ausgrenzung an der Hochschule Düsseldorf.

Die Open-Access-Publikationskosten wurden gefördert durch die Deutsche Forschungsgemeinschaft (DFG) und den Open-Access-Publikationsfonds der Hochschule Neubrandenburg.

Dieses Buch ist erhältlich als:
ISBN 978-3-7799-6690-6 Print
ISBN 978-3-7799-6691-3 E-Book (PDF)

1. Auflage 2022

Herstellung und Satz: Ulrike Poppel
Druck und Bindung: Beltz Grafische Betriebe, Bad Langensalza
Beltz Grafische Betriebe ist ein klimaneutrales Unternehmen (ID 15985-2104-100)
Printed in Germany

Weitere Informationen zu unseren Autor_innen und Titeln finden Sie unter: www.beltz.de

Inhalt

1 Einführung

Eine Einrichtung der Demokratiebildung wird von Neonazis belagert, ein Brandsatz landet im Eingang eines Jugendzentrums, vor einer Sammelunterkunft skandieren Personen rechte Parolen, Beratungsklient:innen finden Drohschreiben in ihrem Briefkasten, bei einem Hausbesuch wird festgestellt, dass Kinder nach völkischen Idealen erzogen werden, eine Kollegin der Jugendhilfe vertritt chauvinistische Positionen, ein Kollege verweigert den Zugang zu einem Arbeitsmarktangebot aufgrund von rassistischen Stereotypen, ein Bildungsangebot löst im Internet einen Shitstorm aus, eine parlamentarische Anfrage fragt nach den Namen von Vereinsvorständen, die sich ehrenamtlich für Pluralismus und Menschenrechte einsetzen oder fordert auf, die Finanzierung des Angebots zu streichen.

Das alles sind konkrete Beispiele, die im Rahmen der vorliegenden Untersuchung zu extrem rechten Einflussnahmen in der Sozialen Arbeit in Mecklenburg-Vorpommern gefunden wurden. Situationen wie diese stehen in den folgenden Kapiteln im Mittelpunkt. Auf der Basis empirischer Daten wird erkundet, ob die extreme Rechte Einfluss auf die Soziale Arbeit in Mecklenburg-Vorpommern nimmt und in welchen Formen sie das tut.

Die Untersuchung reiht sich ein in eine Folge von Beiträgen, die in der letzten Zeit erschienen sind und die sich mit den Einflussnahmen der extremen Rechten in spezifischen gesellschaftlichen Sektoren beschäftigen. Nachdem lange vor allem Einstellungen und Zusammenhänge von sozialer Lage und Rechtextremismus (z. B. Zick/Küpper 2021; Decker/Brähler 2020; Stark et al. 2017), die institutionalisierte Politik (z. B. Alin et al. 2021; Schroeder/Weßels 2019; Manow 2018) oder spezifische Szenen und Akteure der extremen Rechten (z. B. Speit 2021; Claus 2020; Röpke/Speit 2019) im Mittelpunkt sozialwissenschaftlicher Forschung standen, erhalten mit der neuen Konjunktur extrem rechter Diskurse und Praktiken auch solche Bereiche Aufmerksamkeit, die dezidiert zum vorpolitischen Raum gezählt werden können. Dazu gehören bspw. die Veröffentlichungen und Untersuchungen zu den Interventionen in Gewerkschaften, Kirchen oder dem organisierten Sport (Schröder et al. 2020), zu Dynamiken in zivilgesellschaftlichen Räumen (Sehmer et al. 2021) oder zu Arbeiter:innen und der radikalen Rechten (Dörre 2020). Gerade vor dem Hintergrund der menschenfeindlichen Anschläge in Hanau, Halle und Kassel und der über 200 Todesopfer rechter Gewalt seit 1990 (Amadeu Antonio Stiftung, andauernd) gerät in den Blick, wie Ideologien der Ungleichwertigkeit über politische Akteure zu rechtsterroristischen Akten eskalieren (vgl. Heitmeyer/Freiheit/Stritzer 2020).

Auch in der Sozialen Arbeit ist eine neue Aufmerksamkeit für das Thema erkennbar. Mehrere Fachzeitschriften beschäftigen sich in Schwerpunkten mit der extremen Rechten, darunter die Blätter der Wohlfahrtspflege („Soziale Arbeit und Rechtsextremismus"; 1/2021), die Sozial Extra („Rechtsnationaler Autoritarismus und Soziale Arbeit" 2/2020), das Forum Sozial („Rechts gewendet. Wo steht die Soziale Arbeit?"; 1/2020) und das Archiv für Wissenschaft und Praxis der Sozialen Arbeit („Soziale Arbeit und Rechtsextremismus"; 2/2020). Einzelne Sammelbände fassen Erkenntnisse zusammen (Gille/Jagusch/Chehata 2022; Farrokhzad et al. 2021; Haase/Nebe/Zaft 2020; Fischer/Dunn 2019) und auch einige Wohlfahrtsverbände bearbeiten das Thema oder schaffen vereinzelt Strukturen zur verbandlichen Bearbeitung (Wüstefeld/Graßtorf 2022; Woltering/Höppner 2020; Paritätischer Gesamtverband 2020; Diakonie Deutschland 2018). Tagungen von Fachgruppen der Deutschen Gesellschaft für Soziale Arbeit e. V. oder der Gilde Soziale Arbeit zeigen ebenso wie Stellungnahmen von Wissenschaftler:innen zu Vorfällen mit Studierenden oder Angriffen auf Kolleg:innen (Rat für Migration 2021; Hochschule Düsseldorf 2020; Lehrende am Institut für Soziale Arbeit BTU Cottbus 2020), dass die Beschäftigung mit der extremen Rechten an den Hochschulen und Universitäten eingesetzt hat (vgl. Ehlert et al. 2020).

Trotz der neuen Aufmerksamkeit stellen systematische empirische Untersuchungen zu Land- und Einflussnahmen in der Sozialen Arbeit jedoch noch eine Ausnahme dar. Seit den 2000er Jahren liegen eher Berichte von Einzelfällen vor, die Verbindungen und Einflussnahmen der extremen Rechten in der und auf die Soziale Arbeit nachweisen (z. B. Grigori/Trebing 2019; Lehnert/Radvan 2016; Scherr/Bitzan 2007). Sie zeigen beispielhaft, dass extrem rechte Haltungen und Praktiken sowohl bei Adressat:innen als auch bei Fachkräften vorkommen. Schon in diesen Berichten wird sichtbar: Soziale Arbeit ist nicht vor extrem rechten Einflussnahmen gefeit.

Mittlerweile beruhen einige Untersuchungen auf systematisch erhobenen Daten: Schuhmacher, Schwerthelm und Zimmermann (2021) untersuchen 262 Vorfälle politischer Interventionen von rechts in der Offenen Kinder- und Jugendarbeit. Sie zeigen, wie in die Entfaltungsräume der Jugendarbeit eingegriffen und Prozesse politischer Willensbildung und Artikulation untergraben werden. Besche (2022) erkundet Einstellungen bei Studierenden Sozialer Arbeit mit dem Fokus auf rechtsextreme Haltungen. Die Forscher:innengruppe rund um Hafeneger (Hafeneger et al. 2021) zeigt auf Basis der großen und kleinen Landtagsanfragen der AfD zur Jugendpolitik, wie Soziale Arbeit auf der einen Seite angegriffen wird, wenn sie sich für Demokratie und universalistische Werte einsetzt, und auf der anderen Seite als Arena für diskursive Verschiebungen instrumentalisiert werden kann.

Auch die hier vorgestellte Studie legt systematische Erkenntnisse über die Land- und Einflussnahmen der extremen Rechten in der Sozialen Arbeit vor.

Mit der Untersuchung in Mecklenburg-Vorpommern bauen wir auf der Studie von Gille und Jagusch (2019) auf, die das Vorkommen und die Erscheinungsformen der Neuen Rechten in der Sozialen Arbeit in Nordrhein-Westfalen erkundet hat. Die Studie in Mecklenburg-Vorpommern folgt in wesentlichen Zügen der in Nordrhein-Westfalen angewendeten Methodik und auch die Auswertung schließt an die Erkenntnisse dort an. Dennoch versteht sich die Studie als eigenständige Annäherung an die Einflussnahmen in Mecklenburg-Vorpommern. Wo es sich als relevant erweist, gehen wir auf Unterschiede und Gemeinsamkeiten mit den nordrhein-westfälischen Ergebnissen ein, ohne dass eine vergleichende Sichtweise im Vordergrund steht (für eine zusammenführende Übersicht beider Studien siehe Gille/Jagusch/Krüger/Wéber 2022).

Die Erkenntnisse zu Mecklenburg-Vorpommern beruhen auf drei Datengrundlagen: einer Befragung von 252 Fachkräften der Sozialen Arbeit mit einem Fragebogen, Expert:inneninterviews mit 21 Fachkräften aus verschiedenen Regionen und Arbeitsfeldern der Sozialen Arbeit sowie einer ergänzenden Dokumentenanalyse von Anfragen der AfD im Landesparlament, die im Zusammenhang mit Sozialer Arbeit stehen. Dabei verwenden wir in dieser Studie einen weiten Begriff von Sozialer Arbeit, der Angebote von öffentlichen und frei-gemeinnützigen Trägern sowie privaten Initiativen und Organisationen einschließt, die soziale Probleme und Konflikte institutionalisiert bearbeiten. Wenn explizit Angebote der öffentlichen, frei-gemeinnützigen bzw. frei-privaten Wohlfahrtshilfe gemeint sind, benutzen wir zur besseren Abgrenzung gelegentlich den Begriff ‚etablierte Angebote Sozialer Arbeit'. Wir gehen nicht davon aus, dass es sich bei allen Personen, die in der Sozialen Arbeit tätig sind, um ausgebildete Sozialarbeiter:innen oder Sozialpädagog:innen handelt. Stattdessen werden Stellen in der Sozialen Arbeit von Personen mit unterschiedlichen Ausbildungen besetzt, darunter Erzieher:innen, Heilpädagog:innen, Geistes- und Sozialwissenschaftler:innen. Ihre Erfahrungen werden in der Studie ebenso berücksichtigt, wie Beispiele aus benachbarten beruflichen Feldern wie der Schulpädagogik, wenn aus ihnen Rückschlüsse auf die Soziale Arbeit gezogen werden können.

Die auf der Basis der verschiedenen Datengrundlagen gewonnenen Erkenntnisse wurden in einem inhaltsanalytischen Verfahren ausgewertet und durch weitere Recherchen vertieft. Eine genauere Darstellung des *methodischen Vorgehens* erfolgt in *Kapitel 2*. *Kapitel 3* gibt einen Einblick in das *theoretische Verständnis* der extremen Rechten sowie die Bezüge, die sich zur Sozialen Arbeit herstellen lassen. In *Kapitel 4* erfolgt eine Einführung in den *spezifischen Kontext in Mecklenburg-Vorpommern*. Insbesondere geben wir einen knappen Einblick in verschiedene Erscheinungsformen der extremen Rechten im Bundesland.

Die Ergebnisse der Untersuchung zeigen, dass die extreme Rechte umfassend im professionellen Alltag von Sozialarbeiter:innen, Sozialpädagog:innen,

Erzieher:innen, Geistes- und Gesellschaftswissenschaftler:innen und anderen Fachkräften der Sozialen Arbeit verankert ist. Diese Verankerung gründet auf Erfahrungen im professionellen Kontext und in privaten Zusammenhängen und findet so Eingang in die *alltägliche Wissensordnung* der Fachkräfte. Wir beginnen die Vorstellung der Forschungsergebnisse im *Kapitel 5* mit einem Einblick in diese alltagsweltlichen Anschlüsse.

In *Kapitel 6* werden die Ergebnisse entlang der drei zentralen Kategorien *eigene Angebote*, *externe Einflussnahmen* und *interne Praktiken* vorgestellt. In jedem Unterkapitel werden Varianten mit ihren bestimmenden Charakteristika erörtert, die auf der Basis des empirischen Materials erkennbar werden. Konkrete Schlüsselbeispiele veranschaulichen die abstrakten Merkmale der verschiedenen Kategorien und Varianten.

Natürlich sind die Fachkräfte und Einrichtungen der Sozialen Arbeit den Land- und Einflussnahmen nicht einfach ausgesetzt, im Gegenteil. Im Material findet sich eine große Anzahl von Reaktionen, darunter beeindruckende Praktiken der *Gegenwehr*, von der im Arbeitsalltag gelebten demokratischen Haltung der Fachkräfte bis zu der Entwicklung tragfähiger institutioneller Antworten. Auch wenn diese Praktiken nicht im Zentrum der Untersuchung standen, vermittelt das *Kapitel 7* einen Eindruck dieser Antworten.

Die Untersuchung aus Mecklenburg-Vorpommern liefert weitere Belege dafür, die bereits die Studie aus Nordrhein-Westfalen (Gille/Jagusch 2019), die Arbeiten von Schuhmacher/Schwerthelm/Zimmermann (2021) und Hafeneger et al. (2021) empirisch nachvollziehbar machen: Die extreme Rechte nimmt Einfluss auf die Soziale Arbeit. Zum einen wird Soziale Arbeit selbst zum Angriffspunkt und das insbesondere dann, wenn sie sich für ein demokratisches Zusammenleben und universelle Grundrechte einsetzt. Zum anderen kann Soziale Arbeit für die politischen Anliegen und Strategien der extremen Rechten nutzbar gemacht werden. Dann wird sie instrumentalisiert, um bspw. rassistische oder antifeministische Positionen zu propagieren oder sich als ‚Kümmerer' zu inszenieren. Die gefundenen Ereignisse belegen: Die Land- und Einflussnahmen der extremen Rechten sind in Mecklenburg-Vorpommern weit fortgeschritten. Sie sind selbstverständlicher Teil des Alltags, in dem sich die Fachkräfte bewegen. Schon heute ist die Soziale Arbeit im Bundesland systematischen Angriffen ausgesetzt. Und auch die damit verbundenen Gefahren und Verluste sind für Adressat:innen und Fachkräfte bereits Wirklichkeit geworden.

Dass wir diese Entwicklungen sichtbar machen können, haben wir allen Fachkräften zu verdanken, die an der Fragebogenerhebung teilgenommen haben und sich für Expert:inneninterviews zur Verfügung gestellt haben. Die Hochschule Neubrandenburg hat die Forschung und die Veröffentlichung der Publikation finanziell unterstützt. Judith Rahner hat durch ihre präzise und umfassende Dokumentenanalyse wesentlich zu Studie beigetragen. Ein besonderer Dank gilt unseren engagierten Mitarbeiterinnen Jenny Oster, Franziska Rämänen-Praße und Monika Schmidt, ohne die diese Forschung nicht möglich gewesen wäre. Wir widmen diese Publikation allen Fachkräften in der Sozialen Arbeit, die sich im alltäglichen Umgang mit der extremen Rechten nicht einschüchtern lassen und sich auch weiter für ein demokratisches Miteinander und die Gleichwertigkeit aller Menschen einsetzen.

2 Methodisches Vorgehen und Forschungspraxis

Die Untersuchung in Mecklenburg-Vorpommern ist an die Forschungsmethodik der Studie zur Neuen Rechten in der Sozialen Arbeit in Nordrhein-Westfalen angelehnt (Gille/Jagusch 2019). Im Sinne eines Mixed-Methods-Ansatzes umfasst die Erhebung drei Bausteine.

In einem *ersten Baustein* wurden Fachkräfte in allen Landkreisen und in unterschiedlichen Arbeitsfeldern der Sozialen Arbeit in Mecklenburg-Vorpommern im Sommer 2020 durch eine Online-Befragung (Limesurvey), bestehend aus quantitativen und qualitativen Elementen, zu ihren Einschätzungen zu Land- und Einflussnahmen der extremen Rechten in der Sozialen Arbeit befragt. Im Vorfeld der Online-Erhebung wurden von Mai bis Juni 2020 die Trägerstrukturen Sozialer Arbeit in Mecklenburg-Vorpommern mittels einer umfangreichen Recherche systematisch erfasst. Die Datenbank umfasste 864 Einträge zu einzelnen Fachkräften und Einrichtungen aus den sechs Landkreisen und zwei kreisfreien Städten (Schwerin und Rostock) im Bundesland. Die Fachkräfte und Einrichtungen wurden im Zeitraum von Juni bis September 2020 mit der Bitte angeschrieben, an der Online-Befragung bis Anfang Oktober 2020 teilzunehmen und die Umfrage im Schneeballprinzip an andere interessierte Kolleg:innen weiterzuleiten. Dabei wurden zu einem späteren Zeitpunkt noch einmal Träger in Regionen oder Arbeitsfeldern angeschrieben, die bis dahin unterrepräsentiert waren. Der Online-Fragebogen wurde schließlich von 406 Fachkräften beantwortet. Davon wurden 252 ausgefüllte Fragebögen, die die Kriterien der Beantwortung von Kernfragen und Vollständigkeit erfüllten, in das Sample aufgenommen. Eine erste Auswertung erfolgte deskriptiv statistisch. Die offenen Elemente des Fragebogens (Schilderung von Beispielen und Situationen etc.) flossen in die gemeinsame inhaltsanalytische Auswertung des gesamten qualitativen Datenmaterials ein.

In einem *zweiten Baustein* und auf Basis der Erkenntnisse der Fragebogenerhebung wurden im Herbst/Winter 2020/21 insgesamt 21 leitfadengestützte Expert:inneninterviews mit Fachkräften geführt. Dabei wurde das Sample kontrastierend zusammengesetzt und es wurden Expert:innen aus allen Landkreisen und verschiedenen Arbeitsfeldern der Sozialen Arbeit befragt. Durch die episodischen Schilderungen in diesen Interviews konnten weitere Beobachtungen sowie vertiefte Einschätzungen zu Themen, Charakteristika und Muster der Einflussnahmen gewonnen werden. Aufgrund der Corona-Pandemie wurden die Interviews telefonisch geführt und aufgezeichnet. Sie umfassten zwischen 60 und 120 Minuten je Interview. Retrospektiv erwiesen sich die Telefoninterviews als methodisch sehr gut geeignet. Die Expert:inneninterviews fokussierten primär die gegebenen Antworten (vgl. Gläser/Laudel 2006) und weniger die non-verbalen Elemente, die in Face-to-Face-Interviews relevant werden können. Die telefonische Interviewführung ermöglichte ein gewisses Maß an Anonymität, indem die Interviewten selbst nicht sichtbar waren und die Interviews zumeist aus dem Homeoffice ohne Ablenkungen bzw. Unterbrechungen im Arbeitsumfeld und auch ohne möglicherweise unerwünschte Zuhörer:innen führten. Dieses Erhebungssetting trug mutmaßlich zu der großen Offenheit der Befragten bei (vgl. Schulz/Ruddat 2012). Die in den Interviews genannten Vorfälle und Einflussnahmen, die den Fachkräften aus eigener Erfahrung bekannt waren, mischten sich z. T. mit kollektivem Wissen über rechte Einflussnahmen (bspw. zu völkischen Siedler:innen oder zur Neonaziszene der 90er Jahre, siehe Kapitel 5) oder mit Schilderungen durch dritte Personen. Die in den Interviews und in den Fragebögen genannten Vorkommnisse wurden, wenn sie öffentlichen Charakter hatten, im Nachhinein recherchiert und inhaltlich geprüft, bevor sie in die Auswertung aufgenommen wurden.

Der *dritte Baustein* bestand aus einer Dokumentenanalyse der parlamentarischen Aktivitäten der Partei Alternative für Deutschland (AfD) mit Fokus auf den Schweriner Landtag in Mecklenburg-Vorpommern. Hier wurden 90 Dokumente, vorwiegend Kleine Anfragen, die im Zeitraum zwischen 2017 und 2020 veröffentlicht wurden und den Themenfeldern Sozialer Arbeit zugerechnet werden können, ausgewertet. Diese Analyse wurde von Judith Rahner, die über eine langjährige Expertise im Bereich gruppenbezogener Menschenfeindlichkeit und Rechtsextremismus verfügt, durchgeführt.

Die in allen drei Bausteinen gewonnenen textförmigen Daten wurden in einem inhaltsanalytischen Verfahren explizierend und strukturierend ausgewertet (vgl. Mayring 2016, S. 115). Die in Fragebogen und Interviewleitfaden angelegten deduktiven Kategorien (eigene Angebote der extremen Rechten, externe Einflussnahmen und interne Praktiken) wurden aus der NRW-Studie (Gille/Jagusch 2019) übernommen. Dabei wurden die Ergebnisse zu Formen der Einflussnahme aus der Forschung in Nordrhein-Westfalen verifiziert, erweitert und modifiziert. Innerhalb der drei Kategorien der Einflussnahmen wurden induktiv weitere Varianten gebildet, die spezifische Ausprägungen zeigen. Die jeweiligen Erkenntnisse wurden in drei Auswertungsworkshops im Forscher:innenteam diskutiert, um intersubjektive Validierungen zu gewährleisten. Weitere Auswertungen (siehe Kapitel 7) erfolgten mit der Unterstützung von Studierenden im MA Social Work der Hochschule Neubrandenburg im Rahmen der Forschungslehre im akademischen Jahr 2020/21.

Die Teilnehmenden an der Fragebogenerhebung

Die Personen, die an der Fragebogenerhebung teilnahmen und deren Antworten in die Auswertung eingeflossen sind, bilden ein breites Spektrum an Organisationen und Handlungsfeldern Sozialer Arbeit in Mecklenburg-Vorpommern ab. Von den 252 Befragten geben 23 % an, für einen öffentlichen Träger zu arbeiten, 71 % sind bei einem freien Träger tätig. Von den freien Trägern befinden sich 24 % in kirchlicher Trägerschaft, 21 % in nicht-konfessioneller Trägerschaft, 47 % in anderer frei-gemeinnütziger Trägerschaft sowie 8 % in frei-gewerblicher Trägerschaft.

Um ein differenziertes Bild der Arbeitsfelder der teilnehmenden Sozialarbeitenden zu erhalten, wurden sie nach ihren Handlungs-, Arbeits- und Tätigkeitsfeldern gefragt (vgl. Farrenberg/Schulz 2020). Es war möglich, mehrere Antworten zu geben, um die Arbeitsrealität vieler Träger abzubilden, die verschiedene Handlungs- bzw. Arbeitsfelder innerhalb der Sozialen Arbeit bedienen.

Tabelle A: Handlungsfelder der Einrichtungen (n=252, Mehrfachnennungen möglich)

Tabelle A zeigt die Zuordnung der eigenen Tätigkeit zu Feldern und Tätigkeitsbereichen, die von mehr als 15 % der Befragten benannt sind. Am häufigsten erfolgt die Einordnung in das Handlungsfeld der Kinder- und Jugendhilfe (44 %) und in seine Arbeits- und Tätigkeitsfelder wie der Jugendsozialarbeit (35 %) bzw. der Offenen Kinder- und Jugendarbeit (32 %). Daneben werden folgende weitere Felder angegeben: Angebote für Frauen/queere Menschen bzw. gendersensible

Angebote (10 %), Verbandsarbeit und Fachstellen (10 %), Altenhilfe (10 %), Tätigkeiten in der Drogen- und Suchthilfe (9 %), Selbsthilfearbeit (8 %), Gesundheitshilfen (7 %), Hilfen bei Wohnungslosigkeit (5 %), Tätigkeiten in der Resozialisierung (5 %) sowie sonstige Einordnungen (8 %). Des Weiteren erfolgen zahlreiche Eintragungen in der Freifeldoption. Genannt seien hier diejenigen, die eine Relevanz für das Forschungsthema haben und im Verlauf als mögliche Anknüpfungspunkte der extremen Rechten an die Soziale Arbeit wieder aufgegriffen werden: politische Bildungsarbeit, Arbeit in Pflegeeinrichtungen, Fort- und Weiterbildung sozialpädagogischer Fachkräfte und die Arbeit im Jobcenter.

Weitere Fragen zielten auf die geografische und räumliche Verortung der Befragten ab. Obwohl Mecklenburg-Vorpommern insbesondere durch seine ländlichen Gebiete geprägt ist, verortet mehr als die Hälfte der Befragten (56 %) ihre jeweiligen Träger in Städten mit über 50.000 Einwohner:innen, gefolgt von dem Sitz der Träger in Städten zwischen 10.000 bis 50.000 Einwohner:innen (20 %) sowie Kleinstädten (10 %). Lediglich 10 % der Befragten verortet den Träger in einem Dorf bzw. ländlich strukturierten Gebieten. Dies bildet eine überwiegend urbane Zentrierung der Träger der Sozialen Arbeit in Mecklenburg-Vorpommern ab und kann ein Hinweis auf die eingeschränkte Reichweite der Angebote der Sozialen Arbeit in den ländlichen Regionen des Bundeslandes sein. Die Verteilung der Einrichtungen auf die Landkreise in Mecklenburg-Vorpommern ist Tabelle B zu entnehmen.

Tabelle B: Einrichtungen nach Landkreis (n=252)

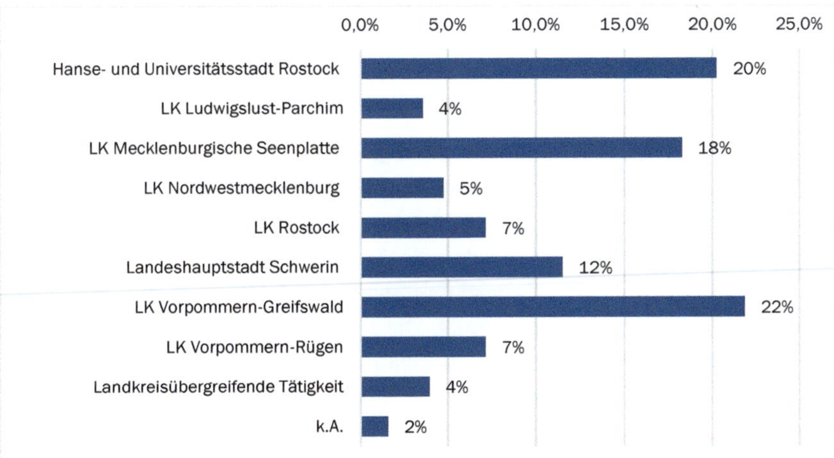

Institutionell ist die Landeshauptstadt Schwerin, zweitgrößte Stadt des Landes, mit 12 % in der Auswertung unterdurchschnittlich repräsentiert. In der weiteren Verteilung zeigt sich die prominente Verortung der Träger und Einrichtungen in den bevölkerungsreichen Städten Rostock (20 %) und Greifwald (im

LK Vorpommern-Greifswald) (22 %). Die besonders ländlich geprägten Landkreise Nordwestmecklenburg (5 %) und Ludwigslust-Parchim (4 %) werden in der Umfrage am wenigsten repräsentiert. Die hohe Beteiligung im Landkreis Mecklenburgische Seenplatte (18 %) kann mit der großen Fläche des Landkreises erklärt werden sowie mit Lage der Hochschule Neubrandenburg und ihrer Bekanntheit und Vernetzung im Landkreis.

Die Teilnehmenden der Expertinnen:interviews

Am Ende des Online-Fragebogens konnten die befragten Personen angeben, ob sie für ein telefonisches Interviewgespräch zur Verfügung ständen. Vierzehn Fachkräfte erklärten sich für ein Expert:inneninterview bereit. Um ein differenziertes Bild über alle Landkreise, städtische und dörfliche Strukturen, verschiedene Handlungs-, Arbeits- und Tätigkeitsfelder (Offene Jugendarbeit, Jugendamt, Migrationssozialarbeit, Selbsthilfe, Demokratieförderung und Tätigkeitsfelder mit Gender-Bezug) zu erhalten, sprachen wir zudem gezielt Personen an, die in bestimmten Landkreisen, Regionen und Handlungsfeldern tätig waren. Die Auswahl der Fachkräfte wurde auf diese Weise kontrastiert, um einen möglichst breiten Einblick in Regionen und Handlungsfeldern zu erhalten. Unter den Interviewpartner:innen fanden sich nicht ausschließlich studierte Sozialpädagog:innen und Sozialarbeiter:innen, sondern auch Personen mit z. B. pädagogischen, gesellschafts- oder sozialwissenschaftlichen Hochschulabschlüssen, die sozialarbeiterische Tätigkeiten durchführen und bei etablierten Trägern Sozialer Arbeit beschäftigt sind (siehe Einführung).

Darstellung des Datenmaterials und Belegführung

Die Darstellung konkreter Beispiele zu den Einflussnahmen der extremen Rechten, die durch die Fachkräfte genannt wurden, wurde einem Anonymisierungsverfahren unterzogen: Die meisten Träger- und Einrichtungsbezeichnungen sowie Personennamen oder die Angaben zu Orten oder Lokalitäten wurden anonymisiert. Den Expert:innen wurden jeweils einer der Großbuchstaben zwischen A und Z zugeordnet. Die zitierten Interviewstellen geben außerdem die Zeilennummern der Interviewtranskripte an. So steht z. B. das Kürzel B 223-227 für das Interview mit der Person B und der zitierte Ausschnitt ist in den Transkriptzeilen 223-227 zu finden. Aufbauend auf den Daten in den Fragebögen und den Interviews erfolgten weitergehende Recherchen, z. B. in Presseberichten, öffentlichen Dokumenten, auf Websites oder in den sozialen Medien. Insbesondere wurden so bestimmte Darstellungen der Befragten nochmals recherchiert und auf ihre Bedeutung geprüft. Die Mediendaten aus diesen Recherchen werden mit den Kürzeln M1, M2, M3 usw. gekennzeichnet.

3 Die extreme Rechte und ihre Verbindungen in die Soziale Arbeit

Im Kapitel 3.1 wird zunächst auf das Verständnis der extremen Rechten eingegangen, das dieser Studie zugrunde liegt. Dabei werden sowohl wesentliche Charakteristika des Phänomens erläutert als auch angrenzende Begriffe vorgestellt, wie der Rechtsextremismus, die Neue Rechte, der Neonazismus oder der Rechtspopulismus, die in der Studie ebenfalls verwendet werden. Im anschließenden Kapitel 3.2 wird dann das Verhältnis von extremer Rechter und Sozialer Arbeit diskutiert. Dabei werden sowohl Anschlusspunkte als auch Abgrenzungen erörtert.

3.1 Zu Begriff und Konzept der extremen Rechten

Im Forschungsfeld finden unterschiedliche Begriffe Verwendung, die mit unterschiedlichen Bedeutungen, Wahrnehmungen oder sozialen Kontexten versehen werden und je nach Perspektive unterschiedlich zum Einsatz kommen (vgl. Virchow/Häusler 2022; Salzborn 2018, S. 5). Diese Debatten können hier zwar nicht in Gänze vorgestellt werden, es soll aber deutlich werden, welche Phänomene in der Studie wie bezeichnet werden. Dazu werden auch angrenzende Begriffe wie die Neue Rechte, der Rechtsextremismus, der Rechtspopulismus oder die radikale Rechte vorgestellt, um die jeweiligen Gegenstände, von denen die Rede ist, zu präzisieren.

In dieser Studie wird die *extreme Rechte* als Sammelbegriff für verschiedene ideologische Strömungen verwendet, in deren Mittelpunkt die Annahme steht, dass „soziale Hierarchien unausweichlich, natürlich oder erstrebenswert sind" (Virchow 2018, S. 35). Darin eingeschlossen sind Ideologien, die von der kulturellen Homogenität bestimmter Gruppen ausgehen und einen dynamischen Kulturbegriff ablehnen. Solche Ideen sind anschlussfähig an Kulturalisierungen, wie sie im Alltag häufig vorgenommen werden. Deswegen stellen sie sich im Kampf um die Vorherrschaft im vorpolitischen Raum, wie ihn manche Gruppierungen der extremen Rechten führen, als besonders geeignet dar. In solchen Ideologien steht die Vorstellung eines homogenen Volkes im Mittelpunkt, das durch die Sozialisation in einer spezifischen Kultur und Natur geschaffen wird und für das jede Veränderung, jeder Austausch und jedes Wechselspiel als bedrohlich wahrgenommen wird (vgl. Zorn 2018, Schellhöh 2018). Individuen haben sich in diese als natürlich betrachtete Ordnung einzugliedern; das Kollektiv erhält Vorrang vor den Individuen (vgl. Gessenharter 2018, S. 46). Obwohl ein Nebeneinander unterschiedlicher Völker in die Idee eingeschrieben ist, bleiben gerade wegen der Betonung der kulturellen Unterschiede Abwertungen und Rangordnungen bestehen. Aus ethnopluralistischer Sicht wird Kultur zu einer ambivalenten Chiffre, um „das nationale Sonderbewusstsein zu bestätigen und hervorzuheben" (Weiß 2016, S. 463). Dezidiert abwertende Positionen gehen damit einher und finden sich bspw. in der verbreiteten Islamfeindlichkeit, der Ausländerfeindlichkeit oder im Euroskeptizismus (vgl. Hartleb 2018, S. 101; Häusler 2016). In rassistischen Bewegungen wie Pegida oder der Identitären Bewegung kommen Abwertungen, die auf ethnopluralistischen Vorstellungen beruhen, offen zum Ausdruck.

Solche Ideen finden sich prominent bei Vertreter:innen der sich selbst so bezeichnenden *Neuen Rechten*, die seit den 1960er Jahren als vorwiegend intellektuelle Strömung eine Modernisierung und Erweiterung extrem rechter Diskurse angestoßen haben (vgl. Hufer 2018; Salzborn 2017; Langebach/Raabe 2016). Sie wenden sich von biologisierenden Rassismen ab, wie sie z. B. bei Neonazis zu finden sind, und legitimieren Hierarchien zwischen Menschen und autoritäre Gesellschaftsstrukturen über den Schlüsselbegriff der Kultur. Darüber hinaus zeichnet die Neue Rechte einen Weg vor, wie neurechter Gesellschaftsaufbau politisch vorangetrieben werden kann: Der Kampf um die Vorherrschaft beginnt mit dem Kampf um die Köpfe und um die Straße – also im vorpolitischen Raum. Ausdrücklich finden deswegen Auseinandersetzungen um die Alltagsprache oder Alltagssymbole statt; Mode, Musik und Popkultur werden zu Arenen des Kulturkampfes von rechts (vgl. Metz/Seeßlen 2018, S. 52-70, 202-210; Sieber 2016; Kellershohn 2016). Die politische Macht ist aus diesem gramscianischen Verständnis heraus nur eine Folge der kulturellen Vorherrschaft.

Der Begriff des *Rechtsextremismus* wird dagegen vorwiegend verwendet, um explizit demokratie- und verfassungsfeindliche Denkweisen, Praktiken, Personen und Gruppierungen zu markieren (vgl. Virchow 2016, S. 15). Der Begriff wird auch von den Verfassungsschutzbehörden und im institutionalisierten politischen Raum verwendet, wodurch die Ablehnung des Grundgesetzes betont wird (z. B. BMI 2020, S. 46). Verfassungsfeindliche Auffassungen und Praktiken können bspw. an der Ablehnung der Menschenrechte, der parlamentarischen Demokratie, der Gewaltenteilung, einer pluralistischen Ordnung und des Rechts auf Opposition festgemacht werden.

Vielerorts problematisiert wird die dem Begriff des Rechtsextremismus zugeordnete Extremismustheorie (vgl. Backes/Jesse 1993). Sie stellt demokratische und extremistische Einstellungen vereinfachend gegenüber und geht davon aus, dass eine gesellschaftliche ‚Mitte' von ihren ‚Rändern' klar abgrenzbar sei. Wissenschaftler:innen wie Samuel Salzborn (2018, S. 11) oder Klaus-Peter Hufer (2018, S. 10-12) kritisieren außerdem, dass linke und rechte Positionen gleichgesetzt werden; Auffassungen also, die sich auf der einen Seite für die Erweiterung von Autonomie der Einzelnen und für die Emanzipation von nicht legitimierbarer Herrschaft und auf der anderen Seite für die Unterordnung der Individuen unter vermeintlich natürliche Hierarchien einsetzen.

Zugleich verwenden einige Personen den Begriff Rechtsextremismus, die sich der Extremismustheorie nicht zuordnen lassen (vgl. Virchow 2016, S. 16). Dazu zählt Hans-Gerd Jaschke, der unter Rechtsextremismus die Gesamtheit von Einstellungen, Verhaltensweisen und Aktionen versteht, „die von der rassisch oder ethnisch bedingten sozialen Ungleichheit der Menschen ausgehen, nach ethnischer Homogenität von Völkern verlangen und das Gleichheitsgebot der Menschenrechts-Deklaration ablehnen, die den Vorrang der Gemeinschaft vor dem Individuum betonen, von der Unterordnung des Bürgers unter die Staatsräson ausgehen und die den Wertepluralismus einer liberalen Demokratie ablehnen und Demokratisierung rückgängig machen wollen" (Jaschke 1993, S. 31, zit. n. Virchow 2016, S. 16 f.). Die Grundidee von Jaschke wird im Begriff der extremen Rechten aufgegriffen. Durch den adjektivischen Gebrauch erfolgt aber eine Distanzierung zu den Annahmen der Extremismustheorie und es werden Verbindungen zu anderen Strömungen möglich, die darauf basieren, soziale Hierarchien zu naturalisieren (vgl. Virchow 2018, S. 35).

Nach diesen Definitionen ist Gewaltförmigkeit kein Bestimmungsmerkmal der extremen Rechten. Dennoch stellen gewaltförmiges Handeln oder die Legitimation von gewaltvollem Handeln drastische Formen dar, in denen Ideologien der Ungleichwertigkeit Geltung verschafft wird. Solche Formen finden sich häufig bei *neonazistischen Gruppen*, die sich in die nationalsozialistische Tradition stellen (vgl. Salzborn 2020, S. 58-63). Lokale Gruppierungen, Parteien oder Kameradschaften, wie sie auch in Mecklenburg-Vorpommern zu finden sind, beziehen sich auf die Politik des Nationalsozialismus, auf ihre Führungspersonen, ihre Symbole und Aktionen und streben eine umfassende Wiederbelebung an. Der Einsatz und die Legitimation von Gewalt gehören häufig zu den Strategien, um die Lebendigkeit nationalsozialistischer Ideen zu demonstrieren.

Einen weiteren Zugang zur Bestimmung der extremen Rechten ermöglicht das Konzept des *Rechtspopulismus*. Ausgangspunkt des Rechtspopulismus sind zwei Achsen der Gesellschaftsbeschreibung. Neben der horizontalen Achse, die zwischen einem ‚wir' und einem ‚sie', dem vermeintlich ‚Eigenen' und dem ‚Fremden' unterscheidet, tritt eine zweite, vertikale Achse hinzu, die zwischen dem ‚Unten' und dem ‚Oben' differenziert (vgl. Hartleb 2018). Rechtspopulist:innen sehen sich als Vertreter:innen eines ‚wahren Volkswillens', den es gegen eine vermeintliche Elite zu verteidigen gilt. Mit einem anti-pluralistischen Verständnis nehmen Populist:innen in der Folge in Anspruch, die Interessen eines im Akt seiner Inszenierung überhaupt erst hervorgebrachten Volkes zu vertreten und verwehren so eine offene Willensbildung (vgl. Demirović 2018,

S. 34-39). Über die Rehabilitation von Begriffen wie dem der ‚Volksgemeinschaft' werden Gegenbegriffe zur offenen und pluralen Gesellschaft geschaffen und Menschen ausgeschlossen, die „nach vorpolitischen Kriterien [...] nicht zu einem ethnisch homogen phantasiertem Kollektiv" gehören (Salzborn 2017, S. 31). So wird etwa in den letzten Jahren die Parole „Wir sind das Volk" genutzt; im Unterschied zur DDR-Bürger:innenbewegung liegt der Akzent aber nicht mehr auf dem „wir" sondern stattdessen auf dem „Volk" (vgl. Hufer 2018, S. 15). „Nicht mehr rechts oder links, sondern ‚für das Volk' sei die neue Politik, so die populistisch verklausulierte Verheißung", schreiben Häusler und Küpper (2019, S. 155), die insbesondere durch die AfD vertreten werde und in Aussagen wie der, sich das Land „zurück zu holen", ihr autoritäres Gesicht zeige (Hufer 2018, S. 158).

Weitere Sozialforscher:innen wie z. B. Matthias Quent (2019) oder Klaus Dörre (2020) verwenden den Begriff der *radikalen Rechten* und betonen damit auch begrifflich, dass es um die Steigerung von Einstellungen und Mechanismen geht, die sich auch in der ‚Mitte' der Gesellschaft finden: „Rechts außen ist ein Produkt der Gesellschaft, der Rechtsradikalismus nährt sich aus der Mitte, und die Grenzen verschwimmen zunehmend" (Quent 2019, S. 41). Keineswegs seien autoritäre und menschenfeindliche Denkweisen nur an vorgestellten ‚Rändern' der Gesellschaft, sondern in allen gesellschaftlichen Gruppen zu finden. Seit Jahren beweist die Einstellungsforschung, die regelmäßig am Bielefelder Institut für Interdisziplinäre Konflikt- und Gewaltforschung sowie in den Leipziger Autoritarismusstudien durchgeführt werden (vgl. Zick/ Küpper 2021; Decker/Brähler 2020), dass extrem rechte Ideen nicht nur an angenommenen ‚Rändern', sondern in der gesamten Gesellschaft verbreitet sind.

Auch die AfD wird auf der Basis des erläuterten Verständnisses der extremen Rechten zugeordnet. Die Partei stellt ein Sammelbecken für verschiedene Denkweisen und Personen dar, von denen einige völkisch-homogene Gesellschaftskonzeptionen vertreten oder geschichtsrevisionistisch argumentieren. Die Ausweisung des Flügels und der Jungen Alternative sowie einiger Landesverbände der Partei als Verdachtsfälle für die Verfassungsschutzbehörden sind ein deutliches Beispiel für die Sammelbeckenfunktion der Partei. Der Verfassungsschutzbericht von Mecklenburg-Vorpommern weist darauf hin, dass beide Gruppierungen einen ethnisch homogenen Volksbegriff hantieren, dass sie sich durch Fremden- und Muslimfeindlichkeit auszeichnen und dass sie geschichtsrevisionistische Tendenzen vertreten, also den Nationalsozialismus relativieren (vgl. MIE 2020, S. 69). Außerdem finden sich zahlreiche Formen der Zusammenarbeit zwischen Parteivertreter:innen und neurechten Publizist:innen, stammen parlamentarische und andere Mitarbeiter:innen aus rechtsextremen Szenen oder erfolgen Beratungen durch neurechte Kaderpersonen (z. B. Fuchs/Middelhof 2019, S. 127-153; Baeck 2018; Gessenharter

2018, S. 55-58). Das Deutsche Institut für Menschenrechte (DIMR) hat der AfD rassistische und rechtsextreme Positionen als Bestandteile des Parteiprogramms, der AfD-Strategie sowie der Positionierungen von AfD-Führungspersonen und Mandatsträger:innen bescheinigt (vgl. Cremer 2021, S. 9). Diese Positionen wenden sich gegen den Grundsatz der allen Menschen gleichermaßen zustehenden Menschenwürde und dem damit einhergehenden Grundsatz der Rechtsgleichheit aller Menschen. Auf der Basis der Aussagen von Funktionsträger:innen der Partei, programmatischer Positionen und Verbindungen zu anderen extrem rechten Akteuren kommt auch Pfahl-Traughber (2020) zu dem Ergebnis, dass es sich bei der AfD (mittlerweile) um eine „in der Gesamtschau [...] rechtsextremistische Partei" (Pfahl-Traughber 2020, S. 91) handelt.

Auch die Wähler:innen der AfD zeichnen sich durch extrem rechte Positionen aus, wie schon in den Bielefelder Mitte-Studien deutlich wird (vgl. Küpper/Krause/Zick 2019, S. 139f.). Eine 2020 durchgeführte Befragung unter 10.000 Wähler:innen zeigt, dass sich die 8 % der Wähler:innen, bei denen ein geschlossenes rechtsextremes Weltbild festgestellt werden kann, bei der AfD konzentrieren (vgl. Vehrkamp 2021). In der Folge ist der Anteil manifest rechtsextremer Wähler:innen bei der AfD (29 %) fast viermal so hoch wie im Durchschnitt der Wahlberechtigten und übertrifft die Anteile aller anderen Parteien um ein Vielfaches. Fast jede:r dritte AfD-Wähler:in vertritt damit ein geschlossen rechtsextremes Weltbild, weitere 27 % sind zumindest latent rechtsextrem eingestellt. Vehrkamp resümiert, dass die AfD damit „seit Gründung der Bundesrepublik Deutschland die erste mehrheitlich rechtsextrem eingestellte Wählerpartei im Deutschen Bundestag" ist (Vehrkamp 2021, S. 1). Neben den 15 % aller AfD-Wähler:innen, die eine rechts-gerichtete Diktatur befürworten und den 13 %, die die Shoah verharmlosen, fällt vor allem auf, dass 65 % der Anhänger:innen der Partei manifest und 94 % latent fremdenfeindlich eingestellt sind (vgl. Vehkamp 2021).

Gruppierungen, die sich der extremen Rechten zuordnen lassen, sind in Mecklenburg-Vorpommern zahlreich zu finden. Kapitel 4 gibt eine Übersicht über die verschiedenen Strömungen, die von den lokalen Kameradschaften, den Siedler:innenbewegungen bis zu extrem rechten Parteigruppierungen und Parteien reichen. Sie alle verbindet die Akzeptanz und Förderung der Ideen der Ungleichwertigkeit, die eng mit autoritären Gesellschaftskonzeptionen einher gehen. Ethnopluralistische Positionen sind darin ebenso inbegriffen wie eindeutig verfassungsfeindliche Positionierungen oder solche, die Gewalt legitimieren oder selbst zum Einsatz bringen. Die zahlreichen verfassungsfeindlichen Gruppierungen, Praktiken und Diskurse, die im Material sichtbar wurden, haben uns allerdings dazu bewogen – anders als in der Studie in Nordrhein-Westfalen – den Begriff der extremen Rechten in den Mittelpunkt zu stellen. Neonazistische Parolen, rassistische Diskriminierungen und gewaltförmige Übergriffe sind Beispiele dafür, wie im Bundesland immer wieder Kernelemente der Demokratie und der verfassungsmäßigen Ordnung bedroht und angegriffen werden. Um bestimmte Strömungen und Formen zu differenzieren, die dem Sammelbegriff der extremen Rechten zugeordnet werden können, werden in der Darstellung dennoch gelegentlich auch andere Terminologien Verwendung finden. So können, wo nötig und angemessen, verschiedene Erscheinungsformen extrem rechten Denkens und Handelns herausgestellt werden.

3.2 Anschlusspunkte der extremen Rechten in der Sozialen Arbeit

Verbindungen von Sozialer Arbeit zu den autoritären und menschenfeindlichen Einstellungen und Praktiken der extremen Rechten liegen nicht unmittelbar auf der Hand. Wer etwa die Soziale Arbeit auf Basis der programmatischen Definition der International Federation of Social Work als Profession und Disziplin versteht, die die Ermächtigung und die Befreiung von Menschen fördert und die für soziale Gerechtigkeit, Menschenrechte, gemeinschaftliche Verantwortung und die Anerkennung der Verschiedenheit einsteht (vgl. DBSH/FBTS 2016), mag keine schlüssigen Verbindungen zu solchen Ideologien finden, wie sie im vorigen Abschnitt beschrieben sind.

Und doch ist das Verhältnis Sozialer Arbeit zu menschenfeindlichen und autoritären Ideologien nicht so eindeutig, wie es in der programmatischen Setzung der IFSW erscheint. Denn auf der einen Seite kann Soziale Arbeit sicher auf solche Zeiten und Praktiken zurückblicken, in denen sie emanzipatorische Bewegungen stützte und die Demokratisierung von Gesellschaft voranbrachte (z. B. Birgmeier/Mührel 2016). Auf der anderen Seite hat sie an der Durchsetzung autoritärer Gesellschaftskonzeptionen und am Ausschluss bestimmter Bevölkerungsgruppen mitgewirkt. Besonders drastisch zeigt sich das mit Blick auf die NS-Diktatur, in der Soziale Arbeit – damals semantisch und ideologisch als Volkswohlfahrt gerahmt – an der Herstellung und Verbreitung von ‚Rassenkunde' und ‚Rassenhygiene' mitwirkte und durch Selektionen und Überweisungen in Arbeits- und Konzentrationslager an der Vernichtung von Bevölkerungsgruppen teilhatte (z. B. Paulini 2017; Kuhlmann 2012; Ayass 1995). Doch die Beteiligung am nationalsozialistischen Regime ist keine eruptive Erscheinung. Die selektierenden Praktiken im Sinne rassistischer Ideologien sind bereits in den naturalisierenden Diskursen von Gründungspersonen der Sozialen Arbeit wie Herman Nohl und Alice Salomon angelegt; es sind ihre Entwürfe wie die der ‚deutschen Bewegung' oder der ‚deutschen Volksgemeinschaft', die in der NS-Zeit eine totalitäre Radikalisierung finden (vgl. Werner 2022). Autoritäre und menschenfeindliche Denkweisen und Praktiken finden mit dem Ende des Zweiten Weltkrieges auch kein plötzliches Ende. Sie setzen sich u. a. in den Erziehungspraktiken in westdeutschen Erziehungsheimen fort, gegen die sowohl einige ihrer Adressat:innen als auch einige Fachkräfte aufbegehren (vgl. Kappeler 2016). Und auch in der Gegenwart finden sich Beispiele für autoritäre Praktiken und den Widerstand gegen sie (z. B. Kunstreich 2019; Muy 2018). Solche Blicke in die Geschichte der Sozialen Arbeit zeigen vor allem eines: Soziale Arbeit ist immer aufs Engste in Problematisierungen und Antworten eingebunden, wie sie gesellschaftlich hervorgebracht werden.

Daneben finden sich auch einige analytische Charakteristika, die sich für extrem rechte Denkweisen und Praktiken als besonders anschlussfähig erweisen. Eine erste Brücke bildet der konstitutive Bezug auf das ‚Soziale', der schon im Namen der Profession zum Ausdruck kommt und der einfach verabsolutiert werden kann. Wenn das Gesellschaftliche zum alleinigen Zielpunkt und ohne die Freiheit der Einzelnen gedacht wird, kippen Gesellschaftskonzeptionen ins Totalitäre, wie die Zeit des Nationalsozialismus beweist. Auch die Ideologien der extremen Rechten können sich einen solchen absoluten Bezug auf das Soziale zunutze machen. Zweitens sind Erziehungsprozessen, an denen die Soziale Arbeit in der Tradition der Sozialpädagogik beteiligt ist, immer Momente von Heteronomie eingeschrieben. In neurechten Erziehungskonzepten können sie autoritär gewendet werden, Führung und Volk treten dann an die Stelle von Mündigkeit und pluraler Demokratie als Ziele von Erziehung (vgl. Thole 2020). Drittens richtet sich die Soziale Arbeit kontinuierlich an gesellschaftlichen Normalitäten aus und wirkt in diesem Sinne normalisierend auf ihre Adressat:innen ein (vgl. Seelmeyer 2018; Kessl/Plößer 2010). Mit der Konstruktion von Normalität sind notwendig Prozesse des Otherings verbunden, denen z. B. rassistische oder sexistische Abwertungen folgen können (vgl. Hunner-Kreisel/Wetzel 2018). Es ist insbesondere dieser dritte Aspekt der Konstruktion des ‚Anderen' als konstitutive Bedingung Sozialer Arbeit, die wir mit Lehnert und Radvan (2016, S. 19) als Eintrittspforte für extrem rechte Ideologien verstehen.

Während sich also auf der einen Seite empirische Beispiele und analytische Begründungen finden lassen, wie die Soziale Arbeit in autoritäre und menschenfeindliche Ideologien eingespannt werden kann, ist sie zugleich Teil der fachlichen Diskurse und konkreten Angebote gegen autoritäre und menschenfeindliche Überzeugungen und Praktiken. Hierzu zählen die Debatten über den Umgang mit Adressat:innen, die extrem rechte Ideologien vertreten, die insbesondere im Bereich der Jugendarbeit seit den 1980ern intensiv und kontrovers geführt werden (z. B. Stützel 2019; Rieker 2009). So hat bspw. der Ansatz der ‚akzeptierenden Jugendarbeit' (Krafeld 2001) erhebliche Kritik erfahren, weil er das Erstarken extrem rechter Jugendszenen nicht verhindern konnte und sie teils verstärkt hat (für einen Überblick siehe Köttig 2020). Gleichzeitig ist es gerade die Jugendarbeit, die für die Selbstpositionierungen in Vielfalt einen Raum bereithält, der zur Demokratie- und Menschenrechtsbildung genutzt werden kann (vgl. AGJF Sachsen 2019).

In Anlehnung an und in Auseinandersetzung mit diesen Ansätzen haben sich Modelle entwickelt, die Menschen, die sich von extrem rechter Ideologie abwenden wollen, beim so genannten Ausstieg unterstützen (vgl. Koch 2022). In Mecklenburg-Vorpommern wird diese Distanzierungsarbeit wesentlich von JUMP geleistet, das wiederum vom Bundesprogramm Demokratie leben! gefördert wird. Die Arbeit von JUMP kann anhand der drei Säulen – der Ausstiegsberatung, Bildung und Beratung sowie Einstiegsprävention – beschrieben werden (vgl. JUMP 2020).

Wie andere Träger ist JUMP Mitglied im zivilgesellschaftlich organisierten Beratungsnetzwerk Demokratie und Toleranz in Mecklenburg-Vorpommern (www.beratungsnetzwerk-mv.de), welches die unterschiedlichen Beratungsangebote des Landes zur Stärkung von Demokratie und Toleranz und der Bekämpfung von Rechtsextremismus, Menschenfeindlichkeit und Antisemitismus koordiniert. Im Beratungsnetzwerk arbeiten staatliche Behörden, nichtstaatliche Institutionen sowie Expert:innen zusammen mit dem Ziel der professionellen Kompetenzbündelung und des regelmäßigen Informationsaustausches. Mögliche Strategien zur Bekämpfung des Rechtsextremismus (von präventiv bis repressiv) werden diskutiert und koordiniert. Bei möglichen Krisenfällen im Zusammenhang mit Rechtsextremismus dient das Beratungsnetzwerk als Ort der schnellen Absprache und Kommunikation. Bestandteil des Netzwerkes sind zudem die Beratungsstellen für Betroffene extrem rechter Gewalt (LOBBI e.V.), die Fachstelle Bidaya und die Betrieblichen Beratungsteams. An fünf Standorten finden sich die Regionalzentren für demokratische Kultur, die sich mit ihren Präventions-, Beratungs- und Weiterbildungsangeboten den Bedarfen der öffentlichen Bildungsinstitutionen und der Bürgergesellschaft stellen (siehe auch Kapitel 4.3).

Aus den programmatischen Verortungen und konkreten Angeboten ergibt sich jedoch ein Fallstrick für die Profession: Sie festigen die Idee, dass Soziale Arbeit vor extrem rechten Einflüssen und Landnahmen gefeit sei. In der NRW-Studie zeigte sich bspw., dass ein bedeutender Anteil der Fachkräfte nicht davon ausgeht, dass es zu extrem rechten Praktiken innerhalb der Sozialen Arbeit kommen kann (vgl. Gille/Jagusch 2019, S. 44), obwohl sie empirisch festgestellt wurden. Eine solche Negation kann dazu führen, dass erst gar nicht gesehen wird, wenn es zu extrem rechten Praktiken kommt.

Die in diesem Unterkapitel vorgestellten Überlegungen zeigen ein ambivalentes Gesamtbild im Verhältnis von extremer Rechter und Sozialer Arbeit. Auf der einen Seite finden sich Anschlusspunkte, die im Kampf um den vorpolitischen Raum nutzbar gemacht werden können: Der Bezug auf das ‚Soziale‘, die immanente Konstruktion des ‚Anderen‘ und das autoritäre Moment von Erziehung stellen mögliche Einfallstore für die extreme Rechte dar. Auf der anderen Seite stellt Soziale Arbeit eine politische Gegnerin dar, wenn sie für demokratische und universalistische Prinzipien eintritt oder ganz konkret Angebote entwickelt, die sich gegen autoritäre und menschenfeindliche Ideen, Praktiken und Personen richten. Diese Ambivalenz im Verhältnis von extremer Rechter und Sozialer Arbeit wird sich in den empirischen Erkenntnissen bestätigen.

4 Die extreme Rechte in Mecklenburg-Vorpommern

Um die Befunde der Studie in den gesellschaftlichen Kontext einzubetten, werden in diesem Kapitel zentrale geschichtliche Entwicklungslinien und sozioökonomische Charakteristika des Bundeslandes zusammengefasst. Im Anschluss bietet das Kapitel eine Einführung in extrem rechte Strukturen und Aktivitäten in Mecklenburg-Vorpommern.

4.1 Historischer Kurzüberblick über das Bundesland

Das heutige Bundesland Mecklenburg-Vorpommern (MV) entspricht mit einer Fläche von 23.189 Quadratkilometern etwa 6,5 Prozent der Fläche von Deutschland und geht auf drei historische Gebietseinheiten zurück: die Großherzogtümer Mecklenburg-Schwerin und Mecklenburg-Strelitz. Beide Gebiete wurden zu Freistaaten der Weimarer Republik. Die Nationalsozialisten vereinigten 1934 Mecklenburg-Schwerin und Mecklenburg-Strelitz zum Gau Mecklenburg-Lübeck. Vorpommern gehörte als dritte historische Gebietseinheit als Teil der Provinz Pommern zu Preußen. In 1945 richtete die Sowjetische Militäradministration in Deutschland (SMAD) das Land MV in der Sowjetischen Besatzungszone (SBZ) ein, ohne Stettin und Odermündung. In 1952 wurde das Land Mecklenburg im Zuge der Zentralisierung der DDR in die Bezirke Neubrandenburg, Rostock und Schwerin aufgeteilt. Schwerin und Neubrandenburg wurden dabei um ehemals brandenburgische Teilregionen erweitert (vgl. Werz 2013).

Im November 1946 befanden sich unter der Gesamtbevölkerung des Landes MV von 2,5 Millionen Einwohner:innen etwas mehr als 1,4 Millionen Vertriebene. Die sich im Aufbau befindende Landesverwaltung wie die kommunalen Verantwortlichen werden angesichts dieser Migrationsbewegungen als „völlig überfordert" beschrieben (Mrotzek 2018, S. 15). Trotz der Festlegung der Sowjetischen Militäradministration in Deutschland vom Ende Juli 1945 für das bevölkerungsarme und durch Landwirtschaft dominierte MV, bis zu fünf Millionen Menschen aufzunehmen, erfolgte im Frühjahr 1947 ein Aufnahmestopp weiterer Menschen. Die soziale Lage der Vertriebenen blieb bis weit in die 1950er Jahre problematisch (vgl. ebd., siehe auch Baghdady/Haunhorst/Würz 2016).

Die SED-Staatsführung der DDR ließ nach 1952 eine politische Opposition und ein unabhängiges und den Interessen des Staates zuwiderlaufendes Engagement der Bevölkerung nicht zu. Ab den 1980er Jahren organisierten sich verschiedene Gruppierungen mit dem Ziel, die politischen und gesellschaftlichen Verhältnisse zu verändern. Die oppositionellen Gruppen spielten in Mecklenburg-Vorpommern eine wichtige Vorreiterrolle für die friedliche Revolution 1989 (vgl. Wéber/Brauer 2021; Mrotzek 2018).

Mit dem Beitritt der DDR zur BRD wurde am 3. Oktober 1990 das Land Mecklenburg-Vorpommern neu gegründet. Nach der Einschätzung des Historikers Fred Mrotzek stellt diese Neugründung einen Sonderfall im neuen Bundesgebiet dar: „1990 wurden zwei Regionen mit zum Teil sehr unterschiedlichen kulturellen, wirtschaftlichen und politischen, vor allem aber demokratischen Traditionen scheinbar willkürlich in einer neuen Verwaltungseinheit zusammengeführt" (Mrotzek 2018, S. 12). Am 14. Oktober 1990 fand die erste Landtagswahl statt, nach der die CDU als stärkste Partei mit der FDP die erste Landesregierung bildete. Alfred Gomolka (CDU) wurde zum ersten Ministerpräsidenten von Mecklenburg-Vorpommern gewählt, während am 28.10.1990 die Wahl zur Landeshauptstadt auf Schwerin fiel.

4.2 Sozioökonomischer Kurzüberblick über das Bundesland

Ende 2020 leben in Mecklenburg-Vorpommern 1,61 Millionen Einwohner:innen, davon 1,2 Millionen in Mecklenburg und knapp 400.000 in Vorpommern. Damit ist Mecklenburg-Vorpommern das sechstgrößte Bundesland Deutschlands mit der drittniedrigsten Einwohnerzahl und mit 69 Einwohner:innen pro Quadratkilometer das am dünnsten besiedelte Land (vgl. StatA MV 2021a, S. 24). In der Landeshauptstadt Schwerin wohnten 2019 knapp 96.000, in der größten kreisfreien Stadt Rostock knapp 209.000 Einwohner:innen.

Der demografische Wandel seit 1989/90 ist bemerkenswert: Durch Abwanderung und Veränderung des Geburtenverhaltens im Zuge des sog. ‚Wende- und Geburtenschocks' ging die Bevölkerung seit 1989 um knapp 300.000 zurück, mit großen Unterschieden hinsichtlich des Bevölkerungsrückstandes im Landkreisvergleich. Während der Rückgang in Rostock bei -707 Personen relativ niedrig liegt, verzeichnen die Landkreise Mecklenburgische Seenplatte mit einem Rückgang von -77.198, Vorpommern-Greifswald mit -63.384 und Vorpommern-Rügen mit -54.902 die höchsten Verluste an Einwohner:innen. Somit gehörte MV sogar innerhalb der EU zu den Regionen mit dem stärksten Einwohner:innenrückgang (vgl. Werz 2013). In den flächenmäßig großen Landkreisen Mecklenburgische Seenplatte und Ludwigslust-Parchim leben lediglich 47 bzw. 44 Einwohner:innen auf einem Quadratkilometer (StatA MV 2021c, S. 4).

Im Zuge von Zuwanderung aus dem In- und Ausland verzeichnet das Land nach gut zwanzig Jahren Bevölkerungsschwund in allen Landkreisen seit 2013 ein erneutes Wachstum. Für 2040 wird für Rostock ein Zuwachs von knapp 16.000 Personen und für Schwerin ein Zuwachs von gut 3.000 Personen prognostiziert. Für alle anderen, eher ländlich bis stark ländlich geprägten sechs Landkreise wird dagegen ein weiterer Bevölkerungsrückgang angenommen (in abfallender Reihenfolge LK Mecklenburgische Seenplatte -32.424 Personen, LK Vorpommern-Greifswald -28.575, LK Vorpommern-Rügen -14.546, LK Ludwigslust-Parchim -13.634, LK Nordwestmecklenburg -6.881, Landkreis Rostock -1.557; vgl. Staatskanzlei Mecklenburg-Vorpommern o. J.).

Neben dem Bevölkerungsrückgang ist eine deutliche Verschiebung in der Altersstruktur erkennbar. Im Jahr 1990 lebten in MV im deutschlandweiten Vergleich anteilsmäßig die meisten Kinder und Jugendlichen und die wenigsten Senior:innen. Während der Anteil der unter 15-Jährigen an der Gesamtbevölkerung 1991 21,5 % betrug, fiel er bis 2018 auf 12,7 % zurück. Der Anteil der über 65-Jährigen erhöhte sich im gleichen Zeitraum von 11,1 % auf 24,7 %. Während 1991 das Durchschnittsalter 36 Jahre betrug, stieg er bis 2018 auf 47 Jahre. Während der Jugendquotient der unter 20-Jährigen 1991 im Verhältnis zu den 20- bis 65-Jährigen bei 44 und 2018 bei etwa 29 lag, stieg der Altersquotient der über 65-Jährigen von 18 (1991) auf fast 42 (2018) (vgl. Staatskanzlei Mecklenburg-Vorpommern o.J.). Seit 1990 ist der Anteil der ausländischen Bevölkerung von einem halben Prozent auf 5,1 % (unter der männlichen Bevölkerung 5,9 %, unter der weiblichen 4,3 %) im Jahr 2020 angestiegen (vgl. StatA 2021b, S. 4). Der Anteil der Menschen mit einem sogenannten Migrationshintergrund liegt mit 8 % wie in allen ostdeutschen Flächenländern weit unter dem Bundesdurchschnitt von 26 % (vgl. Bundesinstitut für Bevölkerungsforschung 2021).

Im Jahr 2019 betrug das Bruttoinlandsprodukt rund 46,6 Milliarden Euro und das BIP je Erwerbstätigen circa 61.400 Euro. Damit belegte Mecklenburg-Vorpommern im Bundesländervergleich jeweils deutlich untere Plätze. Im ersten Halbjahr 2020 war die Wirtschaftsleistung aufgrund der Corona-Pandemie stark gesunken (-5,2 %). Das BIP stieg im ersten Halbjahr von 2021 (preisbereinigt) um 1,3 % gegenüber dem gleichen Vorjahreszeitraum (Bundesdurchschnitt: + 2,9 %). Das Wachstum der Wirtschaftsleistung im ersten Halbjahr 2021 ist in Mecklenburg-Vorpommern auf einen Anstieg der Bruttowertschöpfung im produzierenden Gewerbe zurückzuführen, während in den Dienstleistungsbereichen die Wirtschaftsleistung vor allem durch eine stark rückläufige Entwicklung im Gastgewerbe stagnierte, hauptsächlich bedingt durch die Corona-Pandemie. Auch im Bereich der Landwirtschaft sank die Wirtschaftsleistung im ersten Halbjahr 2021 (vgl. LAiV 2021). Im Jahr 2019 lebten in MV 758.200 Erwerbstätige, deren Verteilung nach Wirtschaftsbereichen folgende Muster zeigt: 22.600 Personen waren in der Land- und Forstwirtschaft und der Fischerei tätig, 145.500 Personen im produzierenden Gewerbe und 590.100 in Dienstleistungsbereichen. Die Arbeitslosenquote ist in dem Bundesland in den vergangenen Jahrzehnten stetig gesunken: Betrug diese im Jahr 2005 noch 20,3 %, so fiel sie bis zum Jahr 2019 auf 7,1 % und lag damit rund zwei Prozentpunkte über dem bundesweiten Durchschnitt von 5 %.

Die Armutsquote sank von 24,1 % in 2005 auf 19,4 % in 2019 und die SGB-II-Quote verringerte sich im gleichen Zeitraum von 18,9 % auf 10,3 % (Der Paritätische Gesamtverband 2020, S. 6). Die Armutsquote unter den Kindern unter 18 Jahren ging im gleichen Zeitraum von 34,2 % auf 23,5 % zurück (ebd., S. 37). Trotz dieser positiven Entwicklung gehört Mecklenburg-Vorpommern nach wie vor zu den am stärksten von Armut betroffenen Bundesländern und belegt im Ländervergleich den drittletzten Platz vor Sachsen-Anhalt und Bremen. Das größte Armutsrisiko haben Kinder Alleinerziehender. In Mecklenburg-Vorpommern leben mehr als die Hälfte aller Kinder, die in Ein-Eltern-Haushalten leben, von Grundsicherungsleistungen (vgl. Der Paritätische Landesverband MV 2020).

Der Anteil der Schulabgänger:innen ohne Hauptschulabschluss betrug in MV im Jahr 2019 rund 9,3 %. Der Anteil der Abiturient:innen lag bei 38,7 % und damit leicht unter dem bundesweiten Durchschnitt. Das Land ist Träger der Universitäten in Rostock und Greifswald, der Hochschulen in Neubrandenburg, Stralsund und Wismar, sowie der Hochschule für Musik und Theater Rostock. Insgesamt waren im Wintersemester 2019/20 rund 38.000 Studierende an den Hochschulen des Landes eingeschrieben, eine unter den Bundesländern vergleichsweise niedrige Anzahl. Während im Jahr 2019 Deutschland im Durchschnitt 3,17 % des Bruttoinlandsproduktes in Forschung und Entwicklung investierte, waren es in Mecklenburg-Vorpommern 1,81 % (vgl. BMBF 2020; Rudnicka 2020).

Für die Thematik dieser Studie zeigen die Veränderungen der Verwaltungsstrukturen des Landes eine hohe Relevanz. In den 30 Jahren der Deutschen Einheit hat sich die Gebietseinteilung in Mecklenburg-Vorpommern stark verändert. Nach der Neugründung des Bundeslandes in 1990 zählte es 37 Landkreise und 6 kreisfreie Städte sowie 1.118 Gemeinden. In einer ersten Reform 1994 wurden die Gebietseinheiten von 37 auf 18 Landkreise reduziert. Die Zahl der Landkreishauptorte wurde auf zwölf reduziert, diese lagen alle im ländlichen Raum (vgl. Klüter 2018a, S. 3). Als Antwort auf den stetigen Bevölkerungsrückgang seit 1991 wurden 2011 die Landkreise von 18 auf acht reduziert: neben Schwerin und Rostock sind sechs Landkreise entstanden (Abb. 1).

Bei der Kreisgebietsreform entstanden so die fünf flächengrößten Großkreise in Deutschland. Mit 5.470 Quadratkilometern ist der Landkreis Mecklenburgische Seenplatte mehr als doppelt so groß wie das kleinste Flächenbundesland Saarland mit 2.570 Quadratkilometern, das bei etwa einer Million Bevölkerung ebenfalls aus sechs Kreisen besteht. Die beiden Kreisgebietsreformen sind nur einige Bausteine in einer ganzen Reihe von räumlichen Zentralisierungsanstrengungen des Landes, die insgesamt dazu geführt haben, dass

Abbildung 1: Die sechs Landkreise und zwei kreisfreie Städte und die ehemaligen 37 Gebietseinheiten auf Kreisebene (Ministerium für Energie, Infrastruktur und Landesentwicklung Mecklenburg-Vorpommern 2017, S. 8)

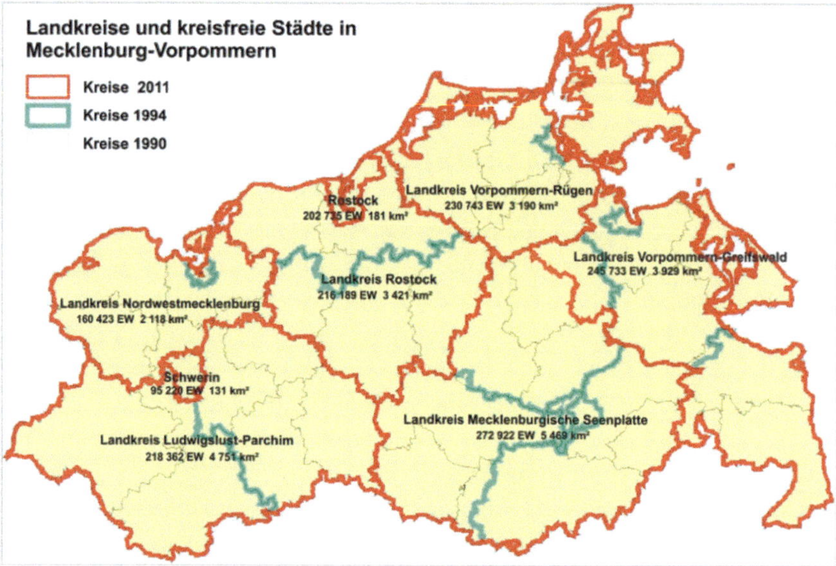

Mecklenburg-Vorpommern heute das am stärksten zentralisierte Bundesland ist. Neben den Kreisen wurden Gerichte, Schulen, Landesämter und andere Versorgungseinrichtungen zentralisiert (vgl. Klüter 2018a, S. 6). Beispielsweise hat sich die Erreichbarkeit des nächsten Landratsamtes nach der Reform in 2011 in etwa der Hälfte der Regionen verschlechtert (vgl. Lübbert 2021).

Die Kreisgebietsreform von 2011 zeigt zudem verschiedene Auswirkungen auf die Entwicklung von Wirtschaft und Gesellschaft. In Bezug auf den Umgang mit der extremen Rechten im Bundesland ist die Frage nach der politischen Teilhabe der Bevölkerung ein relevantes Merkmal. Rösel und Sonnenburg (2016) weisen eine sinkende Wahlbeteiligung der Bevölkerung in stark fusionierten Gebieten nach. Ebenso belegen sie statistisch, dass durch die Kreisgebietsreform die Entfernungen zu der nächsten zuständigen Kreisstadt zugenommen und die politischen Einflussmöglichkeiten der Bürger:innen abgenommen haben. Dies bringen sie mit den Wahlerfolgen für die AfD bei Landtagswahlen in Zusammenhang. Es sei die Entfremdung weiter Teile der Bevölkerung sowie die Wahrnehmung eingeschränkter Einflussmöglichkeiten im ländlichen Raum, die insgesamt zu einer Unzufriedenheit mit demokratischen Strukturen führen. Zudem konstatieren sie die Gefahr der politischen Distanz zwischen Kreispolitik und Bürger:innen. War die Arbeit in Kreistagen in den alten Landkreisen durch ehrenamtliche Tätigkeiten geprägt, seien nun hauptamtliche Strukturen für die Arbeit in den Fraktionen nötig.

4.3 Extrem rechte Strukturen und Aktivitäten in Mecklenburg-Vorpommern

Die rassistischen Ausschreitungen in der Zeit vom 22. bis 25. August 1992 in Rostock-Lichtenhagen haben sich in das kollektive Gedächtnis eingebrannt und prägen das Image Mecklenburg-Vorpommerns in der Bundesrepublik noch heute: etwa 1000 Skinheads, Neonazis und weitere gewaltbereite Menschen attackierten die zentrale Unterkunft für Asylbewerber:innen. Die juristische Aufarbeitung verlief schleppend, erst zehn Jahre nach den Gewalthandlungen wurden die letzten Urteile gesprochen (vgl. Heinrich 2018, S. 183). Die in November 1993 vorgelegten Berichte der Untersuchungssauschüsse der Stadt Rostock und des Bundeslandes beantworten nicht alle relevanten Details, u. a. bleibt die Rolle der Anwohner:innen sowie die Mobilisierung der Bevölkerung gegen Roma aus Rumänien (ebd., S. 174f., 187) oder die „transformationsinduzierten Organisationsdefizite der Sicherheitsorgane" (Koschkar/Nestler/Scheele 2013, S. 14) unklar.

Die Ausschreitungen offenbarten sowohl ein konkretes Versagen von Polizei, Lokal- und Landespolitik als auch ein darüber hinausreichendes, breites gesellschaftliches Versagen, dessen Ursachen bis in die DDR-Ära hineinreichen: Da die Verfolgung und juristische Verurteilung von Rassismus und auch Antisemitismus das Selbstbild der DDR in Frage gestellt hätten, wurde der gesellschaftlich breit akzeptierte und zugleich unreflektierte, nicht aufgearbeitete Rassismus in der DDR tabuisiert. Rassistisch oder antisemitisch motivierte Gewalt wurde verharmlost und nicht verfolgt. Die Anweisung der obersten Staatsführung der DDR, die Ermittlungen gegen die zwei von Zeugen beobachteten Tatverdächtigen einzustellen, die für den Lynchmord an den Kubanern Delfin Guerra und Raúl Garcia Paret in Merseburg im August 1979 verantwortlich waren, stehen exemplarisch für den Umgang des Staatsapparates mit Aufklärung rassistisch motivierter Straftaten. Eine gesellschaftliche Debatte um die Hintergründe von Rassismus und die eigene Verstrickung in die nationalsozialistische Vergangenheit fand nicht statt. Zugleich ist von etwa 9.000 neonazistischen, rassistischen und antisemitischen Propaganda- und Gewalttaten in der DDR auszugehen (vgl. Misselwitz 2021; Keller 2021; Brumlik 2020; Waibel 2017; zu migrantischer Erinnerung siehe Lierke/Perinelli 2020).

Das Bild der extrem rechten Jugendkultur mit „Glatzkopf, Bomberjacke und Springerstiefel", wie es im Pogrom von Rostock sichtbar wurde und das folgende Jahrzehnt geprägt hat, ist allerdings seit fast 20 Jahren „nur noch selten anzutreffen" (Steiner 2017). Während sich die Inhalte extrem rechter Lebenswelten in den letzten zwei Jahrzehnten kaum geändert haben, haben ihre Erscheinungsformen und Symbole verändert. Es findet eine Modernisierung statt, in der sich die Akteure der extremen Rechten bewusst attraktiv gestalten wollen. In einem Leitfaden der Autonomen Nationalisten, der seit 2008 in der

Szene kursiert, wird die Öffnung der Szene zur Nachwuchsgewinnung auf den Punkt gebracht: „Ob du Hip-Hopper, Rapper oder sonst irgendwas [bist], ob du Glatze oder lange Haare hast: Völlig egal! – Hauptsache du bist gegen das herrschende System!“ (ebd., zit. n. Staud/Radke 2012, S. 76). Rechtsextreme Jugendkulturen sind deutlich vielfältiger geworden – zumindest in ihren Erscheinungsformen.

Allerdings hatte die Neonazi-Szene der sogenannten Nachwendejahre durchaus einen großen Anteil daran, dass sich in Mecklenburg-Vorpommern stabile Institutionen und Netzwerke der extremen Rechten entwickelt haben, die bis zur Repräsentation im Landesparlament reichen. Das deutlichste Beispiel ist der Wahlerfolg der *NPD* in den beiden Landtagswahlen in 2006 und 2011, bei denen die rechtsextreme Partei mit 7,3 % und 6,0 % der Stimmen bzw. 6 und 5 Sitzen in den Landtag eingezog (Tabelle C). Auch in zahlreichen Kommunal- und Kreistagen war und ist die Partei mit Sitzen vertreten, in der Wahlperiode seit 2019 im Kreistag von Vorpommern-Greifswald mit zwei, in Ludwigslust-Parchim, Nordwestmecklenburg, Rostock und Mecklenburgische Seenplatte mit jeweils einem Sitz. Von dort nimmt die Partei Einfluss auf kommunalpolitische Debatten, die z. B. im Rahmen der Kinder- und Jugendhilfe direkt die Soziale Arbeit treffen können (siehe Kap. 6.2). Sichtbarkeit schafft sie sich außerdem bei den zahlreichen ‚Gedenkveranstaltungen‘ und Demonstrationen der rechten Szene im Bundesland, z. B. bei der Organisation des alljährliche ‚Trauermarschs‘ am 8. Mai in Demmin, den Veranstaltungen zum Todestag von Rudolf Heß oder zum Ersten Mai: „Die Versammlungen belegten, dass es der NPD im Land zumindest punktuell gelingt, die neonazistische Szene für ihre jahrestypischen Veranstaltungen zu mobilisieren“ (MIE 2019, S. 47). Auch durch die zahlreichen Kinderfeste überall im Land konnte die NPD für sich werben (siehe Kapitel 6.1). Bei der Landtagswahl 2016 erhielt die Partei allerdings nur noch 3 %, in 2021 0,8 % der Zweitstimmen.

Tabelle C: Zweitstimmenergebnisse der Landtagswahlen in Mecklenburg-Vorpommern zwischen 1990 und 2021 (in Prozent)

	Wahlbeteiligung	SPD	CDU	Linke	Grüne	FDP	AfD	NPD
1990	64,8	27,0	38,3	15,7	4,2	5,5	-	0,2
1994	72,9	29,5	37,7	22,7	3,7	3,8	-	0,1
1998	79,4	34,3	30,2	24,4	2,7	1,6	-	1,1
2002	70,6	40,6	31,4	16,4	2,6	4,7	-	0,8
2006	59,1	30,2	28,8	16,8	3,4	9,6	-	7,3
2011	51,5	35,6	23,0	18,4	8,7	2,8	-	6,0
2016	61,9	30,6	19,0	13,2	4,8	3,0	20,8	3,0
2021	70,8	39,6	13,3	9,9	6,3	5,8	16,7	0,8

(Quelle: Landeswahlleitung MV 2021)

Der parlamentarische Abstieg der NPD dürfte zum großen Teil der Wähler:innenwanderung zur *AfD* geschuldet sein, die in 2016 20,8 % der Zweitstimmen erhielt und mit insgesamt 18 Abgeordneten erstmals in den Landtag einzog. Ab September 2017 sind vier Abgeordnete aus der AfD-Fraktion ausgetreten, die damit am Ende der Legislatur 14 Sitze hielt. Ihr bestes Ergebnis verzeichnete die Partei im Wahlkreis Vorpommern-Greifswald III. Dazu gehört der östliche Teil des Landkreises Vorpommern-Greifswald mit der Stadt Wolgast und der Insel Usedom. Fast jede:r Dritte dort (32,3 %) gab der AfD die Stimme. Zum Vergleich: In einem Rostocker Innenstadt-Wahlkreis brachte es die Partei auf 12,2 %. Bei der letzten Kommunalwahl 2019 erhielt die AfD 14 % der Stimmen, bei der zeitgleichen Europawahl 17,7 % (vgl. LaiV MV 2019). Bei den Landtagswahlen in 2021 verschlechterte die Partei ihr Ergebnis um 4,1 %, erreichte 16,7 % der Zweitstimmen und erhielt damit 14 Sitze im Parlament. Auch hier zeigten sich wieder große regionale Unterschiede: Während die Partei in den Wahlkreisen Vorpommern-Greifswald IV und V sowie Mecklenburgische Seenplatte I um die 24 % der Zweitstimmen für sich verbuchen konnte, waren es in den Wahlkreisen in Rostock und Greifswald zwischen 7 und 13 %.

Dass die oft postulierte ‚Brandmauer nach rechts' nicht immer hält und die AfD über ihre Parlamentarischen Vertreter:innen direkt an politischen Entscheidungen beteiligt ist, zeigte sich in der Vergangenheit. Nachdem Präsidium und Vorstand der Christdemokrat:innen am 24. Juni 2019 eine Zusammenarbeit der CDU mit der AfD in Kommunalparlamenten ausgeschlossen hatten, sorgte eine Zählgemeinschaft zwischen der Penzliner CDU und der AfD bundesweit für Aufsehen (Salzmann 2019). CDU-Landespolitiker Wolfgang Waldmüller kritisierte diese, gleichzeitig beteuerte er dem Deutschlandfunk gegenüber, es habe sich um ein „Zweckbündnis aus der Not heraus" gehandelt (Deutschlandfunk 2021). Auch in Wolgast, Sassnitz und Neustrelitz kam es zu Kooperationen oder Kooperationsangeboten zwischen der Union und der AfD (vgl. Kords 2018).

Die Verflechtungen der AfD mit anderen Akteuren und Personen, die der extremen Rechten zugeordnet werden können, wird anhand der personellen und inhaltlichen Überschneidungen in Mecklenburg-Vorpommern besonders deutlich, von denen hier einige exemplarisch vorgestellt werden sollen: Der AfD-Abgeordnete Ralph Weber beschäftigte einen ehemaligen Neonazi in seinem Wahlkreis-Büro (vgl. Cruzcampo 2020; Kords 2018); das zeitweise als Bundestagskandidat gehandelte AfD-Mitglied Dario Seifert war in der rechtsextremen Szene tätig (vgl. Korfmacher 2021); die AfD Rostock plädierte 2018 für einen Schulterschluss mit der Identitären Bewegung (vgl. Maus et al. 2018, Ostsee-Zeitung 2018) und der Rostocker Bundeschef der Identitären Bewegung Daniel Fiß erhielt bezahlte Aufträge vom ehemaligen AfD-Vorsitzenden Dennis Augustin (vgl. Kleine Wördemann 2019). Das Königsstuhltreffen, ein Treffen des völkisch-nationalistischen Flügels der AfD, fand im November

2019 auf Einladung von Enrico Komning in Binz auf Rügen statt. Komning, seit 1991 Mitglied der Greifswalder Burschenschaft Rugia, ist seit Oktober 2019 einer der vier parlamentarischen Geschäftsführer der AfD-Bundestagsfraktion. Auch Haik Jäger (einer der Terrorverdächtigen aus der Nordkreuz-Gruppe), René Jens (AfD- und Bandidos-Mitglied), Rene Hackbarth (ehemals Mitglied der NS Greifswald und der Identitären Bewegung) sowie Thore Ragnar Teufel (auch organisiert bei Rugia) nahmen in Binz am Treffen teil. Die Mitgliedschaft bei Rugia teilen sich Komning und Teufel mit dem medial bekannten Holocaustleugner Rigolf Hennig (vgl. EXIF 2017). Auch Holger Arrpe war bei dem Treffen anwesend. Nachdem zutiefst gewaltverherrlichende und antidemokratische Chats von ihm geleakt wurden, musste Arppe 2017 sein Landtagsmandat der AfD niederlegen. Die Chats belegen ebenfalls zahlreiche Verbindungen zwischen AfD, Identitärer Bewegung, MVgida und anderen extrem rechten Akteuren im Bundesland (vgl. Schmidt 2017a, 2017b; Röpke/Speit 2017). Der ehemalige AfD-Landeschef Dennis Augustin wurde 2019 aufgrund einer verschwiegenen früheren Mitgliedschaft bei der NPD bzw. den Jungen Nationaldemokraten aus der Partei ausgeschlossen. In 2020 gründete er eine eigene Fraktion namens „Identität und Heimat" und beschäftigte NPD-Landeschef Stefan Köster (vgl. Cruzcampo 2020; Roeser 2019).

Aus ihren parlamentarischen Vertretungen nimmt die AfD immer wieder gezielte Angriffe auf Organisationen der Sozialen Arbeit vor. In 2020 stimmte die Partei beispielsweise gemeinsam mit der NPD im Kreistag Vorpommern-Greifswald für die Abschaffung des Amtes des bzw. der Integrationsbeauftragten sowie für den Entzug des Ehrenamtspreises der Betreiberin des Demokratiebahnhofs Anklam, da sie AfD-Wahlplakate beschädigt haben soll (vgl. NPD 2020; Schulz 2020). Auch reichte die AfD-Fraktion in der Greifswalder Bürgerschaft einen Änderungsantrag zum Haushaltsplan am 17.02.2021 mit dem Beschlussvorschlag ein, die Aufwendungen für das Jugendhaus Klex „ersatzlos" zu streichen, weil es seinem „parteipolitisch neutralen Auftrag nicht gerecht" werde (Universitäts- und Hansestadt Greifswald, 2021, S. 1). Auf solche Formen der externen Einflussnahmen auf die Soziale Arbeit wird im Kapitel 6.2 systematisch eingegangen.

Neben den parteipolitischen Formationen der extremen Rechten findet sich in Mecklenburg-Vorpommern eine große Zahl heterogener und regional differenzierter *Gruppierungen*, die von Reichsbürger:innen, rechten Burschenschaften und Preppern, Artaman:innen, völkischen Siedler:innen bis hin zu Neonazi-Gruppierungen und rechtsextremen Kameradschaften reichen. Aufgrund dieser vielgestaltigen, äußerst aktiven und subkulturell orientierten Szene wird Mecklenburg-Vorpommern, das extrem rechte Personen aus der ganzen Bundesrepublik anlockt, von Trepsdorf (2017) als „Experimentierfeld der extremen Rechten" bezeichnet. Eine Übersicht extrem rechter Gruppierungen und Treffpunkte im Bundesland bietet die Abbildung völkischer Rechtsextremismus in Mecklenburg-Vorpommern (Abb. 2).

Abbildung 2: Übersicht völkischer Rechtsextremismus in Mecklenburg-Vorpommern (Quelle: RAA MV 2017)

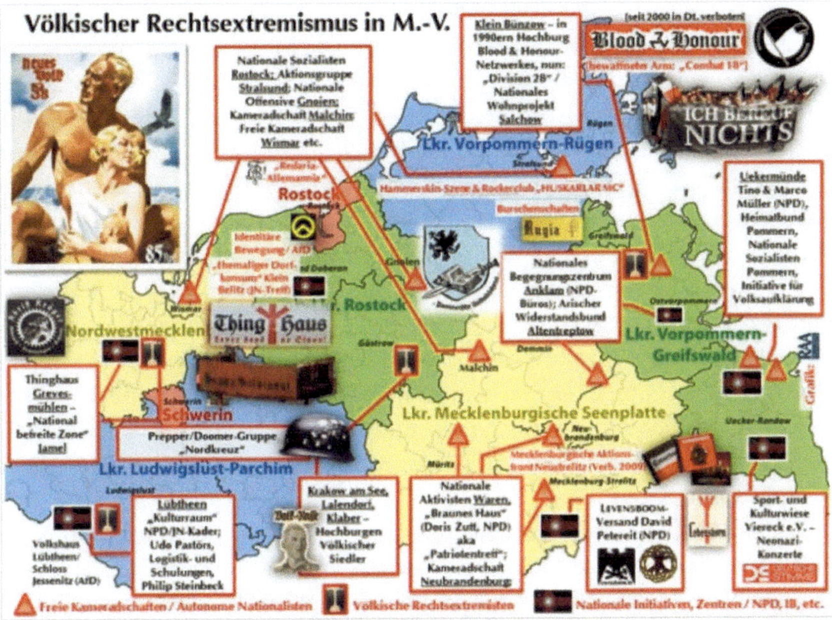

Die vielfältigen Aktivitäten und Gruppierungen sind auch in den Verfassungsschutzberichten des Landes erfasst. Im Bericht von 2020 wird von einem Personenpotential von 1.670 Anhänger:innen rechtsextremer Gruppierungen ausgegangen, darunter 700 gewaltorientierte Rechtsextremist:innen (MIE 2020, S. 21). 550 weitere Personen werden den Reichsbürger:innen und Selbstverwalter:innen zugerechnet (ebd. S. 71). In 2019 werden 970 rechtsextremistische Straftaten gezählt, darunter 43 Gewalttaten (MIE 2020, S. 22f.). Wie in den Jahren 2017 und 2018 liegt die Anzahl rechtsextremistisch motivierten Gewalttaten damit über dem Bundesdurchschnitt. Mit 94 Gewalttaten wurde der höchste Stand in der letzten Dekade im Jahr 2015 erreicht, in jenem Jahr wurden 57 als „fremdenfeindlich" eingestuft (MIE 2016, S. 22). Die Migration bildet seit 2015 eindeutig das Hauptaktionsfeld der rechtsextremistischen Szene. Im Berichtsjahr 2019 wird eine „äußerst aggressive" Agitationsweise im öffentlichen Raum wie auch im Internet gegen Zugewanderte bestätigt (MIE 2020, S. 19). Im Zusammenhang mit Unterkünften für Geflüchtete wurden für 2019 sechs Straftaten (2018 waren es 9) gemeldet, auch hier lag der Höhepunkt in 2015 bei 57 Straftaten (ebd., S. 22; MIE 2016, S. 23). Mit 51 Vorfällen im Jahr 2019 verharren auch die antisemitischen Straftaten auf hohem Niveau (MIE 2020, S. 22).

Der Verfassungsschutzbericht für das Jahr 2019 macht eine ganze Reihe von rechtsextremen Gruppierungen im Bundesland aus. Dazu zählt auch die überregional aktive Gruppe *Nordkreuz*, die sich gezielt auf den Zusammenbruch der politischen Ordnung vorbereitet. Der Gruppe wurde u. a. die Beschaffung von Waffen und Munition unter Mitwirkung von Polizeibeamt:innen nachgewiesen, außerdem stellten sie Steckbriefe und Listen politischer Gegner:innen zusammen. Der Innenminister von Mecklenburg-Vorpommern Caffier trat nach 14 Amtsjahren im November 2020 nach einer Waffenkaufaffäre zurück, in die das Nordkreuz-Netzwerk involviert war (RND 2020). In Rostock nennt der Bericht die Nationalen Sozialisten Rostock/Aktionsblog die „maßgeblichste und aktivste Struktur in der neonazistischen Szene Mecklenburg-Vorpommerns" (MIE 2020, S. 31), die auch den Baltik Korps als sportlichen Arm gründete. In Güstrow ist das Freiheitliche Bündnis Güstrow aktiv, in Waren (Landkreis Mecklenburgische Seenplatte) das Kollektiv Seenplatte und der Verein Deutschland muss leben, in Stralsund (Landkreis Vorpommern-Rügen) die Initiative Vereint für Stralsund. Als weitere bedeutsame neonazistische Strukturen der rechtsextremistischen Szene auf regionaler Ebene werden 12 örtliche Kameradschaften und kleinere örtliche Personenzusammenschlüsse genannt, die nicht immer öffentliche oder gar kontinuierliche Aktivitäten entfalten.

Aus dem Kreis der parteiunabhängigen neonazistischen Strukturen auf überregionaler Ebene konnten 2019 Aktivitäten der weltweit vernetzten *Hammerskins* und der *Brigade 8* in Mecklenburg-Vorpommern seitens des Verfassungsschutzes beobachtet werden. Diese entfalteten keine Außenwirkung und konzentrierten sich auf die Durchführung interner Veranstaltungen, darunter auch Konzerte. Als für die Öffentlichkeit kaum wahrnehmbar, jedoch für die szeneinterne Vernetzung und für die Ideologievermittlung als wichtig gedeutet, wird im Bericht die Artgemeinschaft–Germanische Glaubens-Gemeinschaft wesensgemäßer Lebensgestaltung, kurz *Artgemeinschaft*, genannt (MIE 2020, S. 37). Die sich als ‚Religionsgemeinschaft' verstehende Gruppierung, welche sich an der heidnisch-germanischen Götterwelt orientiert und entsprechende Rituale durchführt, wird als rassistisch eingestuft. Wie in den Jahren zuvor war die Artgemeinschaft in der rechtsextremistischen Szene vernetzt und stellte eine wesentliche Gruppierung in der Siedlungsbewegung dar. Es wird davon ausgegangen, dass die Bemühungen zur Umsetzung der „Idee gemeinsamer ländlicher Siedlungen" fortgesetzt und auch ausgeweitet werden (ebd., S. 38). Überregional aktiv ist auch die *Identitäre Bewegung*, die im Bundesland in den letzten Jahren mit einer ganzen Reihe von medienwirksamen Aktionen auf sich aufmerksam gemacht hat (vgl. Cruzcampo 2016). In der Antwort auf eine Kleine Anfrage der Linken teilte das Innenministerium 2018 mit, der vom Verfassungsschutz beobachteten Gruppe im Land sind 20 Personen als festen Mitgliederstamm zuzurechnen, die teilweise aus dem rechtsextremen Parteienspektrum und neonazistischen Organisationen stammten und in Ortsgruppen in Rostock, Greifswald und Stralsund organisiert seien (Nordkurier 2018).

Der Verfassungsschutzbericht führt auch die *rechtsextremen Versammlungs- und Veranstaltungsorte* im Bundesland auf. Folgende Orte werden im Bericht gemeldet: Das Thinghaus in Grevesmühlen (Landkreis Nordwestmecklenburg), der Kulturraum in Lübtheen (Landkreis Ludwigslust-Parchim,) der ehemalige Dorfkonsum in Klein Belitz (Landkreis Rostock), das Braune Haus in Waren (Landkreis Mecklenburgische Seenplatte), das Haus Jugendstil in Anklam (Landkreis Vorpommern-Greifswald) und das Nationale Wohnprojekt in Salchow (Landkreis Vorpommern-Greifswald) (MIE 2020, S. 22). Die Orte beherbergen insgesamt eine große Vielfalt von Veranstaltungen und dienen auch als Begegnungs- und Vernetzungsorte. Das von der Dorfgemeinschaft Jamel[1] (Landkreis Nordwestmecklenburg) organisierte Grevesmühlener Thinghaus wird als besonders bedeutsamer Treffpunkt beschrieben. Das Haus wird von einer Vielzahl rechtsextremer Gruppierungen, wie dem Baltik Korps für „Kampfsporttrainings“ (siehe auch Korfmacher 2020, Cruzcampo 2019b) oder dem Landesverband der NPD für das Sommerfest Sömmerfier mit ca. hundert Teilnehmer:innen (siehe auch Schröder 2019), besucht. Vielfach wurde die Präsenz rechtsextremistischer Musiker:innen belegt, z. B. Sänger der Band Oidoxie aus Nordrhein-Westfalen. Auch wenn ein eindeutiges organisatorisches Zentrum der verschiedenen Gruppierungen fehlt, zeigt sich in diesen Orten doch die starke Institutionalisierung der extremen Rechten im Bundesland.

Mecklenburg-Vorpommern ist für seine „lebhafte rechte *Musikszene* mit etwa einem Dutzend eigener Bands“ deutschlandweit und international bekannt (Röpke 2015, S. 180). Neben dem Thinghaus fanden auch im ebenfalls im Verfassungsbericht genannten Nationalen Wohnprojekt in Salchow, in der Dorfgemeinschaft Jamel und im ehemaligen Schweinestall in Viereck vor der Covid-19-Pandemie regelmäßig Konzerte und Liederabende statt. Zu den aktivsten Neonazi-Bands zählen Path of Resistance aus Rostock, Painful Awakening aus Güstrow, Thrima aus Nordwest-Vorpommern, Skalinger (alias Lie-

1 Als Gegenwehr gegen die „Vereinnahmung“ seitens der Neonazis in Jamel, welches als „nationalsozialistisches Musterdorf“ international bekannt ist, veranstaltet das Ehepaar Lohmeyer seit 2007 das Festival Jamel rockt den Förster auf dem eigenen Hof. Ihre Intention ist es, „den Nazis [zu] demonstrieren, dass ihnen ‚demokratischer Gegenwind‘ entgegen bläst“ (GFS 2020). Trotz des 2015 verübten Brandanschlags auf die Scheune des Ehepaars Lohmeyer, in der die Bänke und Tische für das Festival gelagert waren, fand das Festival weiterhin bis zuletzt 2019 statt. Pandemiebedingt musste das Festival 2020 ausfallen, im September 2021 gab es „Forstrock-Ersatzkonzerte“ (vgl. ebd. 2021).

benfels Kapelle) aus Wolgast und Stimme der Vergeltung aus Ueckermünde. Die Anklamer Band Wiege des Schicksals gehört zum Hammerskin-Netzwerk. Auch besteht eine Verbindung der Rechtsrock-Bands aus Mecklenburg-Vorpommern zum verbotenen Blood & Honor-Netzwerk (vgl. Speit 2019). Zudem gehörte 2019 der Liedermacher mit dem Pseudonym F.i.e.L. (Fremde im eigenen Land) aus dem Raum Grevesmühlen zu den bundes- und europaweit aktivsten rechtextremistischen Musiker:innen mit zahlreichen Liveauftritten (MIE 2020, S. 28). Laut Verfassungsschutzbericht fanden 2019 zehn rechtsextremistische Konzerte mit Live-Auftritten (deutlicher Anstieg gegenüber von 2018: 4) statt und eine Veranstaltung wurde aufgelöst. Weitere fünf Liederabende sind belegt und vier Veranstaltungen konnten im Vorfeld verhindert werden (MIE 2020, S. 20).

Die Musikszene ist in Mecklenburg-Vorpommern auch verwoben mit *wirtschaftlichen Netzwerken* von rechtsextremen Personen. Hier sind Verbindungen entstanden, die die politische Arena deutlich verlassen haben. Medienberichte (Märkische Allgemeine: Pubantz 2018; Zeit Magazin: Friedrichs et al. 2019; Fernsehmagazin Monitor: Spinrath/Maus 2019) legen die Intention der rechtsextremistischen Szene nahe, durch wirtschaftliche Strukturen und – vor allem nach dem Ausscheiden der NPD aus dem Landesparlament – neue Wertschöpfungsquellen autark werden zu wollen. Verbindungen von Anklamer Bau- und Gastronomiebetrieben mit dem rechtsextremen Musik- und Versandhandel belegen die Verwicklungen von Personen, deren extrem rechte Gesinnung bekannt ist. Solche wirtschaftlich orientierten Etablierungsversuche extrem rechter Netzwerke finden auch in den Verfassungsschutzberichten des Landes Erwähnung (z. B. MIE 2018, S. 22f.).

Auch sind die Ableger von der *rechten Rockerszene* zugehörigen, einst verfeindeten Motorradgruppen Hells Angels und Bandidos als ernstzunehmende gewaltbereite Akteure im Bundesland zu erwähnen, die personelle Überschneidungen zur NPD und der AfD zeigen. Die Gruppierungen werden weder in den Polizeilichen Kriminalstatistiken aus 2019 und 2020 noch im Verfassungsschutzbericht aus 2020 erwähnt. Noch 2014 ging das Landeskriminalamt von 23 Clubs mit insgesamt 300 motorisierten Mitgliedern landesweit aus und es wird über Verwicklungen in 2.400 Straftaten, vor allem im Drogenhandel, im Kontext von Waffenbesitz und Prostitution berichtet. Bei Durchsuchungen von Clubhäusern und Wohnungen seitens der Polizei wurden Hieb-, Stich- und Schusswaffen, darunter zwei Maschinenpistolen, sichergestellt (SVZ 2014). Die als Landesorganisation der Hells Angels in Mecklenburg-Vorpommern geführte Schwarze Schar und die zu diesem Verein gehörende Teilorganisation Schwarze Jäger MC Wismar wurden im Januar 2014 verboten und aufgelöst, das Vereinsheim Zum Schwarzen Herzog in Gägelow wurde von den Behörden des Innenministeriums von Mecklenburg-Vorpommern beschlagnahmt (Endstation Rechts Redaktion 2014). Dabei wurden das Tragen des Schriftzuges Hells Angels und des Symbols vom geflügelten Totenkopf verboten, auch wird das Tragen von Kutten mit den Symbolen der Gruppierung seitdem strafrechtlich verfolgt (Nordkurier 2014). Medienberichten zufolge wurden trotz der Verbote weiterhin Aktivitäten der Rockerszene wahrgenommen (Volgmann 2020). Das Bundesinnenministerium hat 2021 die Bandidos (Bandidos MC Federation West Central) deutschlandweit verboten (BMIBH 2021).

Neben gewaltaffinen Spektren rechter Musikkultur und von Fußballfanszenen haben sich Teile der *Kampfsportwelt* zum dritten Standbein einer erlebnisorientierten Rekrutierung der extrem rechten Szene entwickelt. Die Kommerzialisierung des Kampfsportes in der extremen Rechten zeigt Wechselwirkungen zur Professionalisierung des rechten Hooliganismus. Eine enorme Steigerung der Gewaltkompetenz in der Szene wird bestätigt (vgl. Claus 2020; Cruzcampo 2019a).

Einige *Burschenschaften* stellen weitere wichtige Akteure dar, in denen sich extrem rechte Personen vernetzen und die sie für ihre Aktivitäten nutzen. Nach Einschätzung der Themen- und Aktivitätenvielfalt von Daniel Trepsdorf hat „der politische Kompass der Burschenschaften, der stets zwischen den Polen ‚Ehre, Freiheit, Treue, Vaterland' pendelte, auch im Nordosten der Republik eine klare völkische-nationale Schlagseite erhalten" (Trepsdorf 2017). Zu solchen völkischen Organisationen zählen insbesondere die Burschenschaft ‚Rugia', die ebenso wie ‚Markomannia Aachen Greifswald' innerhalb der rechtsnationalen ‚Deutschen Burschenschaft' als Dachverband organisiert ist. Hier sind auch zahlreiche AfD-Funktionäre Mitglied oder weisen Bezüge auf (s.o., vgl. Korfmacher 2019).

Angesichts dieser alarmierenden Anzahl und Intensität extrem rechter Netzwerke und Aktivitäten ist es umso erschreckender, dass immer wieder die *Justiz und Polizei* in extrem rechte Aktivitäten und Netzwerke im Bundesland verwickelt ist. 2019 wurde bekannt, dass im Spezialeinsatzkommando der Polizei Mecklenburg-Vorpommern eine Gruppe rechtsextremer Polizist:innen agierte. Der Leiter der Unabhängigen Kommission, die mit der Aufklärung des Falls beauftragt war, der frühere Chef des Bundesamts für Verfassungsschutz Heinz Fromm, bestätigte rechtsextremes und ausländerfeindliches Verhalten innerhalb der Gruppe. Außerdem sollen die rechtsextremen Elitepolizisten Verbindungen zu so genannten Preppern gehabt haben. Als Führungsfigur machte Mecklenburg-Vorpommerns ehemaliger Innenminister Lorenz Caffier (CDU) den Ex-SEK-Polizisten Marko G. aus, der 2019 „unter anderem deshalb vor Gericht stand, weil er 55.000 Schuss Munition gehortet haben soll. Er ist auch eine Schlüsselfigur des [...] so genannten Hannibal-Netzwerks mit rechtsextremen Mitgliedern in Armee, Polizei und anderen Behörden. Die Mitglieder des Netzwerks sind meistens Männer, die sich auf einen drohenden Ernstfall [durch Horten von Wasser oder Lebensmittel] vorbereiten [...]. Es gibt aber auch radikalisierte Prepper, die Waffen horten, weil sie rassistischen Vorstellungen von einer angeblich bevorstehenden Invasion von Geflüchteten anhängen“ (Erb/Schulz 2019). In seinem 2021 veröffentlichten Buch „Unterwandert“ erhebt der Journalist Jörg Köpke, ehemaliger Chefkorrespondent der Ostsee-Zeitung, schwere Vorwürfe an die Landespolitik, CDU und SPD, den Verfassungsschutz, die Polizei und die Justiz, die weder die NSU- noch die Nordkreuz-Fälle mit ausreichender Konsequenz aufgeklärt, noch ernsthaft die vielen anderen rechtsextremen Netzwerke beleuchtet hätten (Deutschlandfunk Kultur 2021). Nach der öffentlichen Kritik verschiedener Personen und Akteure an der Arbeit des Verfassungsschutzes in Mecklenburg-Vorpommern setze Innenminister Torsten Renz eine externe und unabhängige Expert:innen-Kommission ein mit dem Auftrag, die Struktur und die Organisation des Verfassungsschutzes im Bundesland zu begutachten (MIE 2021).

Dass die vielgestaltige und große extrem rechte Szene in Mecklenburg-Vorpommern Menschen konkret bedroht, gefährdet und gewaltvoll attackiert, dokumentiert der *Verein LOBBI* (Landesweite Opferberatung Beistand und Information für Betroffene rechter Gewalt in Mecklenburg-Vorpommern), der Betroffene rechter und rassistischer Gewalt bei der Bewältigung der Tatfolgen unterstützt und darüber hinaus diese Angriffe dokumentiert. Die Organisation registrierte im Jahr 2020 93 Angriffe, bei denen mindestens 152 Menschen unmittelbar sowie 35 indirekt betroffen waren (LOBBI 2021). Damit bewegen sich die Zahlen leicht über dem Niveau des Vorjahres 2019 – trotz der Einschränkungen im öffentlichen Raum im Zuge der Bekämpfung der Corona-Pandemie. In 59 Fällen handelte es sich um Körperverletzungen, von denen 31 als gefährlich eingestuft werden. Als auffällig wird die „Zunahme gemeldeter rechter Bedrohungen (25 gegenüber 14 im Vorjahr)” gedeutet. In über der Hälfte der Fälle handelten die Angreifer:innen, wie auch in den vergangenen Jahren, aus rassistischen Motiven. In 2020 wird über eine Zunahme an Angriffen gegen politische Verantwortungsträger:innen oder vermeintliche politische Gegner:innen berichtet (27 Angriffe). Einige dieser Attacken stehen in unmittelbarem Zusammenhang zu den Aufmärschen sogenannter Corona-Kritiker:innen. In Bezug auf die regionale Verteilung fanden die meisten Angriffe 2020 erneut in der Hansestadt Rostock statt (27). Auch aus dem Landkreis Vorpommern-Rügen wird über eine Zunahme berichtet, die Hansestadt Stralsund bleibt ein Schwerpunkt rechter Gewalt. In Nordwestmecklenburg hingegen ist ein leichter Rückgang erkennbar, was allerdings auch an fehlenden Zugängen zu (potenziell) Betroffenen in Zeiten der Pandemie liegen kann und somit eher auf ein verändertes Meldeverhalten zurückgeführt wird.

Wie die Zahlen des Verfassungsschutzberichtes stellen die von LOBBI erfassten Angriffe „nur ein[en] Ausschnitt“ (ebd.) dar. Es muss davon ausgegangen werden, dass von vielen Angriffen nicht berichtet wird oder viele der Angriffe erst deutlich später bekannt werden. Laut LOBBI ist es vielen Betroffenen nicht möglich, solche Angriffe zur Anzeige zu bringen. Auch wird darauf hingewiesen, dass sich viele Betroffene zusätzlich zu den körperlichen Angriffen alltäglichen Feindseligkeiten und Erniedrigungen ausgesetzt sehen: „Besonders spürbar war im vergangenen Jahr erneut das zunehmende Misstrauen in Polizei und Justiz, das durch anhaltende Enthüllungen von Fehlverhalten und Vergehen durch Angehörige der Sicherheitsbehörden weiter gefüttert und von den Betroffenen immer wieder thematisiert wurde“ (ebd.). Einen umfassenden Überblick über rechte Aktivitäten stellt jährlich das Portal Belltower News der Amadeu Antonio Stiftung der Öffentlichkeit vor (vgl. Staack 2021).

Die politischen Akteure, die vielgestaltigen extrem rechten Szenen und Subkulturen und ihre unterschiedlichen Beteiligten, die institutionalisierten Treffpunkte und Veranstaltungen, die konkreten Bedrohungen und Angriffe, denen Menschen ausgesetzt werden – das alles spiegelt sich auch in den Erfahrungen der Sozialen Arbeit in Mecklenburg-Vorpommern. Nach dieser Übersicht über strukturelle Bedingungen und extrem rechte Akteure und Aktivitäten wird das folgende Kapitel einen Einblick in diesen Alltag Sozialer Arbeit mit der extremen Rechten geben.

5 Alltag mit der extremen Rechten

Die Alltäglichkeit der extremen Rechten

Die extreme Rechte ist selbstverständlicher Teil des Alltags der Fachkräfte der Sozialen Arbeit in Mecklenburg-Vorpommern. Selbstverständlich nicht in dem Sinn, dass sie keinerlei Aufmerksamkeit mehr erfährt oder unwidersprochen hingenommen wird. Und selbstverständlich auch nicht in dem Sinn, dass Fachkräfte jeden Tag einen singulären Vorfall expliziter Land- oder Einflussnahme erleben. Aber selbstverständlich in dem Sinn, dass sich das Denken und Handeln der Fachkräfte kontinuierlich auf extrem rechte Symbole, Diskurse, Praktiken und Akteure bezieht. Sie sind Teil einer Wirklichkeit, an der die Fachkräfte unausweichlich und regelmäßig teilnehmen (vgl. Schütz/Luckmann 1975/2003, S. 29) und gehen damit in ihre Erfahrungsaufschichtung ein, die sich in Zeit, Raum und sozialen Beziehungen ausprägen. Auf diese Weise fließen extrem rechte Symbole, Diskurse, Praktiken und Akteure in die Wissensordnung der Sozialarbeitenden ein (vgl. Schütz/Luckmann 1975/2003, S. 71-139), wie im Verlauf des Kapitels noch deutlich werden wird. Natürlich zählt in der Gestaltung des Alltags auch vieles andere und den Erfahrungen wird nicht immer eine hohe Bedeutung eingeräumt. Doch gerade darin zeigt sich ihre Alltäglichkeit: Denken und Handeln der Fachkräfte entwickeln sich vor dem Hintergrund eines Panoramas, in dem extrem rechte Symbole, Diskurse, Praktiken und Akteure einen festen Platz einnehmen und nicht mehr als vereinzelte und ungewöhnliche Vorkommnisse markiert werden.

Zum einen bezieht sich diese Beobachtung auf die Einflussnahmen auf die professionellen Angebote Sozialer Arbeit. Insgesamt 45 Fachkräfte geben im Fragebogen an, dass ihnen eigene Angebote der extremen Rechten bekannt sind, die man der Sozialen Arbeit zurechnen kann; 39 Fachkräfte kennen Beispiele für externe Einflussnahmen auf etablierte Angebote der Sozialen Arbeit und 40 Fachkräfte wissen von Versuchen der Einflussnahme innerhalb etablierter Angebote der Sozialen Arbeit (siehe Tabelle D). Die Expert:inneninterviews bestätigen diese Beobachtungen und konkretisieren sie vielfältig. In den Interviews fallen insbesondere die hohe Dichte und die Qualität der Schilderungen auf: Es gibt kaum eine Fragenkategorie, die die Fachkräfte unbeantwortet lassen und für die ihnen keine konkreten Beispiele einfallen.

Zum anderen ergibt sich die Alltäglichkeit der extremen Rechten aber auch aus den alltagsweltlichen Bezügen, die den professionellen Tätigkeiten nicht unmittelbar zuzurechnen sind. Dennoch sind sie Teil der Erfahrungen, vor denen sich die Praktiken des Alltags, auch die professionellen, vollziehen. Deswe-

Tabelle D: Einschätzungen zu eigenen Angeboten, externen Einflussnahmen und internen Praktiken (n=252)

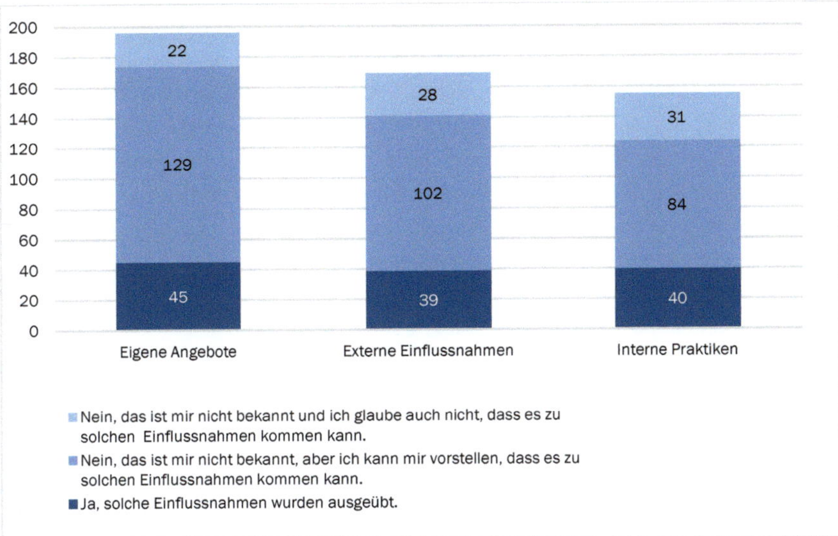

gen wird in diesem Kapitel zunächst allgemeiner auf diese Szenerie eingegangen, vor der sich die fachlichen Angebote ausprägen und entwickeln.

Tabelle E: Anzeichen neurechter/rechtsextremer Aktivitäten in der Region (n=252)

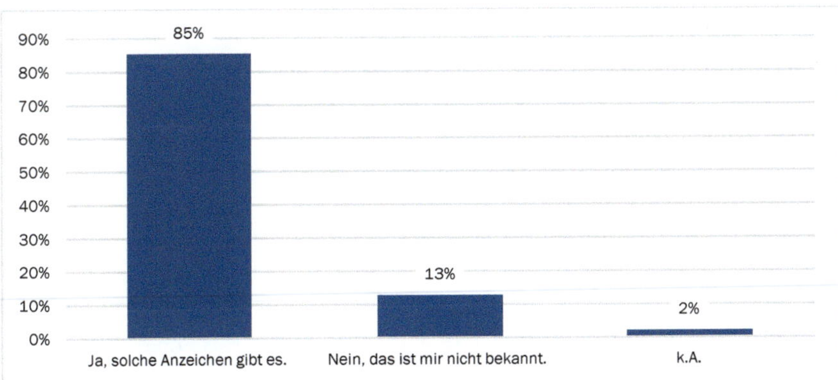

Im Fragebogen geben 85 % der befragten Fachkräfte an, dass sie in ihrer Region Anzeichen extrem rechter Aktivitäten erkennen, nur 13 % nehmen hingegen keine Anzeichen wahr (Tabelle E). Im Vergleich dazu antworteten die Fachkräfte in NRW (n=377) (vgl. Gille/Jagusch 2019) wie folgt: 66 % der Befragten geben an, dass es Anzeichen extrem rechter Aktivitäten in der Region gibt, 24 % geben an, das sei ihnen nicht bekannt. Es zeigt sich, dass Fachkräfte in MV Einflussnahmen häufiger feststellen. Diese eindeutigen Zahlen manifestieren die Annahme der Alltäglichkeit rechter Erscheinungsformen in den Sozialräumen, in denen die Soziale Arbeit in Mecklenburg-Vorpommern tätig ist.

Zu den beobachteten Aktivitäten zählen sowohl symbolische Aktivitäten wie Graffiti, rechte Demonstrationen und Aufmärsche, aber auch eine sichtbare und etablierte rechte Szene, rechte Treffpunkte und gewaltförmige Aktivitäten wie Sachbeschädigungen oder Angriffe auf Personen (Tabelle F). Alarmierend ist, dass der Hälfte der Fachkräfte verbale Anfeindungen und Bedrohungen bekannt sind sowie etwa einem Drittel gewaltsame Übergriffe auf Personen und dass rund ein Viertel davon ausgeht, dass in der Region eine etablierte extrem rechte Szene vorhanden ist.

Tabelle F: Art der Anzeichen (n=252, Mehrfachnennungen möglich)

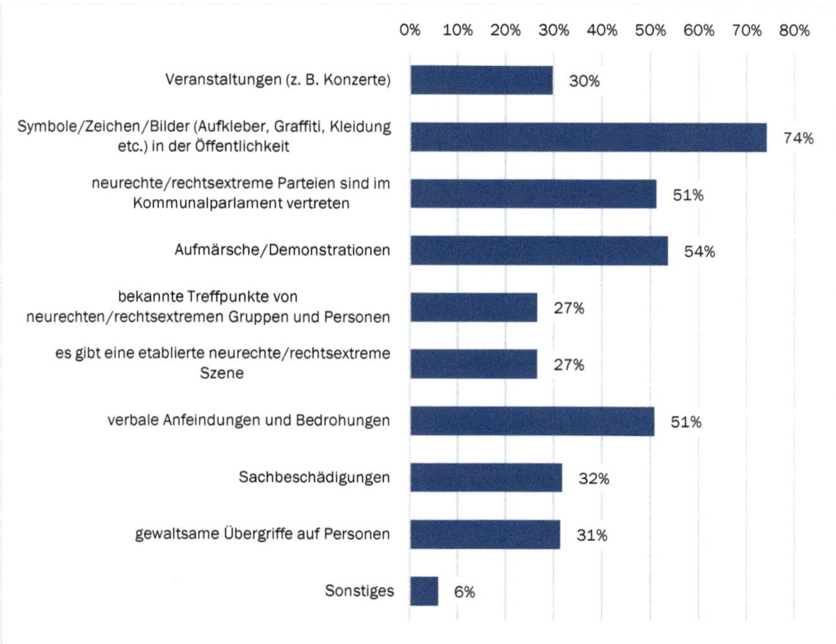

Als Akteure rechtsextremer Aktivitäten werden in den Fragebögen am häufigsten Erwachsene genannt (80 %), Jugendliche werden dagegen nur von 39 % angegeben. Dies widerspricht der Einschätzung, dass es sich bei extrem rechten Aktivitäten um ein Phänomen des Jugendalters handelt und zeigt zudem, dass die extrem rechten Szenen der 1990er Jahre älter geworden sind. Es sind 46 % der Befragten, die außerdem Parteien und 38 %, die einzelne Politiker:innen als Akteure der extremen Rechten benennen.

Während 44 % der Befragten davon ausgehen, dass extrem rechte Aktivitäten in der Region in den letzten zehn Jahren zugenommen haben, gehen 27 % der Befragten davon aus, dass sie gleichgeblieben sind (Tabelle G). Lediglich

6 % nehmen einen Rückgang rechtsextremer Aktivitäten wahr. Für die große Mehrheit der Fachkräfte der Sozialen Arbeit stellt die extreme Rechte also ein kontinuierliches Problem dar, für beinahe die Hälfte hat es in der vergangenen Dekade noch an Bedeutung gewonnen.

Tabelle G: Neurechte/rechtsextreme Aktivitäten in der Region in den letzten zehn Jahren (n=252)

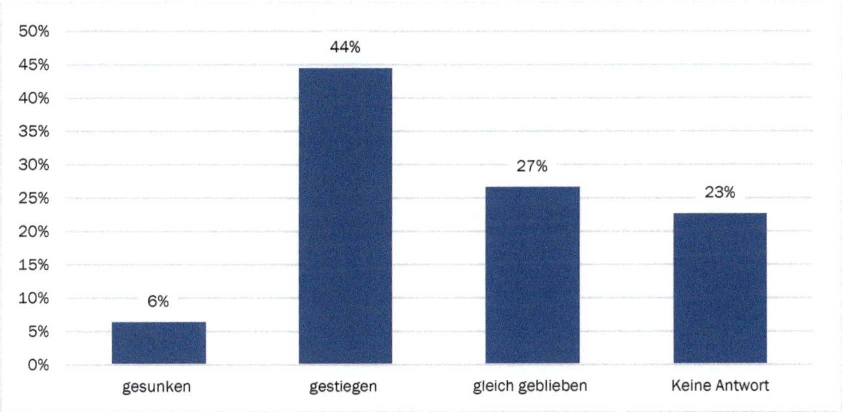

Formen alltäglicher Präsenz der extremen Rechten

Auch in den Interviews zeigt sich, dass die Fachkräfte von einer großen Kontinuität extrem rechter Aktivitäten ausgehen, wenn sich auch ihre Formen verändert haben. Person K beginnt die Ausgangserzählung zum Vorkommen extrem rechter Aktivitäten z. B. folgendermaßen: „*Also ich bin selber in Mecklenburg-Vorpommern groß geworden. Ich habe selber in meiner Jugend Erfahrungen mit der extremen Rechten mit Nazis gehabt und deswegen war mir völlig klar, dass der Schwerpunkt in der Arbeit mit Jugendlichen in diese Richtung tendiert*“ (K 82-86). Wie andere Befragte geht K damit zunächst auf die jüngere Geschichte ein und verweist darauf, dass die danach folgenden Schilderungen die Gegenwart übersteigen. Viele Fachkräfte weisen auf solche Kontinuitäten hin. Insbesondere stellen sie immer wieder Verbindungen zu den rechten Szenen der 1990er Jahre her, machen aber gleichzeitig klar, dass sich die Erscheinungsformen verändert haben: „*Also die Rechten, die ich kenne, rechts, so wie ich das kenne aus meinem Leben, aus meiner Vergangenheit, aus meiner Jugend, ist eine Gruppe Jugendlicher, die Stunk macht, die Heil Hitler ruft, die, keine Ahnung, die Hand hebt, die also NICHT hilfsbereit ist, sondern ganz klar provoziert, Konfrontationen eingeht, auch Gewalt befürwortet und diesen Eindruck hat man jetzt von dieser Generation rechts nicht und das, finde ich [lacht], ist natürlich einerseits positiv zu betrachten, aber andererseits auch ganz erschreckend und für mich ganz gefährlich, weil es einfach nicht durchschaubar ist*“

(B 978-985). Person G beschreibt die Verschiebungen ähnlich: *„Also ehe wir von der Neuen Rechten gesprochen hatten, hatten wir letztendlich also Jugendliche und junge Erwachsene, die also dem rechten Spektrum in [Name Gemeinde] zuzuordnen waren. Es hatte eine Zeit lang auch eine Ortsgruppe, oder eine Gruppierung im Ort gegeben, die sehr NPD-orientiert war und so auch aufgetreten ist. Seit zwei Jahren beobachte ich, dass diese Gruppe also als Gruppe weder auftritt, noch sichtbar ist. Aber ich weiß, dass einige von denen so subtiler geworden sind. Das heißt also, mit anderen Methoden versuchen in der Gemeinde Einfluss zu nehmen“* (G 60-67).

Neben der zeitlichen Kontinuität sind es die zahlreichen Symbole und Aktionen im öffentlichen Raum, die in den Fragebögen und den Interviews immer wieder zur Sprache kommen. Dazu zählen u. a. die Demonstrationen und Aktionen, die sich auf historische Ereignisse beziehen und in denen geschichtsrevisionistische oder völkische Ideologien sichtbar werden, wie z. B. zum 12.3. in Swinemünde, zum Tag der Arbeit in Wismar, zum 8.5. in Demmin, zum 17.8. in Neubrandenburg, zum Tag der Deutschen Einheit in Zarrentin oder in den so genannten Heldengedenken u. a. in Rostock, Waren oder auf Usedom. Person E berichtet: *„Da wird ja jedes Jahr am 8. Mai ein Kranz niedergelegt von der, ja, rechten Szene, möchte ich es jetzt einfach mal sagen, und der Bürgermeister räumt ihm sozusagen auch jedes Jahr, also macht eben da Tore und Türen offen, damit sie dann auch mit ihrem Trauermarsch, wie sie das selber verkaufen, dann natürlich auch, ja, also dass sie ihren Kranz dort niederlegen können.“* Und an anderer Stelle: *„Zum Beispiel wurden dann vorm Rathaus am 20.4., also Adolf Hitlers Geburtstag, wurden dort Reichskriegsflaggen gehisst. Und die Stadt tut dann so, als wenn sie das nicht mitgekriegt hat. Und da sehe ich ja schon, also wenn man WILL, also ich sage es mal so: Wenn beim Rathaus ein Antifa- oder […] ein Anarchie-Zeichen rangesprayt werden würde, das wüssten die sofort, wer das gewesen wäre, das würde eine Woche dauern und die hätten den Schuldigen. Wenn aber eine Reichskriegsflagge gehisst wird, dann können sie natürlich NICHT rausfinden, wer das war. Und das ist immer so das, was man so merkt.“* (E 245-250; 323-329).

Aktivitäten wie diese weisen auf die gefestigten rechtsextremen Szenen in Mecklenburg-Vorpommern hin. Örtliche Kameradschaften wie die Nationalen Sozialisten Rostock/Aktionsblog, das Freiheitliche Bündnis Güstrow, das Kollektiv Seenplatte, Nordkreuz, die NPD-Parteistrukturen und die Siedlerbewegungen wie die der Ludendorffer oder Artamanen stellen die Basis für lebendige Subkulturen dar, die mit solchen symbolischen Landnahmen den öffentlichen Raum einnehmen (siehe Kapitel 4.3; vgl. MIE 2020; Röpke/Speit 2019; Arndt/Geelhaar/Witte 2015; Röpke 2015). Rechtsextreme, häufig neonazistische Gruppierungen und ihre Aktionen gehören zur Normalität des Alltags, von dem die Fachkräfte berichten: *„[…] und es total normal ist, so einen rechten Lifestyle zu pflegen […], dass es normal ist, im ländlichen Raum Neonazi* *zu sein. Das ist nichts Besonderes und auch mit offensichtlicher Kleidung und Tätowierungen rumzurennen. Und das wird den Jugendlichen dann auch gezeigt und es werden auch Angebote dementsprechend gemacht. Also zum Beispiel in Jamel bei Grevesmühlen, der macht es ja auch mit seinen Kinderfesten und Jugendfesten, die er zu irgendwelchen vermeintlichen germanischen, heidnischen Festen anbietet, nicht nur für die Erwachsenen, sondern auch für die Kinder. Da wird die ganze Familie angesprochen. Die NPD macht das ja in Stralsund jedes Jahr immer noch mit ihrem Kindertagfest, wo dann Hüpfburgen gemacht werden und Clowns, die Luftballons basteln und nebenbei wird halt rechte Propaganda an die Eltern vermittelt*" (T 228-240). Insbesondere das knappe Dutzend Häuser von Neonazis in Jamel, das bundesweit Aufmerksamkeit erhält (u. a. durch Abdollahis Fernsehreportage „Im Nazidorf" und das vom Ehepaar Lohmeyer initiierte Forstrock Festival, siehe S. 37, Kapitel 4.3), wird immer wieder zum Bezugspunkt in den Erzählungen. Es kann damit als Schlüsselbeispiel einer geglückten symbolischen Landnahme der Neonazis gelten.

Die Gruppierungen finden nicht nur anhand von Symbolen, sondern auch in konkreten sozialen Kontakten Eingang in die Lebenswelt der Fachkräfte. Person R muss z. B. auf Anfragen von Reichsbürger:innen reagieren: „*Wir haben ja hier auch Reichsbürger, die dann eben ihr Territorium, [lachend] was sie da als Grundstück haben, zur Verfügung stellen und das eben aus den Strukturen herausnehmen wollen, dass sie dann eben ihre freie Republik oder weiß ich, was sie da gründen wollen, da haben. Und das geht, glaube ich, auch nur hier im ländlichen Raum, also dass dann Leute sagen: Okay, das ist jetzt mein Hoheitsgebiet, da hat die BRD GmbH nichts zu suchen. […] Wenn man das sonst so über die Medien hört, denkt man: Na ja, das ist ja fernab von uns, aber wenn ich dann selber angesprochen werde, dann, ja, verwundert mich das schon*" (R 431-462). Person B beschreibt die Begegnung mit rechten Jugendcliquen als Teil des Alltags: „*Also seit ich wieder hier bin, gibt es immer wieder Jugendliche, die, ich sage mal, einheitlich gekleidet auf irgendwelchen Festen immer wieder auftauchen. Immer wieder. Die sind freundlich, die sind hilfsbereit, die halten einem die Tür auf. Die grüßen, die begrüßen auch MICH mit Handschlag, viele davon kenne ich. Und man kennt ihr Gedankengut. Also es ist nicht so, dass die sich mit mir darüber unterhalten, aber dass man schon mal in den Social Media irgendein Foto sieht, wo die Hand hochgestreckt ist oder wo einfach mal so eine fremdenfeindliche Äußerung kommt*" (B 710-718). Gelegentlich wird auch von Unterwanderungen der Rechtsextremen berichtet, die auf den ersten Blick nicht erkennbar sind; etwa am Beispiel des Netzwerkes der Kameradschaft Anklam, zu dem mehrere Handwerksbetriebe und ein Gastronomiebetrieb zählen und die mit Sponsorenaktivitäten sportliche und soziale Aktivitäten in der Umgebung fördern (siehe S. 38, Kapitel 4.3).

Die alltäglichen Wahrnehmungen zur extremen Rechten gehen allerdings über die verfestigten Szenen von Neonazis, Reichsbürger:innen oder Siedler:innen hinaus. Auch in anderen sozialen Zusammenhängen erfahren die Fachkräfte extrem rechte Praktiken und Diskurse. Person K berichtet: „*Zu Beginn des Jahres, glaube ich, war das, dass ein muslimischer Gebetsraum eingerichtet werden sollte, was zu großen Protesten, vor allen Dingen von Seiten der AfD initiiert, geführt hat und monatlich immer wieder, ja, Demonstrationen in allen Stadtteilen stattgefunden haben. […] Und ich glaube, das war Sommer letzten Jahres, gab es eine Diskussion um einen möglichen Neubau der Moschee in der Nähe des botanischen Gartens. Und dort wurden dann Schweineköpfe und Schweineteile auf diesem Platz abgelegt*“ (K 175-190). Dabei verweisen die Befragten darauf, dass zivilgesellschaftliche Proteste gezielt von der extremen Rechten genutzt werden, um Brücken zu anderen Gruppen zu schlagen; so z. B. bei den Protesten gegen die Schließung der Kinderklinik in Wolgast oder bei den Protesten gegen die Coronapolitik: „*Und ich habe mir also zum Beispiel diese Versammlungen immer, die bei uns auf der Ebene sozusagen am Montag immer ist, die gucke ich mir bis heute jeden Tag an und höre mir das auch genau an. Ne? Und sehe da zu. Und da ich mich in meiner Stadt gut auskenne, weiß ich auch, wer da hingeht und was da so für Leute rumlaufen. […] Und dann läuft eben rum, diverse Gliederungen der AfD. So. Selbst mit der NPD. Da ist der Schubert von irgendwelchen Kameradschaft-Gedöns. Ne? So. Und die Identitäre Bewegung. In vereinzelten Personen. Ne? So. Also wenn die sozusagen Neue Rechte oder alte Rechte, also wenn dieser ganze Personenzusammenhang, also von der AfD, weiter nach rechts, wenn der nicht mehr da so wäre, hätten sie glaube ich ungefähr hundert Personen von den ungefähr drei- bis fünfhundert weniger*“ (Q 645-653).

Auch gesellschaftliche Institutionen sind aus der Sicht der Fachkräfte vor Landnahmen nicht gefeit; zum einen, weil sie selbst Angriffen ausgesetzt sein können, wie z. B. in mehreren Berichten über Angriffe auf Politiker:innen deutlich wird: „*Bei den Kommunalwahlen im letzten Jahr wurde zum Beispiel ein Kandidat, deutscher Kandidat syrischer Herkunft, wurde massiv rassistisch beleidigt und angegriffen und seine Wahlplakate, die in der Stadt waren, die wurden mit Hakenkreuzen oder mit der Kürzel IS beschmiert zum Beispiel. Und diese Person hat bis jetzt, er lebt, glaube ich, seit 40, 30 Jahren hier und er war bis jetzt damit NIE in dieser Form oder in dieser Intensität da konfrontiert*“ (J 582-588). Zum anderen sind auch in den Institutionen Akteure der extremen Rechten zu finden. So verweisen Fachkräfte auf die kommunalen Kooperationen von AfD und CDU (siehe S. 33, Kapitel 4.3), z. B. in Penzlin, wo die CDU einem Vertreter der AfD Ausschusssitze sicherte. Auch Einzelpersonen, die in gesellschaftlichen Institutionen Funktionen innehaben, werden genannt, etwa am Beispiel von Hochschulprofessoren, die durch antidemokratische Positionen auffallen.

Schließlich sind es die persönlichen Beziehungen, in denen extrem rechte Positionen und Praktiken in den Alltag treten und mit denen sich die Fachkräfte auseinandersetzen. So berichtet U von den Reaktionen von Bekannten auf den Einsatz für einen Geflüchteten: „*,Wie kann man nur so bescheuert sein, so was zu machen?' Oder also, ,das ist ein Moslem, wie kann man sich nur für einen Moslem einsetzen?' Habe gesagt, ,meine Güte, das ist ein Mensch!' Also ich bin ein Mensch, er ist ein Mensch, ne? […] Aber in bestimmten Kontexten war es etwas, und auf Arbeit zum Beispiel war es etwas, wo ich es überhaupt nicht sagen konnte oder erzählen konnte darüber, weil das total abgewertet wurde. […] Ich habe immer, ich habe da VIEL Widerstand erlebt, viel blöde Situationen, aber ich habe auch tatsächlich, und das war das Wohltuende daran, viel, viel Zuspruch erhalten. Ne?*" (U 562-586). Person S beschreibt die Verankerung in den persönlichen Beziehungen am Beispiel von Verschwörungsmythen: „*Also ich bin vorige Woche konfrontiert worden damit, dass mich jemand anrief und sagte ,Sag mal, weißt du eigentlich schon, dass du wieder im Dritten Reich lebst? Und weißt du eigentlich, dass Merkel Hitler ist?' Und ich ,Nein. Hm*'" (S 322-325). Und schließlich sind auch die familiären Beziehungen nicht vor Auseinandersetzungen gefeit: „*Das ist immer so eine Frage. Ich habe das Problem ja auch in der Familie mit der AfD und mit wo die ganze Pegida-Geschichte so losging in den Jahren, wo ich dann also bei Familientreffen wie jetzt zum Geburtstag oder so weiter werden dann politische Themen jetzt seit anderthalb Jahren ausge-, also nicht mehr angesprochen, weil das immer zu Streit führt. Und da sind wir uns jetzt so einig geworden, jeder lebt seine politische Überzeugung aus, aber eben nicht in der Familie*" (F 202-209).

Die Bedeutung der ländlichen Strukturen

Symbole, Diskurse, Praktiken und Akteure der extremen Rechten treten also auf vielfältige Weise in den Alltag und werden damit zu einem Merkmal der Wissensordnung, vor dem sich die Denkweisen und Praktiken in der Sozialen Arbeit entfalten. Beim Auftauchen und Umgang mit ihnen kommt für viele der Befragten den ländlichen Strukturen Mecklenburg-Vorpommerns eine besondere Rolle zu. Immer wieder weisen Fachkräfte in den Interviews auf die engen sozialen Bindungen hin, die den Sozialraum charakterisieren. Viele der Personen, mit denen sie im Alltag und bei der Arbeit umgehen, sind ihnen persönlich bekannt, sie können sie einfach zuordnen, auch und gerade dann, wenn es um gesellschaftspolitische Diskussionen geht: „*Und in [Name Kleinstadt] ist noch mal insofern anders, als dass man sich kennt. Da gibt es eben dann den, […] dass man sich auf Familienfeiern eben sieht, wo ganz klar ist, man hat extrem unterschiedliche Haltungen*" (K 727-731). Die nicht vorhandene Anonymität wendet sich in beide Richtungen: sowohl in Bezug auf autoritäre und menschenverachtende Positionen als auch beim Einsatz für demokratische und universalistische Positionen. Wer sich z. B. für Geflüchtete oder eine offene Gesellschaft einsetzt, macht sich schnell ebenso bekannt, wie diejenigen, die völkische oder faschistische Meinungen vertreten.

Es sind die engen sozialen Zusammenhänge, die manchen Schilderungen einen fast schon vormodernen Bezug auf das gesellschaftliche Zusammenleben verleihen: „*Die andere Seite ist natürlich auch: Je ländlicher es wird, umso weniger Infrastruktur besteht und so, ja, einsamer, verlorener teilweise auch fühlen sich die Menschen dann. Deswegen SUCHEN sie halt die Gemeinschaft. Und da ist es halt einfach, Freizeitangebote zu schaffen, die dann auch gut angenommen werden, weil es halt einfach nicht viel gibt an Freizeitangeboten. Und eine Gemeinschaft ist, so wie ich das sehe, häufig anfällig halt auch für diese Ideologien. Und ja, was haben wir hier im ländlichen Gebiet. Wir haben die Gemeinschaft, die uns hält und die uns am Verlorensein und an der Einsamkeit so ein bisschen vorbeiführt, sage ich mal so*“ (M 316-324). Vor der Perspektive der Gemeinschaft geht auch die Möglichkeit geringerer Verpflichtung auf die soziale Beziehung verloren. In diesem Kontext kann es ein Risiko darstellen, sich deutlich gegen Meinungen von anderen zu positionieren, weil das Bindemittel von Gemeinschaften, gegenseitige Loyalität, aufgekündigt bzw. in Frage gestellt wird. Kritik und Opposition stellen eine Gefahr für die engen Bindungen dar. Deswegen, erklärt R, erfolgen nicht immer Distanzierungen gegenüber extrem rechten Praktiken: „*Erst wenn das öffentlich wird, dann gibt es eine Distanzierung. Vorher wird das leider toleriert, weil es dann eben der, weiß ich, Nachbar ist oder Bekannte. Und der eben dann die Jugend unterstützt. Und da hat dann also auch, […] also ein politischer Beamter da keine Schwierigkeiten, wie gesagt, jetzt, wenn das öffentlich wird, dann wird das beendet*“ (R 194-197).

Die engen Gemeinschaften, die vielfach geschildert werden, können auch die Basis für Homogenisierungen und Grenzziehungen darstellen, durch die ein abgegrenztes ‚Wir' konstituiert wird. In einem Interviewauszug von Person C wird deutlich, wie solche Prozesse der Homogenisierung und des Othering in ländlichen Regionen vollzogen werden können: „*Also die meisten, mit denen ich zusammenarbeite, kommen von hier sozusagen. […] Wir sind alle hier sozialisiert. Wir sind alle hier aufgewachsen. Also ich beziehe das, weil mir das aber auch so vorkommt, ne, weil ich das so erlebt habe. Das möchte ich auch nicht generalisieren, aber in der Situation beziehe ich das einfach auch auf Meck-Pomm, also auf diese Region hier. Wir sind hier aufgewachsen und wir sind tatsächlich mit wenig Durchmischung aufgewachsen. Also ich glaube, es hat wirklich dieses Fremde, dieses nicht verstehen, nicht in eigene Lebensvorstellung passende, ne? Wie kann man denn fünf Mal am Tag kochen, so, um das mal an dem Beispiel, da gibt es kein Verständnis für, weil, das ist unnötig, das ist so nicht, das macht man so nicht, das hat doch noch nie jemand so gemacht so. Das könnte ich mir gut vorstellen. Und da sind auch Sozialpädagogen nicht vor geschützt. Und eben, jeder hat ja seine Sozialisation so, wie sie gewesen ist. Und wenn man hier aufgewachsen ist und ja, mit wenig anderen Kulturen, auch mit wenigen anders aussehenden Menschen, das darf man ja auch nicht vergessen, ne?*“ (C 297-324). Der Bezug auf ein vermeintliches „wir“ macht Differenzen unsichtbar und der Verweis auf eine vermeintlich gemeinsame „Sozialisation" und „Kultur" zeigt die Brücke zu der Setzung einer homogenen Gemeinschaft, die mit der Fremdmachung der vermeintlich anderen einhergeht. Dieses Othering kann die Basis für rassistische Abwertungen darstellen, wie C an anderer Stelle ausführt: „*Das, was ich aber durchaus wahrnehme, ist also, ja, so ein Alltags-Rechtsradikalismus, sage ich mal. Also Menschen, mit denen man einfach zu tun hat, ob das nun in der Kollegenschaft ist oder im Nachbarschaftskreis, also gar nicht unbedingt nur bezogen auf die Soziale Arbeit sozusagen. Das ist das, was mir am häufigsten begegnet […], dass da aber eben auch so zwischen den Zeilen oder auch sehr offensiv eben das Wort Ausländer benutzt wird in einem, ne? Na in also einem, ja, das ist mir neu, dass das so genutzt wird vor allem im Bereich der Sozialen Arbeit, ne? Also einzelne Helfer von unterschiedlichen Trägern, aber auch im direkten Kollegenkreis sozusagen, wo es mir manchmal schwerfällt es einzuordnen so. […] Und das fällt mir hier besonders auf, weil hier natürlich in dem ländlichen Raum […] das ist wirklich für die Menschen Neuland, dass es Menschen gibt aus anderen Nationen. Das ist ganz fremd und das ist ganz unüblich und genau, das ist so mein Eindruck*" (C 61-87). Solche Momente der Fremdmachung können in der Folge auch zu konkreten Ausschlüssen führen, wie Person H eindrücklich schildert: „*[…] und seien es noch so wenige bei uns im Bundesland, wurde immer als Gefahr gesehen, EGAL, wie wenig Menschen das waren. Also da ging es im Zweifelsfall schon darum, erinnere ich mich: Kann der Bürgerverein dort, der Räume hat, kann er die wirklich zur Verfügung stellen für Geflüchtete oder wird das dann ein unsauberer Raum? Also rassistische Konnotationen […]. Wie sollen wir denn jemals vorankommen, wenn es schon leere Räume, die mit einer 15.000 Euro-Küche ausgestattet sind, wenn man die nicht nutzen darf, damit da Leute KOCHEN können. Also ungefährlicher KANN ja etwas nicht sein*" (H 514-522).

Die engen sozialen Zusammenhänge, die gegenseitigen Verpflichtungen und die Grenzziehungen werden noch verstärkt durch die großen Lücken in der öffentlichen Infrastruktur, die insbesondere durch die Kreisgebietsreformen 1994 und 2011 zu einer starken Zentralisierung u. a. von sozialen Einrichtungen geführt haben. Das zivilgesellschaftliche Engagement, das diese Lücken teilweise füllt, ist auf der einen Seite nötig, um soziale Absicherung und Teilhabe zu garantieren. Auf der anderen Seite reicht es aber nicht aus und es werden Ausschlüsse verstärkt, die durch die exklusiven Gemeinschaften entstehen, die ehrenamtliche Netzwerke häufig kennzeichnen, wie bereits im Küchenbeispiel deutlich wird. Gelegentlich ist Engagement, das sich für universalistische Anliegen einsetzt, sogar Anlass für Anfeindungen: „*Das bleibt ein großes Problem von sehr ländlich geprägten Räumen, dass die Zivilgesellschaft, die es teilweise gibt und die sich teilweise engagiert, vielleicht noch zu schwach ist. […] da fehlt es manchmal an Zeit oder an vielem vielleicht, da aktiv zu werden. Auch weil einige wenige Akteure in der Vergangenheit auch darunter gelitten haben und angefeindet worden sind zum Beispiel. Also ich glaube, da gibt es in vielen Gemeinden ein Potenzial. Aber dass oft dieses Potenzial nicht genutzt wird, weil die Menschen in den kleinen Städten und den Dörfern, wo alle alle kennen im Prinzip, auch ihren Alltag in Ruhe leben möchten*" (J 395-420).

Zusätzlich liegt in den infrastrukturellen Lücken eines der Einfallstore für Landnahmen extrem rechter Akteure, die sie versuchen, für eigene Rekrutierungen zu nutzen und sich dabei auf die exklusiven Gemeinschaften stützen können: „*In Mecklenburg-Vorpommern gibt es/ und auch bis heute ist es gerade im ländlichen Raum, wo es wenig Kultur gibt im Sinne von was Jugendkultur oder Räume, wo Jugendliche Kultur nutzen können, dass Rechte diesen Raum nutzen. Also Proberäume anbieten oder auch Flächen, wo Jugendliche sich treffen können. Ganz zwanglos. Und dort aber dann halt mit rechter Propaganda, das ist/ war eine Strategie der NPD der letzten zwanzig Jahre gewesen, da mit rechter Propaganda vollgestopft werden und es total normal ist, so einen rechten Lifestyle zu pflegen. [...] Das ist nichts Besonderes und auch mit offensichtlicher Kleidung und Tätowierungen rumzurennen. Und das wird den Jugendlichen dann auch gezeigt und es werden auch Angebote dementsprechend gemacht*" (T 222-237).

Der ländliche Raum ist also in vielfältiger Weise eine wichtige Kontextbedingung für die Alltäglichkeit extrem rechter Diskurse und Praktiken: Er bringt enge Gemeinschaften hervor, in denen Grenzziehungen und Ausschlüsse einfach vorgenommen werden können und ist gekennzeichnet durch eine lückenhafte öffentliche Infrastruktur, in der die Teilhabe aller abgesichert werden könnte.

Konsequenzen aus dem Alltag mit der extremen Rechten

Es mag an dieser Alltäglichkeit der extremen Rechten liegen, dass sich im Vergleich zur NRW-Studie ein deutlich größerer Anteil der befragten Fachkräfte in Mecklenburg-Vorpommern vorstellen kann, dass es auch in der Sozialen Arbeit zu Land- und Einflussnahmen kommen kann (siehe Tabelle D). Die Fachkräfte in Mecklenburg-Vorpommern sind in ihren Einschätzungen ein ganzes Stück realistischer als ihre Kolleg:innen in Nordrhein-Westfalen (vgl. Gille/Jagusch 2019, S. 44) – belegen doch die in den folgenden Kapiteln aufgezeigten Varianten und Beispiele, dass es zu Land- und Einflussnahmen in der Sozialen Arbeit kommt.

Die Fachkräfte gehen davon aus, dass in ihren jeweiligen Einrichtungen das Bewusstsein über die extreme Rechte „sehr deutlich" (28 %) bzw. „deutlich" (29 %) ausgeprägt ist. Die Fachkräfte bescheinigen ihren Einrichtungen damit ein deutlich höheres Bewusstsein als sie es für ihre Regionen allgemein annehmen (Tabelle H).

Tabelle H: Einschätzungen zum Bewusstsein in der Region und in der Einrichtung (n=252)

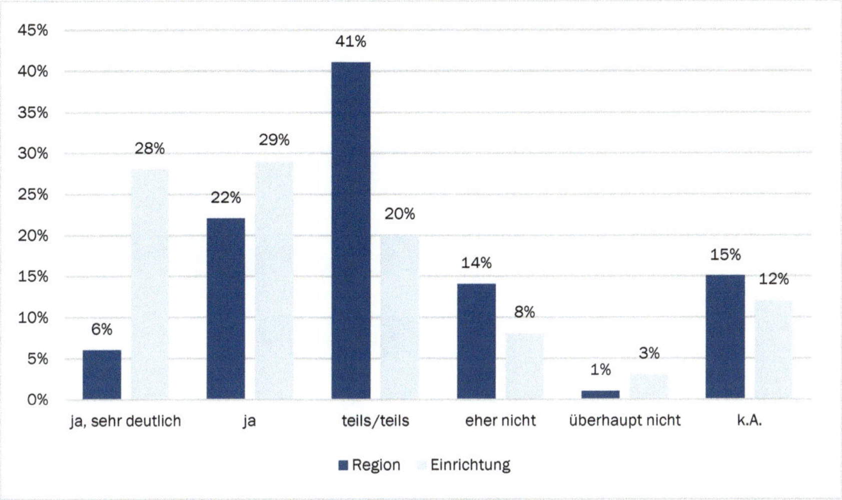

Dass den Regionen insgesamt ein geringeres Bewusstsein zugesprochen wird, könnte zum einen auf ein Erkenntnis- oder ein Wahrnehmungsproblem zurückgeführt werden. Die Fachkräfte könnten also davon ausgehen, dass extrem rechte Aktivitäten aufgrund von mangelndem Interesse oder mangelnder Kenntnis nicht wahrgenommen werden. Zum anderen ist es aber auch möglich, dass sie davon ausgehen, dass die sozialräumliche Umgebung Akteure und Praktiken der extremen Rechten toleriert oder gar unterstützt und sie den Regionen deswegen ein geringes Bewusstsein attestieren.

Ungeachtet der wahrgenommenen, vielfältigen Aktivitäten und des hohen Bewusstseins der Fachkräfte verweisen die Befragten in nur geringem Maße auf öffentliche und institutionelle Formen der Auseinandersetzung ihrer Einrichtungen, bspw. durch Veranstaltungen und Aktionen (20 %), die Teilnahme an oder die Organisation von Fortbildungen (31 %) oder das öffentliche Auftreten ihrer Einrichtungen gegen rechts (25 %, siehe Tabelle I). In der Studie in Nordrhein-Westfalen lag der Anteil der Befragten, die solche institutionellen Antworten ausmachen, merklich höher – bei 31 % (Veranstaltungen, Aktionen), 35 % (Fortbildung) bzw. 37 % (öffentliches Auftreten) (vgl. Gille/Jagusch 2019, S. 43). In Mecklenburg-Vorpommern ist eine Tendenz zur nichtöffentlichen Auseinandersetzung in den Organisationen erkennbar. Fachkräfte benennen hier insbesondere den interkollegialen Austausch (67 %) oder das Eintreten gegen die extreme Rechte in der täglichen Arbeit (51 %); diese Antworten verweisen eher auf individuelle Reaktionen und Strategien als auf institutionalisierte Reaktionen.

Tabelle I: Anzeichen für Bewusstsein in den Einrichtungen (n=252, Mehrfachnennungen möglich)

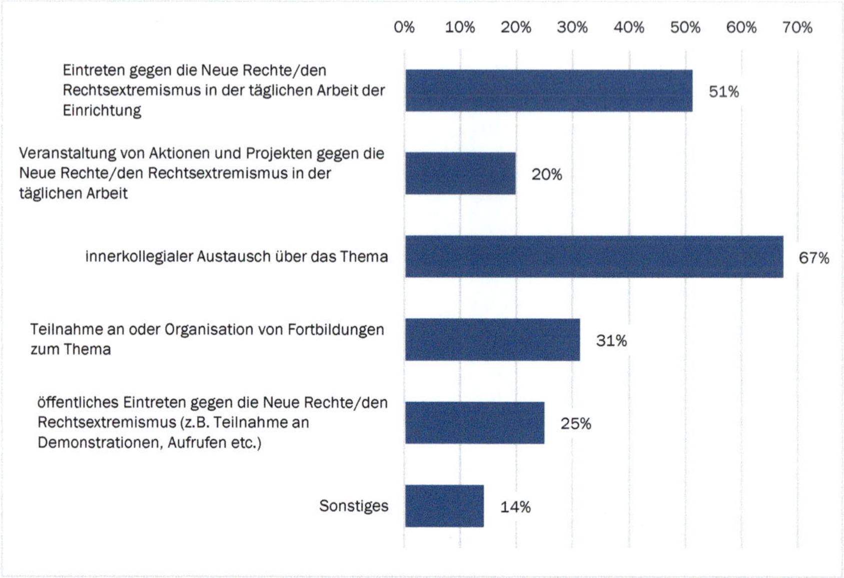

Dass auf das alltägliche Vorkommen der extremen Rechten häufig nicht-institutionalisiert geantwortet wird, zeigt sich auch in den Angaben, die die Befragten zu regionalen Aktivitäten gegen rechts machen. Während 58 % allgemeines zivilgesellschaftliches Engagement angeben, sind es nur noch 32 % der Befragten, die Infoveranstaltungen nennen und 43 %, die Projekte gegen rechts anführen (Tabelle J). Auch hier fallen die Zahlen im Vergleich zu Nordrhein-Westfalen etwas geringer aus (59 % zivilgesellschaftliches Engagement, 42 % Infoveranstaltungen und 46 % Projekte gegen rechts, vgl. Gille/Jagusch 2019, S. 43). Gestützt wird diese Beobachtung durch die Freifeldeinträge, die unter Sonstiges angegeben wurden: Auch hier verweisen die Befragten insbesondere auf informelle und nicht öffentliche Formen des Austausches in Form von „Thematisierung im Freundes- und Bekanntenkreis", „nicht öffentliche Gesprächsrunden im ländlichen Raum" oder ablehnende Haltungen gegenüber rechts, die von Einzelnen in Gesprächen deutlich werden.

Trotz der eindeutigen Relevanz, die die Fachkräfte der extremen Rechten zusprechen, sind institutionalisierte Reaktionen für sie also nur in geringem Umfang zu erkennen. Die interviewten Fachkräfte stellen diese Differenz zum Teil in den Zusammenhang mit einer mangelnden Anerkennung extrem rechter Aktivitäten durch Politiker:innen, so z. B. Person D: „*Und sie hat so die Probleme, dass der Bürgermeister das alles nicht wirklich wahrhaben wollte, was da an rechten Tendenzen, sage ich jetzt mal, auftaucht. Und der hat dann immer versucht, dagegen zu steuern und da hat sie schon gesagt, und da wären ihr*

Tabelle J: Anzeichen für Bewusstsein in den Regionen
(n=252, Mehrfachnennungen möglich)

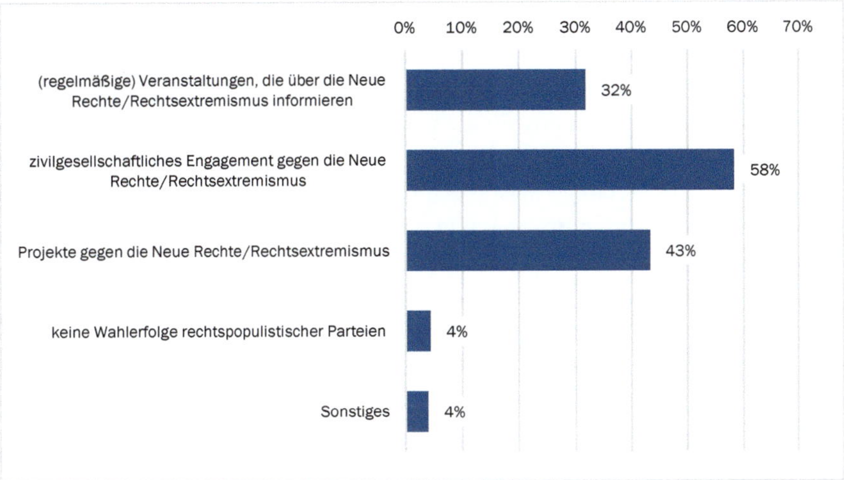

schon auch deutlich Steine in den Weg gelegt, dass man das nicht so genau fokussieren soll, dass man nicht immer nur dieses rechte Problem in den Vordergrund rücken soll. Es gibt ja auch linke Probleme, also so dieses/ ne? Ja, wir haben rechte Probleme, aber wir haben auch andere und das ist alles nicht so schlimm, dieses, wie sagt man, dieses Herunterspielen des Problems, nenne ich das jetzt einfach mal" (D 494-503). Aber auch die Einrichtungen der Sozialen Arbeit werden adressiert. Sie scheinen an einer Thematisierung extrem rechter Einflussnahmen nicht immer interessiert: *„Es gibt Aufsichtsbehörden, die das machen könnten, oder es müsste durch Leitung oder Geschäftsführung vielleicht mal genauer hingeguckt werden. MEINER Erfahrung nach ist es aber so, dass die das gar nicht sehen WOLLEN und auch nicht hören wollen"* (U 622-626). Schließlich sprechen Fachkräfte davon, dass zivilgesellschaftliches Engagement von Verwaltungen nicht anerkannt oder sogar als störend gebrandmarkt wird. Es wird zur einer Störung für reibungslose Abläufe. Person H sieht darin Kontinuitäten autoritärer Staatsapparate, die sich bis in die Gegenwart fortsetzen: *„Ich würde sagen, dieses autokratische Verständnis, dass Zivilgesellschaft ein Störfaktor ist, dass Zivilgesellschaft angeleitet werden muss, dass Zivilgesellschaft machen MUSS, was die Verwaltung sagt, weil die Verwaltung weiß, wie Gesellschaft funktionieren soll und die Zivilgesellschaft nur der Handlanger der Verwaltung ist, DAS ist ein Verständnis, das ist geprägt von einem DDR-Verständnis, das ist ein autokratisches Verständnis, das spielt der neuen Rechten und damit dem ganzen Diskurs extrem in die Hände"* (H 973-979).

Aus den verschiedenen Daten geht die Relevanz des Themas für die Fachkräfte der Sozialen Arbeit deutlich hervor. Aktivitäten der extremen Rechten in den Regionen werden von einem sehr hohen Anteil der Befragten festgestellt, sie fließen vielfältig in ihre alltägliche Wissensordnung ein. Und die Soziale Arbeit ist direkt betroffen: Etwa einem Viertel der befragten Fachkräfte sind eigene soziale Angebote, äußere Einflussnahmen auf etablierte Institutionen der Sozialen Arbeit oder innere Praktiken innerhalb der Organisationen bekannt, die in den folgenden Kapiteln 6.1. bis 6.3 vertieft erläutert werden. Selbstverständlich gibt es eine Reihe von Reaktionen und Gegenwehr auf das, was in diesem Kapitel als Alltag mit der extremen Rechten bezeichnet wird. Im Material finden sich einige Beispiele für Gegenreaktionen und -strategien, die in Kapitel 7 aufgegriffen und genauer dargestellt werden. Und doch: Vor dem Hintergrund der massiven Bezüge im Alltag der befragten Fachkräfte erscheinen die Reaktionen kaum ausreichend und nicht systematisch genug zu erfolgen. Stattdessen wird deutlich, dass die extreme Rechte ein metapolitisches Ziel schon erreicht hat: In der Lebenswelt der Befragten ist sie fest verankert.

6 Formen der Einflussnahme der extremen Rechten in der Sozialen Arbeit

Wurde im vorigen Kapitel das Panorama skizziert, vor dem die Soziale Arbeit verortet ist, geht es in den folgenden Kapiteln um die direkten Einflussnahmen, die die extreme Rechte auf Soziale Arbeit nimmt. Dabei wird unterschieden zwischen eigenen Angeboten, also organisierten Formen von Erziehung oder Problembearbeitung durch Akteure der extremen Rechten (Kapitel 6.1), externen Einflussnahmen, in denen von außen auf etablierte Angebote, Einrichtungen und Personen Sozialer Arbeit eingewirkt wird (Kapitel 6.2) und schließlich internen Praktiken, in denen extrem rechte Diskurse und Praktiken innerhalb professioneller Organisationen vorgestellt werden. Aus der Analyse der unterschiedlichen Daten wurden in jeder der drei Kategorien verschiedene Varianten herausgearbeitet, über die die Abbildung 3 eine Übersicht gibt.

Abbildung 3: Kategorien und Varianten extrem rechter Einflussnahmen auf Soziale Arbeit (eigene Darstellung)

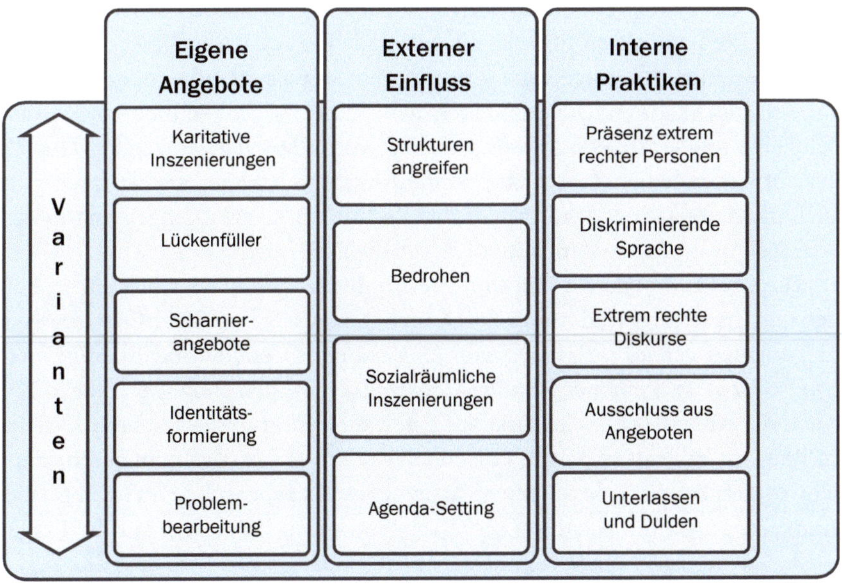

Diese Varianten stellen die wesentlichen Ausprägungen der Einflussnahmen dar, wie sie im empirischen Material zu finden sind. Sie werden im Folgenden mit ihren Charakteristika analysiert und sowohl mit Bezug auf ihre Erscheinungsformen als auch ihre möglichen Funktionen erläutert. Die inhaltliche Aufgliederung bedeutet nicht, dass einzelne Beispiele nicht mehreren Varianten zugeordnet werden können. Je nach Lesart können durch die Zuordnung zu verschiedenen Varianten unterschiedliche Aspekte betont werden, wie auch an einigen Beispielen deutlich wird, die mehrfach analysiert werden. In den Analysen der Varianten werden zentrale Beispiele benannt und konkretisiert, die aus den Befragungen und Dokumentenanalysen stammen. Schlüsselbeispiele, die in graue Kästen gesetzt sind, werden genauer erläutert und in Bezug zu den genannten Charakteristika gesetzt.

6.1 Eigene Angebote

Zum einen halten extrem rechte Gruppierungen Angebote vor, die sich an Personen innerhalb geschlossener Szenen richten und als problematisch erachtete Situationen bearbeiten oder zur Identitätsformierung beitragen. Zum anderen entwickeln sie Angebote, die sich an die allgemeine Bevölkerung richten. Dann haben sie zum Ziel, Brücken in die gefestigten rechten Szenen zu bauen, oder – mit Blick auf eine noch breitere Wirkung – positive (Gegen-)Bilder und Loyalitäten aufzubauen und so extrem rechten Ideologien und Praktiken Raum und Geltung zu verschaffen.

Auch den befragten Fachkräften sind Angebote bekannt, die sie der extremen Rechten zuordnen und die als sozialarbeiterische Angebote verstanden werden können. Im Fragebogen (n=252) geben 45 Fachkräfte an, dass sie solche Angebote kennen. Die große Mehrheit, 129 Personen, kennt zwar persönlich keine solche Angebote, kann sich aber vorstellen, dass es sie gibt. Nur 22 der antwortenden Befragten sind keine Angebote bekannt und können sich auch nicht vorstellen, dass die extreme Rechte mit eigenen Angeboten in der Sozialen Arbeit Fuß fassen kann (vgl. Tabelle D, Kapitel 5).

Die Fachkräfte, denen Angebote bekannt sind, gehen eher von einem hohen Organisierungsgrad hinter den Angeboten aus. So werden Initiativen von 31 Personen genannt, Parteien von 23 Personen, Vereine und Institutionen von 16 bzw. 15 Personen (n=45, Mehrfachnennungen möglich, Tabelle K). Auch die Angebotsstruktur lässt auf gefestigte Strukturen schließen: 20 bzw. 14 Befragte, die eigene Angebote kennen, sprechen von regelmäßigen niederschwelligen bzw. regelmäßigen geschlossenen Angeboten, 31 Personen sind einmalige Angebote bekannt (Mehrfachnennungen möglich). Auf die Frage, wie lange die Angebote jeweils bestehen, geben elf Befragte an, dass die Angebote weniger als fünf Jahre, zwölf Befragte, dass sie länger als fünf und wiederum zwölf Befragte, dass sie länger als zehn Jahre bestehen. Auch diese Angaben weisen auf die Stabilität und Kontinuität von Angeboten der extremen Rechten hin.

Tabelle K: Akteure eigener Angebote (n=45, Mehrfachnennungen möglich)

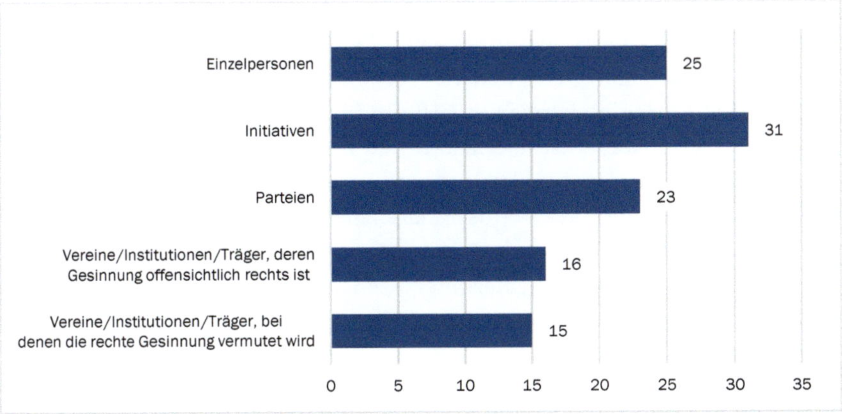

Unter den Arbeitsfeldern finden sich als häufigste Nennungen die Offene Kinder- und Jugendarbeit und sozialräumliche Angebote (22 bzw. 19 Befragte) sowie die Hilfen in prekären Lebenslagen (15 Befragte; n=45, Mehrfachnennungen möglich, Tabelle L). Erwähnenswert sind zudem die vergleichsweise häufigen Nennungen in den Bereichen Freiwilliges Engagement bzw. Freiwilligendienste (16 Befragte). Diese Schwerpunkte finden in den offenen Antworten und den Expert:inneninterviews eine Entsprechung, tatsächlich scheint es sich um Felder zu handeln, in denen Landnahmen der extremen Rechten häufiger festgestellt werden können.

Tabelle L: Eigene Angebote nach Arbeitsfeldern
(n=45, Mehrfachnennungen möglich)

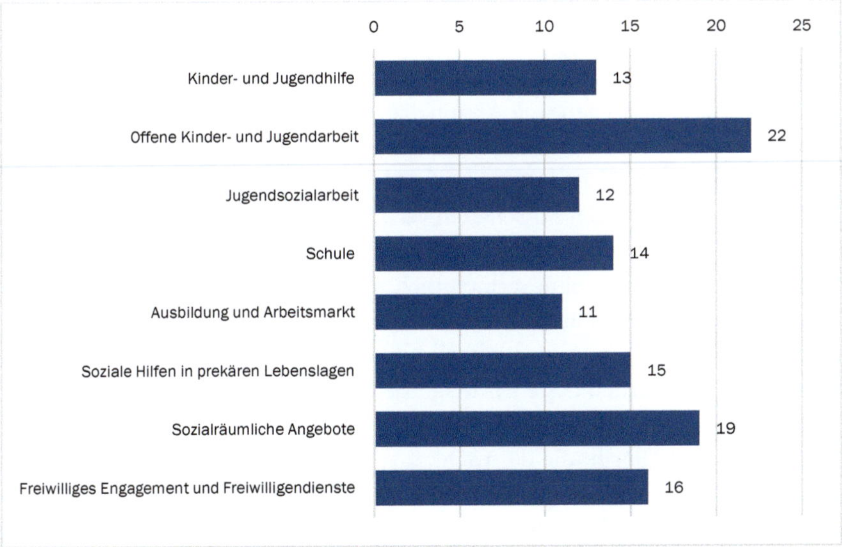

Aufbauend auf den Erkenntnissen der NRW-Studie wurde auch in Mecklenburg-Vorpommern wieder eine Typisierung verschiedener Formen vorgenommen. Auf der Basis des empirischen Materials und weitergehender Recherchen wurden fünf verschiedene Varianten identifiziert (Abbildung 3). Bei den fünf Varianten handelt es sich um idealtypische Formen, die sich in konkreten Beispielen auch überlagern und in denen unterschiedliche Logiken und Funktionen verbunden werden können. So können z. B. die Hartz-IV-Beratungen eines NPD-Funktionärs, die Kinderfeste der Partei oder rechte Konzerte sowohl als Scharnierangebot als auch als Angebot der Identitätsformierung innerhalb gefestigter Szenen verstanden werden. Je nach Perspektive auf die Beispiele können also verschiedene Funktionen benannt werden.

Mit den ersten drei Formen (Karitative Inszenierungen, Lückenfüller, Scharnierangebote) wenden sich extrem rechte Akteure an die allgemeine Bevölkerung. Viele dieser Angebote haben einen vordergründig apolitisch erscheinenden Charakter. Dennoch kommt den Angeboten eine dezidiert politische Funktion zu, denn sie sind mit dem Transport politischer Botschaften verbunden. Solche Formen im vorpolitischen Raum der Zivilgesellschaft werden absichtlich gewählt, um im Rahmen metapolitischer Strategien Diskursverschiebungen zu erreichen und weitere Unterstützer:innen zu gewinnen. Diese drei Varianten müssen als Teil einer Graswurzelstrategie im ideologischen Kampf um die Köpfe und die Straße verstanden werden (vgl. Jaschke 2016, S. 129-131). Die anderen beiden Varianten Identitätsformierung und Problembearbeitung richten sich dagegen an Menschen aus gefestigten extrem rechten Szenen und dienen dazu, diese Szenen inhaltlich und strukturell zu stärken, Gemeinschaft erlebbar zu machen und Loyalitäten zu erzeugen.

Karitative Inszenierungen

Karitative Inszenierungen sind Aktionen extrem rechter Akteure, die vor allem zwei Ziele verfolgen: Erstens sollen sie das Image der jeweiligen Personen oder Gruppen durch karitative Gesten aufwerten; zweitens werden die jeweiligen Aktionen mit politischen Botschaften verbunden. Diese beiden Anliegen können als die eigentlichen Ziele der Inszenierungen verstanden werden. Im Zentrum der Variante steht eine vermeintlich wohltätige Aktion, mit der als hilfsbedürftig markierte Personen unterstützt werden sollen. Es sind Aktionen, die einmalig oder wenige Male stattfinden und gleichzeitig medial transportiert werden. Häufig werden bestehende soziale Einrichtungen für solche Aktionen genutzt.

Die häufigste Form, die die Fachkräfte nennen, ist die Spendenübergabe. Die Praktiker:innen weisen z. B. auf die Weihnachtsspenden der AfD an eine örtliche Einrichtung der Wohnungslosenhilfe, auf die Geldspenden der Partei an eine örtliche Tafel und ein lokales Jugendhaus, auf die Kleiderspenden der extrem rechten Vereinigung Zukunft in Vorpommern an eine lokale Kleiderkammer und auf die ‚Schulanfängertüten', die die NPD über viele Jahre in Stadtteilen mit einem hohen Armutsanteil verteilt, hin. In einigen Fällen berichten Befragte davon, dass bei Spendenaktionen nicht bestimmte Organisationen als Akteurinnen in Erscheinung treten, sondern stattdessen Personen, die in extrem rechten Szenen verankert sind. Auch hier befürchten sie, dass Personen mit extrem rechter Gesinnung durch solche Spenden ihr Image aufbessern und sich als Kümmerer inszenieren können.

Die gemeinnützigen Organisationen bringen solche Spenden in ein Dilemma. Wenn sie sie annehmen, wirken sie daran mit, dass sich die Spendenden als Kümmerer darstellen können und Verbindungen mit politischen Botschaften erfolgen, wie: „Leere Worte gab es in der Vergangenheit genug. Die AfD handelt" (M 5). Wenn sie eine solche Spende aber ablehnen, kann auch das wieder für populistische Argumentationen genutzt werden: „Dieses Geld geben wir einer Organisation, die es auch zu schätzen weiß. Denn eins ist doch klar: Es kann nicht sein, dass die Bedürftigen vor Ort unter den Vorlieben der Greifswalder Bosse leiden" (M 2, siehe Beispielkasten). Im dem einen wie in dem anderen Fall ist die Funktion der Spende erfüllt, denn zentrale politische Botschaften konnten mit ihr versendet werden.

Neben den Spendenübergaben finden sich weitere Formen. So ist z. B. die Corona-Pandemie Anlass für eine karitative Inszenierung der überregionalen neurechten Organisation Ein Prozent für unser Land, das seit 2020 vom Bundesverfassungsschutz als Verdachtsfall eingestuft wird. Sie ruft dazu auf, hilfsbedürftige Personen in der Pandemie zu unterstützen und sich bei der Initiative zu melden. Über den Erfolg der Aktion wird nicht weiter berichtet, wohl aber davon, dass sich viele Menschen, die helfen wollten, bei ihr gemeldet hätten. Während konkrete Schilderungen von Unterstützung also ausbleiben, kommt man stattdessen mit einem Klick zum Konzept der „patriotischen Solidarität" und zu Schilderungen von einer Reihe von Aktionen von Ein Prozent, die mit rassistischen und neurechten Argumentationen verbunden werden (M 65).

Den karitativen Inszenierungen ist gemeinsam, dass sie öffentlich gemacht werden. Die Aktionen werden im Internet angekündigt und dokumentiert, es erfolgen Berichte und Fotos in Blogs, auf Webseiten und in sozialen Medien. Die Aktionen können gelikt, kommentiert und geteilt werden, gelegentlich erscheinen sie in klassischen (lokalen) Printmedien. Ein nachhaltiger Einsatz für die bemängelten sozialen Umstände oder gar der Versuch der Bekämpfung von Ursachen der Missstände ist mit den Inszenierungen dagegen nicht verbunden. So handelt es sich um einmalige oder wenige Male wiederholte Aktionen, nicht um kontinuierliche Angebote für die adressierten Zielgruppen oder nachhaltige Problembearbeitungen.

Die Weihnachtsspende der AfD

Im Winter 2019 überweist die AfD Demmin der örtlichen Tafel eine Geldspende in Höhe von 200 Euro. Kurze Zeit darauf wird das Geld zurücküberwiesen. Für den Träger der Tafel, dem Kreisdiakonischen Werk Greifswald, begründet Geschäftsführer Raddatz die Ablehnung folgendermaßen: „Eine Annahme der Spende würde allen Werten, für die die Diakonie steht, widersprechen" (Holtz 2020) und verweist auf die nationalistischen und rechtsextremen Tendenzen der Partei. Diese Haltung stimmt mit allgemeinen Leitlinien der Diakonie überein. Der Verband nimmt für sich in Anspruch, Diskriminierung, Rassismus, Ausgrenzung und gruppenbezogener Menschenfeindlichkeit entgegenzutreten und will sich deswegen nicht von rechtspopulistischen Gruppen und ihren Anliegen einspannen lassen (vgl. Diakonie Deutschland 2018). Zugleich zeigt sich das Dilemma der Situation: Denn auch die Ablehnung der Spende wird für politische Botschaften instrumentalisiert. Im bewährten rechtspopulistischen Muster wird die Rückgabe zu einem Konflikt zwischen einem homogenisierten ‚wir Demminer' gegen eine auswärtige Elite der ‚Greifswalder Bosse' stilisiert. Die lokale AfD Fraktionsvorsitzende spricht von Schande und davon, dass „Menschen, die dringend Hilfe brauchen, unter der Arroganz der Entscheidungsträger zu leiden haben" (Holtz 2020). Auf der Facebookseite des Ortverbandes wird die Darstellung fortgeführt. Dort wird vom „Gebaren der ‚Champagner Abteilung' im schicken Geschäftshaus in Greifswald" gesprochen. Und weiter: „Denn die Demminer, die die Versorgung der Tafelkunden in einer einfachen Baracke in der Brinkstraße sicherstellen, haben es nicht so dicke und sind über jeden Euro dankbar" (M 68). Solche Reaktionen hat die Diakonie in ihrer Handreichung zum Rechtspopulismus vorausgesehen: „Die Spender verbreiten sowohl die gelungene als auch die misslungene Übergabe per Text, Foto und Video auf Online-Plattformen und liefern ihre ideologischen Kernbotschaften gleich mit" (Diakonie Deutschland 2018, S. 18).

Lückenfüller

Eine zentrale Botschaft, die mit der nächsten Variante gesendet wird, ist die gleiche wie bei den karitativen Inszenierungen: Rechte Gruppierungen setzen sich vermeintlich für bestimmte Personengruppen ein. Der aus der Sicht der Akteure günstige Nebeneffekt heißt Loyalitätserzeugung: Wenn diese Angebote angenommen und genutzt werden, können in ihrem Windschatten auch weitere Positionen transportiert werden. Aber die als Lückenfüller bezeichneten Angebote unterscheiden sich in zwei wesentlichen Aspekten. Erstens sind konkrete Aktivitäten mit ihnen verbunden. Es kommt also tatsächlich zu einem Angebot für bestimmte Adressat:innen. Dass diese Angebote ausgeführt werden können, hängt eng damit zusammen, dass in den berichteten Fällen eine soziale Infrastruktur nicht vorhanden oder weggebrochen ist. Wo es keine anderen Angebote gibt, können diese Aktivitäten extrem rechter Akteure also eine Lücke füllen.

Zweitens ist mit den Angeboten keine unmittelbare politische Botschaft verbunden. Es geht zunächst einmal rein um die Aktivität – weder populistische, rassistische, autoritäre noch andere Diskurse werden in diesen Beispielen transportiert. Dass diese nicht zu finden sind, heißt dennoch nicht, dass es sich um unpolitische Tätigkeiten handelt. Im metapolitischen Kampf um die Köpfe und die Straße können sie als Versuche der Landnahme gewertet werden.

Zu den konkreten Beispielen, von denen die Fachkräfte berichten, zählen Fußball- und andere sportliche Turniere, regelmäßige sportliche Angebote für Jugendliche, Begleitung und Unterstützung einzelner Jugendlicher bei der Ausbildungsplatzsuche sowie die Ausrichtung von Dorf- und Kinderfesten, Fahrradwanderungen und Partys für Jugendliche. Die Beispiele, von denen die Fachkräfte berichten, beziehen sich immer auf ländliche Regionen oder Stadtviertel, in denen die öffentlichen Strukturen und Angebote nur schwach ausgeprägt oder nicht (mehr) vorhanden sind.

Beispielhaft erläutert Person E: „*Und das ist auch so ein bisschen so diese Masche irgendwie, ne? Wir machen ja was hier vor Ort. Wir sind ja in der Region spürbar. Wir machen auch ein Fußballturnier im allerletzten Dorf, wo wir nicht mal zwei Fußballmannschaften vollkriegen, weil da kaum noch Kinder wohnen, ABER wir sind da. Und das ist natürlich so, dass viele Leute, die vielleicht jetzt auch, ohne das böse zu meinen, ein bisschen einfacher strukturiert sind, dass die natürlich sich von SOWAS beeinflussen lassen*“ (E 937-943). Person B berichtet erst von einem konkreten Beispiel für eine solche Aktivität und kommt dann auf die Strategie dahinter zu sprechen: „*Ja, also diese Strategien sind so erkennbar wirklich an diesem: Wir machen was für euch. Also ne? Ob es jetzt der Bastelnachmittag oder der Stammtisch ist oder ob es Basketballturniere sind, bei denen sie auch Bier ausschenken und solche Geschichten. Wir machen was für euch [...] Und ganz, ganz viel persönlicher Bezug zu den Menschen. Und ich denke, so dieses: Ich bin gut, also ich tue Gutes, tue Gutes für die Stadt, tue Gutes für die Bürger hier. Ich bin ja ein Guter. So, ne? Und ich denke, diese Strategie steckt dahinter*“ (B 919-928).

Ein besonders interessantes Beispiel stellt auch ein Pflegedienst dar. Der kann zwar nicht zur Sozialen Arbeit zugerechnet werden, zeigt aber, welche engen Kontakte zwischen sozialen Tätigkeitsfeldern und extrem rechten Gruppierungen bestehen können: „*Und hier gibt es also den Pflegedienst, dessen Leiterin die Ehefrau von dem Inhaber vom Szeneladen hier, der ja gefühlt mindestens 15 Jahre also hier, ja, Devotionalien der rechten Szene verkauft. Und der also hier etabliert ist und so ein Multiplikator der rechten Szene ist. Und dazu kommt, dass also die Frau, die diesen Pflegedienst aufgebaut hat und leitet, hier ein Bahnhofshotel, das jahrelang leer stand, also erworben und saniert hat, wo natürlich die Frage ist: Woher kommt das Geld? Ne? [...] Auf der anderen Seite, das ist eben die Schwierigkeit, ist der Pflegedienst der einzige, der zum Beispiel auch Tagespflege anbietet, ja. Und das ist eben auch das Ziel, hier sich eben doch zu etablieren oder auch Umgebung*" (I 108-124). Zum einen wird im Beispiel deutlich, dass auch hier Lücken in der bestehenden sozialen Infrastruktur genutzt werden, um das Angebot zu etablieren – sowohl in Bezug auf das Gebäude als auch auf das Angebot Tagespflege. Zum anderen steht der hier erwähnte Pflegedienst in Zusammenhang mit den Akteuren des wirtschaftlichen Netzwerkes, das im Verfassungsschutzbericht MV von 2018 genannt wird (MIE 2019, S. 22f.). Enge Verbindungen wie im Beispiel zeigen, dass es nicht auszuschließen ist, dass auch Betriebe in sozialen Beschäftigungsfeldern zu solchen Netzwerken gehören können.

Das kostenlose Fußballtraining

In einem armen Ortsteil wird über mehrere Jahre ein Fußballangebot von Aktivisten einer lokalen extrem rechten Gruppierung durchgeführt. Person U berichtet (941-946): *„Da wurden rundrum in dem Wohngebiet ein paar Zettel ausgehängt: Jugend, Kinder, die nicht das Geld für einen Verein haben, also wo die Eltern den Sportverein nicht bezahlen können, die Mitgliedsbeiträge, kommt doch zu uns. Wir bieten euch an, einmal die Woche, zweimal die Woche, wer Interesse hat, Fußball zu spielen. Also ganz einfach ohne irgendwas."* Das Angebot bleibt also gänzlich unpolitisch, dennoch stößt es auf Bedenken. Nachdem aufgefallen ist, wer die Initiatoren sind, kann das kostenlose Training nicht mehr auf einem Schulfußballplatz durchgeführt und muss auf eine öffentliche Fläche verlegt werden. Für die Kinder und Jugendlichen des Bezirks und ihre Familien stellt das Angebot eine willkommene Abwechslung dar. Im Viertel ist sonst nicht viel los, die soziale Infrastruktur nur schwach ausgeprägt und Vereinsmitgliedschaften teuer: *„Das Angebot wird im Prinzip gut angenommen eigentlich. Also ne? Weil es ist eben kostenlos. Es ist unverbindlich. Und die, wie soll ich das sagen jetzt, die Eltern, die über Jahre verfestigt Hartz IV leben, sind froh, dass ihre Kinder, die sonst nicht die Möglichkeit haben, da sinnvoll mal beschäftigt werden in der Woche an einem Tag eine Stunde, zwei Stunden, drei Stunden außerhalb der Schule"* (U 997-1001). Trotz des zunächst rein sportlichen Charakters stellt sich für U die Frage, ob hier nicht auch metapolitische Anliegen verfolgt werden. Die Initiatoren stellen sich in ein positives Licht und können auch mit dem unpolitischen Angebot Loyalität erzeugen: *„Aber wenn man dann betrachtet, dass diese jungen Leute da nicht bloß Fußball spielen, sondern auch diskutieren, machen tun und bestimmte, in diesen jugendlichen Jahren ist man sehr noch beeinflussbar, relativ gut, dann in die Familien tragen und die Familien das ja auch dann irgendwo aufnehmen und sagen: Ja, im Prinzip hat er ja recht. Der Kreis macht hier GAR nichts und die bieten das an. Wieso sind die denn so böse? Wieso soll ich die als böse oder als weiß ich was betrachten? Und hier wird dann im Prinzip, diese Ideologie im Prinzip, ja, als fast selbstverständlich, als eigentlich was Gutes wahrgenommen, ne? Das ist ja das Gefährliche dabei"* (U 1045-1054).

Scharnierangebote

Scharnierangebote zeichnen sich dadurch aus, dass sie den Eintritt in eine Szene ermöglichen, die sich durch ein geschlossenes extrem rechtes Weltbild auszeichnet. In Anlehnung an Gessenharter (1998, S. 48, zit. n. Klare/Sturm 2016, S. 191) wird das Bild des Scharniers verwendet, um auf die zentrale Funktion dieser Angebote hinzuweisen. Sie ermöglichen sowohl Personen mit rechtsextremen Orientierungen, in andere Bevölkerungsteile hinauszureichen, als auch, Personen Eintritt in die Subkulturen möglich zu machen. Kennzeichen dieser Angebote ist also, eine breite Bevölkerung anzusprechen und einen Zugang zu gefestigten rechtsextremen Weltanschauungen und Szenen zu ermöglichen.

Dabei setzen Scharnierangebote auf Themen, die im Alltag aller Menschen verortet sind. Eine besondere Rolle spielen Kultur, Spiel oder Geselligkeit, die zu bestimmten Tätigkeitsfeldern Sozialer Arbeit zählen. Die Themen werden z. B. im SGB VIII (§11 Abs. 3) dezidiert als Aufgabe der Jugendhilfe genannt und werden aufgrund dieser Nähe von den Fachkräften der Sozialen Arbeit als Beispiele aufgeführt. Aus ihrer Sicht erscheinen diese Lebensbereiche als besonders gute Einfallstore, um breite Bevölkerungsgruppen anzusprechen.

Im Bundesland sind es insbesondere die öffentlichen Kinderfeste, die von verschiedenen extrem rechten Gruppierungen an unterschiedlichen Orten angeboten werden. Dazu zählen besonders prominent die Kinderfeste der NPD (siehe Beispielkasten). Aber auch Vorträge mit völkischen oder rechtspopulistischen Inhalten werden von den Fachkräften genannt. Dazu zählen ebenso Diskussionsrunden und andere Aktivitäten in den verschiedenen Veranstaltungszentren der extremen Rechten (siehe Kapitel 4, S.37) oder einiger Burschenschaften. So ist der Vordenker der Identitären Bewegung Martin Sellner oder der Vorsitzende des vom Verfassungsschutz beobachteten Vereins Zukunft Heimat bei der Markomannia Greifswald zu Gast, laden andere Burschenschaften zu sportlichen Aktivitäten oder Ausflügen ein, wenn man „genug hat vom linken Mainstream an der Universität" hat (M 53) oder finden Lesungen mit rechtsextremen Autoren im Haus Jugendstil in Anklam oder im Thinghaus in Grevesmühlen statt.

Eine besondere Rolle spielen hier die Konzerte und Liederabende extrem rechter Bands und Musiker. So zählt der Verfassungsschutz MV in den Jahren 2018 und 2019 21 Musikveranstaltungen, die von bis zu 300 Personen besucht wurden. Die extrem rechte Musikszene in Mecklenburg-Vorpommern speist sich aus den zahlreichen lokalen Bands und Musikern, darunter Path of Resistance, Painful Awakening, Ahnenblut, Thrima oder der Musiker F.i.e.L. (Abkürzung für Fremde im eigenen Land), (siehe Kapitel 4, S. 37-38).

Nur im Ausnahmefall werden problematische Lebenslagen adressiert, um über positiv besetzte Themen möglichst breite Bevölkerungsgruppen anzusprechen. Eine solche Ausnahme bilden die Hartz-4-Sprechstunden von Rechtsanwalt und NPD-Funktionär Michael Andrejewski in Anklam für Menschen, „die Ärger mit dem Job-Center haben" und die er vorwiegend in rechten Publikationen bewirbt. Auch 2021 gibt er auf seiner Facebookseite an, dass er „als Rechtsanwalt und Vorsitzender der Kreistagsfraktion der NPD eine kostenlose Sozialberatung" anböte (M 49).

Solche kulturellen, geselligen und sozialen Angebote zeichnen sich durch Sichtbarkeit aus, um ihre Scharnierfunktion zu erfüllen: Man findet Ankündigungen und Hinweise insbesondere im Internet und auf Flyern, die lokal verteilt werden, oder Menschen werden durch Personen aus extrem rechten Zusammenhängen persönlich auf sie hingewiesen. Die Angebote sollen gesehen und gefunden werden. Dass es sich bei ihnen um extrem rechte Angebote handelt, wird aber nicht auf den ersten Blick deutlich. Titel wie „Sprechstunde", „Saalveranstaltung", „Jugendzentrum" oder „Familienausflüge" sind bewusst verschleiernd gewählt – eine Taktik, die bei Pfeiffer (2017, S. 47) als politische Mimikry bezeichnet wird. Die Verschleierungen ermöglichen, breite Bevölkerungsgruppen anzusprechen und neugierig zu machen, ohne dass die ideologische Verortung direkt deutlich wird.

Erst auf den zweiten Blick zeigt sich, dass solche kulturellen und sozialen Angebote im Kontext extrem rechter Ideologie erfolgen. Wenn die Symbole erkannt, weitere Informationen gelesen oder Videos länger angeschaut werden, werden die menschen- oder demokratiefeindlichen Inhalte deutlich. Das sind die Momente, in denen neue Anhänger:innen für die Szenen gewonnen werden können. Wer den bspw. völkischen oder rassistischen Inhalten zustimmt und wen Versprechen auf Gemeinschaft und Unterstützung ansprechen, kann für Weitergehendes gewonnen werden und kommt als neues Szenemitglied in Frage.

Kinderfeste der NPD

Zu den Scharnierangeboten können insbesondere die Kinderfeste der NPD zählen, die viele der befragten Fachkräfte nennen. Insbesondere in der Zeit, in der die NPD eine Landtagsfraktion stellt (2006-2016), finden sie überall im Bundesland statt, darunter in Anklam, Demmin, Eggesin, Neustrelitz, Rostock und Ueckermünde. In Stralsund wurden sie bislang siebzehnmal veranstaltet und bis in das Jahr 2018 durchgeführt. Diese Feste kommen zunächst freundlich daher, finden in öffentlichen Parks und auf anderen Freiflächen statt, sind mit bunten Fahnen, Ballons und Sonnenschirmen dekoriert und richten sich insbesondere an jüngere Kinder. Die Kinderfeste werden via Social Media beworben und es wird explizit dazu eingeladen, vorbeizukommen und mitzumachen: „Kommt noch dazu und habt Spaß" (M 43). Es finden typische Aktivitäten und Angebote statt, wie z. B. Trampolinspringen, Hüpfburgen, Stelzenlaufen, Bogen- und Torschießen, Hindernisparcours, Kinderschminken, Malwettbewerbe und auch Plüschmaskottchen der Partei, der „Fuchs Reinar" und der „Kinderfestbär Bruno", haben häufig einen Auftritt. Explizit wird damit geworben, dass „alles kostenlos" stattfindet. Wer von solchen Angeboten angelockt wird, kann dann an ihrem Rand die Infostände der Partei finden, Flyer und Sticker erhalten oder direkt mit Parteivertreter:innen ins Gespräch kommen. Dabei wird die vorgeblich kinderfreundliche Politik der Partei immer mit völkischen und rechtspopulistischen Argumentationen unterlegt. Da heißt es u. a., dass die „Zukunft unseren Kindern gehört", dass „deutsches Geld für deutsche Interessen eingesetzt muss", sowie „Heimat braucht Kinder". Immer wieder ist die Rede von „unseren Familien", „unseren Kindern" sowie vom „Zukunftserhalt unseres Volkes" oder davon, dass „unsere Kinder hier in der Heimat unterstützt und gefördert werden und nicht fremde importiert werden" (M 41, 42). Der Verfassungsschutz MV sieht in den Kinderfesten, wie sie von der NPD durchgeführt wurden, eine „geeignete Aktionsform, um ihre Akzeptanz in der Bevölkerung zu erhöhen und ihre ‚Kümmererstrategie' fortzusetzen" (MIE 2016, S. 72).

Angebote zur Identitätsformierung

Die beiden folgenden Varianten beschreiben Angebote, die sich an Personen mit gefestigten rechtsextremen Überzeugungen und ihre geschlossenen Szenen richten. Gerade vor dem Hintergrund der in Kapitel 4.3 und 5 erläuterten starken Verankerungen extrem rechter Parteien, freier Kameradschaften und völkischer Siedler:innen wird deutlich, warum Mecklenburg-Vorpommern Sammelbecken der extremen Rechten ist.

Angebote zur Identitätsformierung richten sich also nach innen und dienen über die Ausprägung spezifischer Identität der Gemeinschaftsbildung innerhalb der Gruppierungen (vgl. Klare/Sturm 2016, S. 196-199). Sie haben kaum missionarischen Charakter. Klare und Sturm (2016) unterscheiden drei verschiedene Formen dieser nach innen gerichteten Angebote: Projekte der Theoriebildung, wie sie durch Vortragsabende und Zeitschriften erreicht werden, Veranstaltungen zur Traditionsstiftung, die vor allem in verschiedenen Formen des Märtyrerkults und in ‚Gedenktagen' zum Ausdruck kommen und schließlich Freizeitangebote wie Sportaktivitäten und Ferienlager. In Mecklenburg-Vorpommern sind alle diese Formen zu finden.

Die Angebote weisen Merkmale auf, wie sie für die Sozialpädagogik typisch sind. In ihnen findet Erziehung zum sozialen Leben statt (vgl. Natorp 1899, S. 79) – auch wenn diese Erziehung hier mit Unterwerfung unter autoritäre Gesellschaftskonzeptionen einhergeht und weder die sozialen Bedingungen von Bildung im Blick hat noch zum Subjekt erziehen will und damit von Natorp weit entfernt ist. Sie etablieren ein ‚so sind wir', das durch ideologische Positionen gekennzeichnet ist: Ungleichwertigkeit von Menschen, Ethnisierung gesellschaftlicher Konflikte, Verharmlosung des Nationalsozialismus sowie autoritäre Gesellschaftsentwürfe, um nur die wichtigsten zu nennen (siehe Kapitel 3). Die Angebote sind nötig, um eine kollektive Identität auszuprägen, weiterzugeben und zu versichern. Sie sind damit die „vielleicht sogar wichtigste Klammer, die diese Bewegung zusammenhält" (Grumke 2017, S. 29).

Als eindeutig erzieherische Angebote können die Freizeitangebote der rechtsextremen Zirkel gelten, die auch den befragten Fachkräften bekannt sind. Dazu zählen insbesondere die Ferienlager wie die, die von den Nachfolgeorganisationen der verbotenen HDJ, dem Sturmvogel und dem Freibund oder von völkischen oder neonazistischen Siedler:innen wie der Artgemeinschaft, der Anastasia-Bewegung oder der Dorfgemeinschaft Jamel angeboten werden. Die Organisationen verfügen teilweise über eine lange Tradition, einige schließen schon an die völkischen Jugendbewegungen vor dem Zweiten Weltkrieg an. Die Lager sind bundesweit organsiert und haben in den letzten Jahren u. a. auf Ameland, in Sachsen oder in Schleswig-Holstein stattgefunden. Es kann davon ausgegangen werden, dass auch die Kinder und Jugendlichen der völkischen Gruppierungen aus Mecklenburg-Vorpommern an ihnen teilgenommen haben. Als Ziele solcher Ferienlager wird u. a. angegeben, „die gesunde Entwicklung der Kinder" und ihre „geistigen und körperlichen Anlagen zu fördern" sowie „eine Kameradschaft aufzubauen und zu fördern, die über die Jugendzeit hinweg anhalten soll und den späteren Erwachsenen Leitlinien für ihre weitere Lebensgestaltung sein soll" (Wrede 2016). In den Lagern kommen die Erziehungsprinzipien der rechtsextremen und völkischen Gruppen deutlich zum Ausdruck: Es gelten autoritäre Strukturen und klare Hierarchien, die Kinder und Jugendlichen üben sich im Strammstehen, es wird Volkstanz gelernt, Fahnenappelle werden gehalten und ‚germanische' Rituale vollzogen. Sportlicher und militärischer Drill spielen eine besonders große Rolle. Bei sportlichen Wettkämpfen, auf Wanderungen und im Lageralltag sollen die Kinder und Jugendlichen lernen, Anstrengungen und Entbehrungen auszuhalten und Gehorsam und Unterwerfung zu üben. Umfangreiche Recherchen zu den rechtsextremen Lagern und Ritualen, ihrer Geschichte, Gegenwart und den Vernetzungen der Jugendorganisationen haben Andrea Röpke und Andreas Speit vorgenommen (Röpke/Speit 2019, S. 24-44, Röpke 2010) oder sie finden sich in den Berichten der Aussteigerin Heidi Benneckenstein (2017) und im Dokumentarfilm „Kleine Germanen" von Mohammed Farokhmanesh und Frank Geiger (2018). Auch die Sommer- und Winterfeste, wie sie in verschiedenen Siedlungen stattfinden – darunter in der Dorfgemeinschaft Jamel – beinhalten solche Momente der Gemeinschaftserziehung.

Die umfangreiche Erziehungsarbeit, die in extrem rechten Zirkeln geleistet wird, endet jedoch nicht bei diesen Angeboten. Es finden darüber hinaus organisierte Aktivtäten statt. So berichtet eine Fachkraft von den erfolglosen Bemühungen in einer ländlichen Region, einen eigenen Jugendclub nur für rechts orientierte Jugendliche einzurichten und andere verweisen auf solche Versuche in den 2000er Jahren. Gelegentlich wird bei den pädagogischen Angeboten sogar auf staatliche Rahmungen gesetzt, wie das Beispiel der Einrichtung einer Kindertagespflege im Siedler:innenkontext zeigt (siehe Beispielkasten).

Während diese Erziehungsformen in völkischen und rechtsextremen Zusammenhängen gepflegt werden, findet die seit Juli 2019 als verfassungsfeindlich eingestufte Identitäre Bewegung modernere Formen, argumentiert ethnopluralistisch und greift damit neurechte Denkweisen auf. In Mecklenburg-Vorpommern hat sie sich in den letzten Jahren mit verschiedenen Aktionen hervorgetan, u. a. vor dem Rostocker Rathaus, im Landtag von Mecklenburg-Vorpommern, mit dem Entrollen von Plakaten von Autobahnbrücken und vom Dach der Ostseezeitung oder dem Erstürmen einer Rostocker Asta-Sitzung.

Von besonderer Bedeutung ist der Erlebnischarakter solcher Aktionen. Thomas Pfeiffer (2017, S. 41f.) spricht von einer „Kombination von Freizeit- und Unterhaltungswert mit politischen Inhalten, die um einen fremdenfeindlichen Kern und die Verherrlichung, zumindest die Verharmlosung des Nationalsozialismus kreisen" und von „Angebote[n], die Erlebnisse verheißen und mit Gemeinschaft, Action, Tabubruch und Anerkennung verbunden sind". Die in diesen Aktionen eingefasste Erlebniswelt mit ihren Ritualen, Symbolen, Narrationen, Beziehungen, Identifikationspersonen und Feindbildern erzeugt Emotionen, Orientierungen und schweißt zusammen. Dass man sich in Opposition befindet, verstärkt dabei noch den Erlebnischarakter und die Ausprägung der kollektiven Identität wird durch die Abgrenzung zu dominanten gesellschaftlichen Positionen und Praktiken vereinfacht. Wie alle Subkulturen zeichnen sich die identitäts- und gemeinschaftsstiftenden Angebote ebenso bei den extremen Rechten gerade dadurch aus, dass sie sich als Gegenbewegung und „Kontrakultur" (Müller 2017) verstehen. Neben Aktionen wie denen der Identitären Bewegung sind es in Mecklenburg-Vorpommern vor allem die vielen Aktionen von neonazistischen Kameradschaften zu historischen Daten, die für solche Erlebnisse genutzt werden. Dazu gehören die ‚Gedenkveranstaltungen' zum Tag der Arbeit, zum Todestag von Rudolf Heß, zum Tag der Deutschen Einheit oder am Volkstrauertag.

Der Erlebnischarakter kommt auch weniger formalisierten Aktionen zu. Eine Fachkraft berichtet von der Attraktivität solcher Aktionen für Personen außerhalb gefestigter ideologischer Szenen. Dann können sie zu Scharnieren zur Gewinnung neuer Anhänger:innen werden. Person Y berichtet: *„Zu Beginn des Jahres, glaube ich, war das, dass in dem Stadtteil ein muslimischer Gebetsraum eingerichtet werden sollte, was zu großen Protesten, vor allen Dingen von Seiten der AfD initiiert, geführt hat und monatlich immer wieder, ja, Demonstrationen in allen Stadtteilen stattgefunden haben. Und da war für mich natürlich spannend zu sehen, welche Jugendlichen da hingehen und welche Erfahrungen sie da machen, ne, also dass es so sehr erlebnisorientierte Erfahrungen waren,* *die sie da gemacht haben. Endlich passiert mal was. Wir sind dabei und wir sind cool. […] Und das halt eben als sehr, ja, aufregend, ne, also endlich passiert halt mal was, ne? Wir machen was. Wir gehören zu einer Gang und wir haben hier Geheimnisse vor anderen Leuten und das ist mir aufgefallen*" (Y 175-194).

Erlebnisorientiert und identitätsstiftend wirken gleichermaßen die Sportveranstaltungen und Kampftrainings der rechtsextremen Szene, die in Mecklenburg-Vorpommern stattfinden. Eine besondere Rolle spielt hier das Thinghaus in Grevesmühlen, wo dem Verfassungsschutz 2019 zwei Veranstaltungen bekannt wurden, die vom Baltik Korps, dem ‚sportlichen Arm' des Rostocker Aktionsblog ausgerichtet wurden (vgl. MIE 2020, S. 22). Auch 2020 waren Veranstaltungen des Aktionsblogs im Raum Güstrow (vgl. Freires 2020a) geplant. Zugleich finden solche Veranstaltungen nicht nur im Bundesland, sondern auch bundes- und europaweit statt (weiterführend: Claus 2020). Die Kampfsportszene hat sich dabei in den letzten Jahren weiter professionalisiert und gezielt Strukturen aufgebaut, zu denen Fightnights und größere Veranstaltungen wie Tiwaz oder der Kampf der Nibelungen zählen (vgl. Claus 2020, Freires 2020b).

Völkische Kindertagespflege

Eine Fachkraft schildert, wie eine Siedlerfamilie völkische Erziehungsideale im Rahmen der staatlich geregelten Kindertagespflege umsetzt: „*Zum Beispiel gab es mal im Landkreis eine Kindertagespflege. Also diese [Siedler…] haben sich dann also in Dörfern alte Güter gekauft oder alte Bauernställen gekauft, haben die aufgepeppelt und haben natürlich auch so ein Vereinsleben gelebt und haben irgendwann auch darüber nachgedacht, wahrscheinlich, wie kann man schon in der vorschulischen Bildung unsere Kinder prägen und haben dann gesehen, Mensch, im Gesetz gibt es ja die Möglichkeit, dass wir Kindertagespflegestätten bilden können. Bis zu fünf Kindern können wir aufnehmen. Dann machen wir doch so was. Und da war ich dann auch mal bei einer Kindeswohlgefährdungsprüfung, weil es da ein Kind betraf mit. Und da war ich schon, boah, ziemlich beeindruckt, dass der Staat, das Jugendamt letztendlich auch, denen die Betriebserlaubnis erteilt haben*" (I 136-147). Bei Hausbesuch erhält die Fachkraft einen Einblick in die völkische Lebenswelt: „*Wenn Sie da auf den Hof gekommen sind, sah das alles nach Bio aus, ne? Biobauern. Bei mir wird es aber immer komisch, wenn man so gekleidet ist, wie man im Mittelalter rumläuft oder so, weil wir eben schlichtweg nicht im Mittelalter sind. […] So und die waren höflich, nett, gar keine Frage. Die waren zuvorkommend. Die haben das gut verstanden, dass auch ein Jugendamt überprüfen muss und die hatten, alles war in bester Ordnung. Also so räumliche Gegebenheiten. Also wenn man so Sachen nennt wie Disziplin, Sauberkeit, Ordnung, hat alles gestimmt. Pädagogisches Spielzeug war ebenso da. Wobei da habe ich schon geguckt, oh, ganz, ganz viel so Holz, wo man aber gleichzeitig wieder kann, denken könnte, ja, es ist alternative Erziehung und so. Es ist so ein bisschen*

Steiner, es ist so ein bisschen Montessori. Obwohl die das wahrscheinlich gar nicht hören wollen. Aber als es nachher also im Gespräch darum ging, also irgendwie auch so die Haltung zu einem Kind zu erfragen, dann spürte man schon, dass es um Volk und Boden und Ehre und Nation und so einen Kram ging" (I 154-170).

In der geschilderten Situation wird die völkische Erziehung, die auf Disziplin und Gehorsam gerichtet ist sowie körperliche Vernachlässigungen und Strafen und psychische Erniedrigungen beinhaltet, zu einer Frage der Gefährdung des Kindeswohls: *„Also es ging ja um ein konkretes Kind, was offensichtlich Gewalt erfahren hat bei seinen Eltern. Die Eltern kommen natürlich wieder aber auch aus dem Kreis der Landnehmer und Artamanen dort. Und dann war so, es gibt ein Züchtigungsrecht. Es gibt ein Recht der Eltern, da hat der Staat nichts zu suchen. Es entspann sich eine Diskussion um Werte und Normen der Erziehung und wie man sie zu treuen und nationalgesinnten Menschen erziehen kann. Oh Gott, oh Gott dachte ich. Da will ich ja gar nicht hin. Mir waren blaue Flecken aufgefallen. Mir war ein verstörtes Kind aufgefallen. Aber davon lenkten sie ab*" (I 180-194). Person I weiß, dass sich ideologisch gefestigte rechtsextreme Familien in solchen offiziellen Situationen strategisch verhalten, um als Feinde erachteten Personen keinen Anlass für Eingriffe zu geben und lässt sich davon nicht ablenken. In seiner Handreichung zur Kindeswohlgefährdung in Neonazifamilien legt Hechler (2021) eindrücklich dar, wie Fachkräfte der Sozialen Arbeit in solchen Kontexten aufgefordert sind, einerseits ein Arbeitsbündnis herzustellen aber andererseits den Schutz von Kindern und Jugendlichen zu gewährleisten. Ausschließlich auf Gehorsam und Autorität ausgerichtete Erziehungsstile, körperliche Züchtigungen oder entwürdigende Erziehungsmaßnahmen, für die sich hier Anhaltspunkte zeigen, lassen Prüfungen des Vorliegens einer Kinderwohlgefährdung nötig werden. Wie es in einer solchen Umgebung zu einer Betriebserlaubnis für eine Kindertagespflege kommen konnte, bleibt allerdings auch für die Fachkraft fraglich. Denn eine Gewährung der Kinder- und Menschenrechte und die Erziehung zur Demokratie scheint in einem solchen Kontext grundsätzlich in Frage gestellt (siehe auch Kapitel 6.3, S. 113).

Problembearbeitung

Während die Angebote zur Identitätsformierung gewissermaßen als typische sozialpädagogische Angebote verstanden werden können, kann man bei den Angeboten zur Problembearbeitung von ihrem sozialarbeiterischen Pendant sprechen. Auch diese Angebote werden innerhalb der Szene entwickelt und richten sich ausschließlich an Personen mit gefestigten, meist rechtsextremen Weltbildern. Hier aber werden Formen der Unterstützung entwickelt, die dabei helfen sollen, Problemsituationen zu bewältigen.

Die Fachkräfte in Mecklenburg-Vorpommern nennen die Prozessunterstützung und Rechtsberatung bekannter Szeneanwälte, falls rechte Personen insbesondere im Rahmen rechtsextrem motivierter Straftaten vor Gericht gestellt werden. Es wird nicht ausgeschlossen, dass die kostenlose Sozialrechtsberatung vom ehemaligem NPD Landtagsabgeordneten Michael Andrejewski insbesondere von Szeneangehörigen genutzt wird. Vereinzelt sind Sammel- und Spendenaktionen im Rahmen der NPD-Kampagnen „Ein Volk hilft sich selbst“ und „Deutsche helfen Deutschen“ bekannt, durch die Sach- und Geldspenden an unterstützungsbedürftige Personen der rechtsextremen Szene vermittelt werden sollen. Die NPD schreibt dazu: „Lassen Sie uns also gemeinsam daran arbeiten, dass in ganz Deutschland Projekte und Initiativen entstehen, die in ihrem jeweiligen Wirkungskreis Anlaufstellen für unsere Landsleute darstellen, Rückzugsräume für Deutsche, Ankerpunkte im reißenden Strom des Existenzkampfes“ (M 71). Insgesamt scheinen solche Kampagnen seit der Abwahl der NPD aus dem Landtag 2016 in Mecklenburg-Vorpommern jedoch nur noch eine geringe Rolle zu spielen.

Neben der konkreten Unterstützung einzelner Personen erfüllen solche Angebote die Funktion, Solidarität innerhalb der Gemeinschaft herzustellen. Es ist ein Versprechen, das innerhalb der Szene gegeben wird: Unterstützung erhält, wer sich für die Gemeinschaft einsetzt. Darum sind es insbesondere solche Situationen, die mit dem ideologischen Kampf zusammenhängen, die unterstützt werden, wie z. B. Probleme im Zusammenhang mit Verurteilungen aufgrund von Volksverhetzung oder gewalttätigen Auseinandersetzungen (siehe Beispielkasten). Die Angebote tragen damit zur Stabilisierung der Szene bei.

Insgesamt laufen die Unterstützungsformen in Mecklenburg-Vorpommern aber wohl eher unter dem Radar, sowohl der Fachkräfte als auch des Verfassungsschutzes und anderer Beobachter:innen der rechtsextremen Szenen. Es kann davon ausgegangen werden, dass sie vorwiegend wenig formalisiert im Rahmen von Gemeinschaftshilfen organisiert werden, z. B. im Kontext der rechtsextremen Zentren und innerhalb der Netzwerke von Siedler:innen.

Hilfsorganisation für nationale politische Gefangene und Gefangenenhilfe[2]

Die Hilfsorganisation für nationale politische Gefangene (HNG) war ein eingetragener Verein, der 1979 in der BRD gegründet und 2011 verboten wurde. Mit über 600 Mitgliedern war die HNG zeitweise die größte rechtsextreme Organisation in Westdeutschland, der es zudem gelang, über alle internen Auseinandersetzungen hinweg die Szene zu vernetzen. Zu den Mitgliedern zählten z. B. viele prominente Mitglieder von rechtsextremen Parteien wie der NPD und der Rechten als auch Personen aus

2 Dieses überregionale Beispiel wurde bereits in der Vorläuferstudie aus Nordrhein-Westfalen dargestellt (Gille/Jagusch 2019, S. 60f.).

dem Umfeld des rechtsterroristischen NSU. Laut ihrer Satzung verfolgte die HNG „ausschließlich karitative Zwecke, indem sie nationale und politische Gefangene und deren Angehörige im Rahmen der ihr zur Verfügung stehenden Mittel unterstützt" (Roscher 2006). Zu ihren Aufgaben zählte sie die Vermittlung von Anwält:innen, die soziale Anbindung während der Haftzeit und die Begleitung nach der Entlassung sowie die Unterstützung von Angehörigen. Sie veröffentlichte eine monatliche Publikation, die „Nachrichten der HNG", die u. a. Gefangenenlisten enthielt und eine Liste derjenigen Neonazis, die Briefkontakt wünschten. Die vordergründig karitative Tätigkeit darf nicht darüber hinwegtäuschen, dass es der Organisation im Kern darum ging, die Einbindung von Straftäter:innen in die Neonazi-Szene während der Haftzeit zu gewährleisten und sie dort nach der Haftentlassung wieder zu integrieren. Das Bundesinnenministerium hatte die HNG verboten, weil sie sich dem aktiven Kampf gegen die freiheitliche demokratische Grundordnung verschrieben hatte und „unter dem Deckmantel einer vermeintlich karitativen Betreuung von Strafgefangenen inhaftierte Rechtsextremisten in ihrer nationalistischen Überzeugung" bestärkt habe. Es sei gerade nicht ihr Ziel gewesen, „straffällig gewordene Rechtsextremisten zu resozialisieren, sondern im kriminellen rechtsextremistischen Spektrum dauerhaft zu verankern" (BNR 2012). Diese Auffassung wurde vom Bundesverwaltungsgericht bestätigt (vgl. Sager 2012).

Nach ihrem Verbot haben mehrere Initiativen versucht, die Arbeit der HNG fortzusetzen. Aus aktueller Sicht ist die wahrscheinlich wichtigste Organisation die Gefangenenhilfe (vgl. MIE 2020, S. 37; M 79). Sie verfügt über keine formale Organisationsstruktur in Deutschland und gibt als Sitz Stockholm an. Auf ihrer Website schreibt sie, dass ihre Aktivitäten sich „um die Vorbeugung, Betreuung, Direkthilfe und Wiedereingliederung in unsere Gemeinschaft nach einer verbüßten Haftstrafe drehen" (Gefangenenhilfe o.J.). Um wen es sich bei „unserer Gemeinschaft" handelt, ist nicht schwer zu erkennen: die Initiative bittet u. a. darum, Briefe an die prominenten Holocaust-Leugner:innen Horst Mahler, Ursula Haverbeck und Sylvia Stolz zu schicken und auf ihrem Facebook-Profil werden die Verfahren zahlreicher rechtsextremer Straftäter verfolgt und rechtsextreme Nachrichten und Symbole veröffentlicht. Ganz im Stil der verbotenen HNG schreibt sich die Gefangenenhilfe umfangreiche soziale Unterstützung auf die Fahne: „Aus eigener Erfahrung wissen wir genau, wie die Angehörigen und Familien der Insassen während einer Haftzeit leiden. Ist die Verbüßung der Haftzeit für den Gefangenen schon schwer genug, so ist es doch das Finanzielle, was die Meisten an den Rand des Erträglichen bringt. Anwalts- sowie Gerichtskosten, der Verlust der Arbeit, manchmal sogar der Wohnung und vieles mehr, treibt die Verurteilten mit ihren Familien immer weiter in die Schulden. Hier ist Hilfe dringend von Nöten! Schon vor der möglichen Verurteilung können sich Angeklagte oder ihre Familien an uns wenden, um mehr über die Verfahrensweise und Verhalten gegenüber der Polizei, Staatsanwaltschaften, bzw. der Gerichte zu erfahren. Wir arbeiten eng mit Anwälten zusammen und vermitteln diese gerne weiter. Nach einer Verurteilung hinterlassen die Inhaftierten meist einen leeren Platz in der Familie und diese können dann oft

Hilfe von Außen gut gebrauchen. Selbst wenn es vorrangig ‚nur' um seelische Betreuung geht, ist es doch nicht von der Hand zu weisen, dass diese Art der Unterstützung vielen schon geholfen hat, mit dem Alltag besser zurecht zu kommen. Kernfragen sind hierbei unter anderem: ‚wie gehe ich mit den Kindern um? ', ‚wie sieht der Alltag in Haftanstalten aus? ' oder ‚wo kann man finanzielle Hilfe beantragen? '" (Gefangenenhilfe o.J.). Auch wenn keine direkten Belege dafür bestehen, ob alle diese Unterstützungsformen tatsächlich in die Tat umgesetzt werden, zeigt das Beispiel, dass organisierte Unterstützung für rechtsextreme Gefangene fortgesetzt wird. Unabhängig von der Tragkraft wird damit die Darstellung des Versprechens einer solidarischen Gemeinschaft bereits erreicht. Da jedoch aus der Erfahrung mit der HNG geschlossen werden kann, dass tatsächliche Unterstützung für Gefangene gewährleistet wurde, erscheint es schlüssig, dass solche Angebote über eine Inszenierung hinausgehen und innerhalb der extremen Rechten und im Verborgenen organisiert werden.

6.2 Externe Einflussnahmen

Im folgenden Unterkapitel werden Varianten externer Einflussnahmen auf etablierte Einrichtungen und Angebote Sozialer Arbeit in Mecklenburg-Vorpommern vorgestellt. Unter externer Einflussnahme werden alle Versuche durch extrem rechte Akteure gefasst, die gezielt auf etablierte Angebote Sozialer Arbeit einwirken und im Sinne ihrer Ideologien Einfluss auf Themen, Strukturen, Personen, Interventionen, Konzepte oder Verankerungen nehmen wollen. Hierunter werden Vorgänge gefasst, die von einzelnen Personen, von Initiativen, Parteien oder auch Bewegungen unternommen werden, die nicht unmittelbar in die Angebote eingebunden sind (also z. B. nicht als Fachpersonal, Engagierte oder Adressat:innen dort tätig oder präsent sind) und unabhängig davon, wie erfolgreich diese Versuche der Beeinflussung im Einzelnen sind.

In der Onlinebefragung geben 39 Fachkräfte an, dass ihnen Einflussnahmen von außen auf etablierte Angebote der Sozialen Arbeit bekannt sind. Weiteren 102 Personen sind Einflussnahmen nicht bekannt, allerdings können sie sich vorstellen, dass es sie gibt. Lediglich 28 Personen geben an, dass ihnen Einflussnahmen von außen nicht bekannt sind und sie sich auch nicht vorstellen können, dass extrem rechte Akteure Einfluss ausüben können (siehe Tabelle D, S. 43).

Von den 39 Personen, denen Einflussnahmen auf Einrichtungen der Sozialen Arbeit bekannt sind, geben 27 an, dass diese Aktivitäten von Einzelpersonen ausgehen, zehn Personen vermuten hinter den Einflussnahmen Initiativen, 21 Personen ordnen die Einflussnahmen Parteien zu. Sechs Fachkräfte sind der Meinung, dass für die Einflussnahmen Vereine, Institutionen und/oder Träger verantwortlich sind, deren Gesinnung offensichtlich rechts ist (Mehrfachnennungen möglich, Tabelle M). Mit der häufigen Nennung von Parteien und anderen organisierten Einheiten wie Vereinen und Trägern geht also ein großer Anteil der Fachkräfte davon aus, dass Einflussnahmen von institutionalisierten Akteuren ausgehen.

Tabelle M: Akteure externer Einflussnahmen (n=39, Mehrfachnennungen möglich)

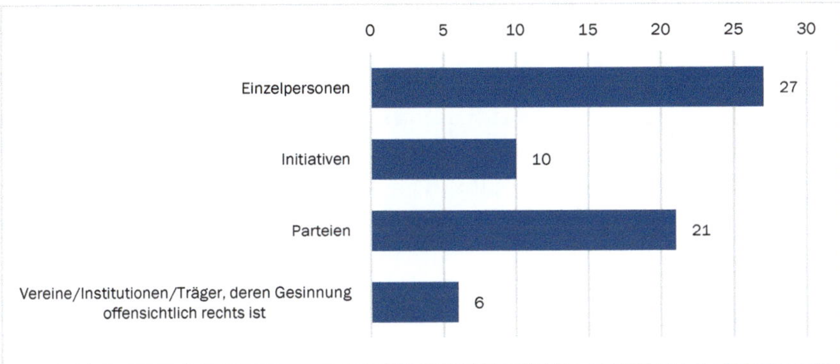

Nach dem Ziel der Einflussnahmen gefragt, geben 23 Personen an, dass Strukturen der Einrichtungen und ihre Finanzierungen im Fokus stehen. Einflussnahmen auf Inhalte bestehender Angebote nehmen 17 Befragte, Einflussnahmen durch Öffentlichkeitskampagnen 18 Personen wahr (Tabelle N). Von denjenigen, die externe Einflussnahmen kennen, vertreten drei Personen die Meinung, dass die Einflussnahmen „relativ geglückt“ seien. Als „teils/teils geglückt“ beurteilen 14 Personen diese Versuche, während elf Personen die Position vertreten, diese seien „eher nicht geglückt“. Lediglich sechs Personen sind der Ansicht, dass die Einflussnahmen „überhaupt nicht geglückt“ seien. Fünf Personen können dies nicht einschätzen.

Tabelle N: Arten der externen Einflussnahmen (n=39, Mehrfachnennungen möglich)

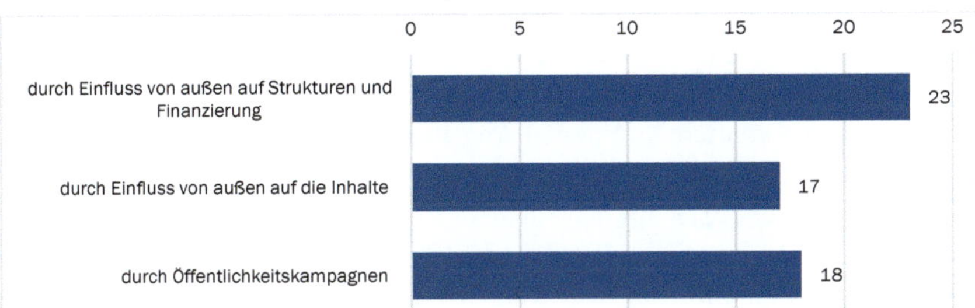

Die auf der Basis der verschiedenen empirischen Materialien (Onlinebefragung, Expert:inneninterviews und Dokumentenanalyse) erarbeiteten externen

Einflussnahmen auf etablierte Angebote Sozialer Arbeit lassen sich in vier Varianten aufteilen: Strukturen angreifen, Bedrohen, Sozialräumliche Inszenierungen und Agenda-Setting. Die Varianten können in zwei kontrastierende Ausrichtungen unterteilt werden: Während die Varianten Strukturen angreifen und Bedrohen zur Ausrichtung Bestehendes Destabilisieren zählen, können die Varianten Sozialräumliche Inszenierungen und Agenda-Setting der Ausrichtung Neues Schaffen zugeordnet werden (Abb. 3, S. 37). Mit den ersten zwei Varianten werden Einflussnahmen beschrieben, die darauf ausgerichtet sind, Einrichtungen, Themen oder Fachkräfte der Sozialen Arbeit und deren Legitimität anzugreifen, in Frage zu stellen und damit zu destabilisieren. Die Varianten Sozialräumliche Inszenierungen und Agenda-Setting sind dagegen weniger auf Destruktion gerichtet. Stattdessen finden gezielte Einflussnahmen auf bestehende Strukturen, Diskurse, Themen, Angebote und Praxisfelder Sozialer Arbeit statt mit dem Ziel, diese inhaltlich zu verändern. Die gezielten Einflussnahmen und Steuerungsversuche gelten der inhaltlichen Ausrichtung Sozialer Arbeit und der Verbreitung bestimmter Themen und Diskurse. Einzelne Beispiele weisen auch Aspekte von beiden Ausrichtungen gleichzeitig auf und enthalten sowohl destruktive Elemente als auch Impulse für inhaltliche Neuausrichtungen. Die gefundenen Varianten und ihre wesentlichen Merkmale werden in den folgenden Abschnitten vorgestellt und exemplarisch erläutert.

Strukturen angreifen

Die Variante Strukturen Angreifen beinhaltet Einflussnahmen, die etablierte Angebote Sozialer Arbeit inhaltlich in Frage stellen, ihre Finanzierung gefährden oder verantwortliche Personen so attackieren, dass der Fortbestand der Einrichtungen oder einzelner Angebote gefährdet wird. Die Variante spielt sich vorwiegend in der institutionalisierten politischen Arena ab und umfasst insbesondere Diskussionen, offizielle Anfragen und Beschlüsse in politischen Gremien wie den kommunalen Parlamenten oder im Landtag. Dort werden etablierte Angebote der Sozialen Arbeit in Frage gestellt und diese Diskussionen gleichzeitig genutzt, um eine breite Öffentlichkeit zu erreichen und Diskursverschiebungen zu bewirken.

Unter den Akteuren, von denen Angriffe ausgehen, spielt die AfD in den Augen der Fachkräfte eine herausgehobene Rolle. Viele Beispiele beziehen sich auf Initiativen der Partei auf der Ebene der Kommunal- oder der Landespolitik. Daneben finden sich im Material Angriffe von Vertreter:innen anderer extrem rechter Parteien wie der NPD, von Gruppierungen wie der Identitären Bewegung oder maskulinistischen Initiativen wie dem Väteraufbruch sowie von bekannten Einzelpersonen, die extrem rechten Szenen angehören.

Es sind bestimmte Felder Sozialer Arbeit, die in der Variante Strukturen

Angreifen im Fokus stehen. Dazu zählen insbesondere das Thema Migration und alle Arbeitsfelder Sozialer Arbeit, die explizit Menschen mit Migrationsgeschichte adressieren. Dazu gehören zum einen Angebote der Migrationssozialarbeit, zum anderen werden Arbeitsfelder angegriffen, unter denen Menschen mit Migrations- und Fluchtgeschichte nur einen Teil der Nutzer:innen darstellen, wie z. B. die Offene Jugendarbeit, die Hilfen zur Erziehung oder die aufsuchende, sozialräumliche Arbeit. Der Fokus auf Soziale Arbeit mit Menschen mit Migrations- und Fluchtgeschichte zeigt sich insbesondere in der Auswertung der landesparlamentarischen Initiativen der AfD (siehe Exkurs, S. 81). Immer wieder befragt die Fraktion die Kosten von Angeboten, die sich an geflüchtete Menschen richten, oder will in Erfahrung bringen, welchen Anteil Menschen mit Migrations- und Fluchtgeschichte in Angeboten wie der Offenen Kinder- und Jugendarbeit oder den Hilfen zur Erziehung ausmachen und welche Kosten damit verbunden sind. Durch solche Anfragen trägt die Partei zur Rassifizierung sozialer Probleme bei, versucht die Angebote zu delegitimieren und eine exklusive Solidarität zu propagieren.

Neben der Migration steht insbesondere die Jugendarbeit im Fokus der extremen Rechten. Den Befragten sind eine Reihe von Beispielen bekannt, in denen lokale Jugendtreffs, Jugendverbände oder auch Initiativen von Jugendlichen in Kreistagen und Stadtparlamenten durch extrem rechte Parteien oder Einzelpersonen angegriffen werden. Insbesondere Angebote der politischen Bildung, die zum expliziten Auftrag der Jugendarbeit gehören, werden in ihren Zielen und ihrer Förderungswürdigkeit in Frage gestellt. Ähnliche Vorgehensweisen finden sich auch in Angeboten und Einrichtungen der Demokratieförderung und der geschlechterbezogenen Sozialen Arbeit – alles Felder, die eng mit dem Themenkanon der extremen Rechte verbunden sind.

Eine wichtige Form, in der die Strukturen Sozialer Arbeit angegriffen werden, besteht in der Infragestellung ihrer Finanzierung. Im Material finden sich mehrere Beispiele, wie auf der Ebene der Kommunen bzw. Landkreise extrem rechte Akteure die Finanzierung ihnen unliebsamer Einrichtungen der Jugendarbeit beenden wollen. So berichtet z. B. E davon, wie die Fördermittel der Einrichtung, in der E arbeitet, durch die AfD auf Gemeindeebene immer wieder in Frage gestellt wird: „*Und das ist natürlich dann für die ANDEREN, also zum Beispiel für Vertreter der Alternative für Deutschland, ist das natürlich so: Wir sind denen ja eigentlich ein Dorn im Auge. Und wenn sie natürlich entscheiden können oder mitentscheiden können, ob wir im nächsten Jahr Geld bekommen, um weiter unsere politische Arbeit zum Beispiel oder unsere Bildungsarbeit leisten zu können, dann stimmen sie natürlich eher gegen uns*“ (E 491-496). Für E und die weiteren Mitarbeiter:innen der Organisation ziehen die Angriffe von extrem Rechts die Notwendigkeit nach sich, sehr gut strategisch zu planen und kontinuierlich mit anderen politischen Akteuren zusammenzuarbeiten, um die Attacken im Kreistag erfolgreich abzuwehren und die Arbeit fortzusetzen. Solche Angriffe auf die Finanzierung können aber auch Einrichtungen in anderen Handlungsfeldern erleben, wie z. B. in der Straßensozialarbeit, wenn ihre Adressat:innen nicht den Vorstellungen von Normalität und Zugehörigkeit erfüllen, wie sie von extrem Rechts entworfen werden: *„Also es geht zum Beispiel darum [...], ob es noch Streetwork geben soll und die AfD, das war da die Frage und in [Ort] war zum Beispiel die Frage, ob man dieses Geld nicht gezielter ausgeben soll. Dass man praktisch bestimmte Gruppen ein- oder eben ausschließt aus dieser Arbeit"* (D 368-370). Neben der gängigen Praxis gegen Haushaltspläne zu stimmen, die aus der Sicht der extremen Rechten unliebsame Einrichtungen finanzieren, sind auch Beispiele bekannt, in denen konkret Anträge gestellt werden, die Finanzierung von Einrichtungen einzustellen.

Neben der konkreten Gefährdung der Finanzierung konstituieren solche Einflussnahmen immer auch Grenzziehung und treiben Othering-Prozesse voran. Immer wieder geht es darum, bestimmte Adressat:innengruppen und deren Bedarfe aus dem Kreis der Förderungswürdigkeit und damit aus der Sozialen Arbeit herauszudrängen. In rechtspopulistischer Weise werden Grenzziehungen vorgenommen und verschiedene Bevölkerungsgruppen gegeneinander ausgespielt: *„Die Diskussion sozusagen wurde von den Leuten dort bewusst gelenkt also auf diese, wie soll man das ausdrücken, also auf diese Ausgrenzung/ Rassismus [...] Das ist einmal dieses: So, wir sind die armen deutschen Einheimischen, die von der eigenen Regierung vernachlässigt werden, damit man im Prinzip die Migration finanzieren und fördern kann. So war nachher der Kontext, ne? Es war [...] zu Anfang nicht so deutlich, weil man dann erstmal mit kam: Ja, guck mal hier, den Seniorentreff geschlossen und guck mal da, das haben sie geschlossen, guck mal hier und so weiter. Und aber guckt mal da, da haben sie extra da drei Wohnblöcke ganz schick saniert und so weiter, damit die dann da drin wohnen können"* (F 108-125). Im Beispiel wird die rechtspopulistische Opfererzählung, das Narrativ vom Kampf um knappe Mittel und die Grenzziehung zwischen einem förderungswürdigen ‚Wir' und den privilegierten ‚Anderen' deutlich.

Auch das Interesse der AfD am zivilgesellschaflichen Engagement wird von den Fachkräften als Versuch gewertet, Soziale Arbeit zu deprofessionalisieren und die Einlösung sozialer Rechte zu gefährden. So zeigt sich die Landtagsfraktion der AfD in einer Kleinen Anfrage u. a. daran interessiert, „ehrenamtliches Engagement besonders in den nachkommenden, jüngeren Generationen nachhaltig zu stärken" (Drucksache 7/3869). Gleichzeitig werden auf kommunaler Ebene immer wieder Forderungen erhoben, Angebote der Sozialen Arbeit durch ehrenamtlich Aktive auszuführen: *„im Jugendhilfe-Ausschuss, also wenn sie [Kolleg:in von E] ihr Projekt dort vorstellt oder mal so am Ende des Jahres mal zeigt, was so gemacht wurde, dann ist es schon so, dass die AfD eigentlich immer nur kritisch hinterfragt und so nach dem Motto: Ja, am besten* *ist immer sowieso alles ehrenamtlich zu machen, damit man keine Personalkosten hat*" (E 303-307).

Eine weitere Spielart, durch die Strukturen Sozialer Arbeit angegriffen werden, besteht in der Diskreditierung bestimmter Fachkräfte oder Einrichtungen der Sozialen Arbeit. Extrem rechte Akteure zeichnen ein negatives Bild von den Organisationen, bringen sie in Verbindung mit negativen Diskursen oder Ereignissen und sorgen so für Irritationen oder für Ablehnung bei Unterstützer:innen oder auch potentiellen Adressat:innen. Person S z. B. schildert, wie Anfragen kommunalpolitischer neurechter Akteure die Arbeit der Einrichtung erschweren und ihren Ruf schädigen: „*Und wir haben es natürlich ganz konkret zu tun mit der Hinterfragung von Jugendplanförderung, beispielsweise ,Warum werden diese und diese Angebote gefördert?' Ne, also das permanente Infragestellen. Die permanente Bombardierung mit Anfragen, so dass praktisch für die normale Arbeit auch in den Ministerien kaum noch Zeit bleibt. Das Diskreditieren in Anhörungen von Angeboten bis dahin, dass wir […] Räumlichkeiten gesucht haben in der Stadt X. Die haben wir nicht bekommen*" (S 359-366). Die politische Diskreditierung trägt dazu bei, dass das sozialarbeiterische Angebot, in dem S mitarbeitet und das gesetzlich verpflichtend vorgehalten werden muss, bis zum Zeitpunkt des Interviews nicht flächendeckend angeboten werden kann. Die soziale Infrastruktur wird auf Kosten der Adressat:innen geschwächt.

Diffamierungen sind sowohl auf kommunal- wie landespolitischer Ebene bekannt, auch ganze Wohlfahrtsverbände sind davon nicht ausgenommen. So erkundigt sich z. B. eine Kleine Anfrage genau nach den finanziellen Förderungen von Caritas und Diakonie im Bereich der Jugendhilfe, wohlbemerkt aus dem Landeshaushalt, und ihrer Beteiligung in den Jugendhilfeausschüssen, um so eine vermeintliche Finanzierung kirchlicher Einrichtungen zu kritisieren. Auch die Arbeiterwohlfahrt ist ein beliebtes Angriffsziel. Die Veruntreuungen von Geldern durch einen ehemaligen Geschäftsführer und einen ehemaligen Kreisverbandsvorsitzenden des Warener Kreisverbandes nimmt die AfD zum Anlass, um einen Untersuchungsausschuss im Landtag zu beantragen. Die notwendige Kritik an den kriminellen Praktiken der Führungspersonen sowie die notwendigen Diskussionen über die angemessene Förderung der Spitzenverbandsförderung werden in rechtspopulistischer Weise zu einem „System AWO" (M99) verkürzt, das Intransparenz, Selbstbedienungsmentalität und Vetternwirtschaft befördere. Die Diskreditierungen der Verbände findet aber auch auf kommunaler Ebene ein Abbild, wie das Tafelbeispiel aus Kapitel 6.1 zeigt.

Eine letzte Form, in der Strukturen der Sozialen Arbeit angegriffen werden, besteht in Versuchen der Einschüchterung und der Bedrohung von einzelnen Personen. Sie findet sich bereits in der politischen Arena, wenn z. B. bestimmte Fachkräfte von extrem rechten Akteure in parlamentarischen Debatten öffentlich genannt werden oder Namen von Vereinsvorständen durch parlamentarische Anfragen zugänglich gemacht werden sollen. Solche Vorgehensweisen finden sich z. B. bei Fragen nach Mitarbeiter:innen oder Verantwortlichen in der Jugendarbeit oder der sexualpädagogischen Arbeit. Die Vorgehensweisen dienen dazu, Personen öffentlich zu markieren und zu diffamieren und so auch weitere, bis hin zu physischen Attacken zu ermöglichen: *„Und die andere Strategie ist schon Akteuren zu zeigen, wir wissen, dass ihr da seid und wo ihr arbeitet. Und wir wissen, dass ihr eine andere Einstellung habt als wir“* (O 740-742). Es erstaunt nicht, dass es gerade Personen in Arbeitsfeldern sind, die sich in besonderer Weise für die Menschenrechte und die Demokratie einsetzen, die solchen Einschüchterungen ausgesetzt sind. Ihre öffentliche Markierung können dann in anderen Formen der Bedrohung münden, die bis zur physischen Gewalt reichen, wie sie in der nächsten Variante Bedrohen ausführlicher vorgestellt werden.

Interventionen der AfD gegen demokratiefördernde politische Bildungsarbeit

Die Einrichtung, die im Folgenden im Fokus steht, arbeitet im ländlichen Raum im Bereich der Demokratieförderung, sie bietet vor allem partizipative Bildungsangebote für junge Menschen an. Zur Finanzierung ihrer Arbeit verwendet sie sowohl Bundes-, Landes- wie kommunale Mittel. Regelmäßig beantragt sie beim lokalen Jugendhilfeausschuss Gelder für die Arbeit im Bereich der außerschulischen politischen Jugendbildung. Die Projektanträge werden von AfD Vertreter:innen regelmäßig kritisiert und abgelehnt. Sowohl die Verlängerung der Stellenfinanzierung als auch die Förderung von Angeboten werden hinterfragt, partizipative Formate diskreditiert und ihre Förderungswürdigkeit abgesprochen: *„Wir sind denen ja eigentlich ein Dorn im Auge“* (E 493). In der Folge fühlen sich die Teammitglieder in die Rolle gedrängt, die demokratieförderliche Projektpraxis durch besondere Legitimationsleistungen täglich aufs Neue verteidigen zu müssen: *„Also wir sind ständig in der Legitimationshaltung. Wir müssen uns ständig für unsere Ausgaben, für das, was wir machen, für Projekte, die wir durchgeführt haben, für Projektanträge müssen wir uns immer irgendwie rechtfertigen“* (E 407-409). Trotz der klaren Ablehnung jeglicher Kooperation mit Vertreter:innen der als extrem rechts eingestuften Partei zeigt sich die Notwendigkeit der Absprache und Abstimmung in Sachen Antragsstellung – was die Fachkräfte als eine professionelle Zumutung erleben. Die prekäre Balance der Für- und Gegenstimmen zeigte sich im lokalen Kreistag vor wenigen Jahren auf besonders brisante Weise: *[…] es war wirklich so, dass, ich glaube, es waren 16 zu 15 Stimmen FÜR die Projektförderung vom [Träger]. Das heißt, wenn noch, ich sage mal ganz doof noch, zwei Leute von der AfD oder wem auch immer dann abends dabei gewesen wären, also auf jeden Fall von unseren Gegenstimmern, dann wäre das Projekt nicht bewilligt, also wäre das Projekt einfach nicht zustande gekommen“* (E 504-508).

Exkurs: Dokumentenanalyse parlamentarischer Initiativen

Auf Basis der extern erstellten Expertise von Judith Rahner

Im folgenden Exkurs werden als Teil der Variante Strukturen Angreifen zentrale Befunde einer Dokumentenanalyse parlamentarischer Initiativen der AfD-Fraktion in Mecklenburg-Vorpommern über die Einflussnahme auf Soziale Arbeit zusammengefasst. Grundlage hierfür sind etwa 90 Dokumente, die im Zeitraum zwischen 2017 und 2020 veröffentlicht wurden. Gesichtet wurden hauptsächlich Kleine Anfragen, aber auch eine Große Anfrage, diverse Sitzungsprotokolle, Beschlussempfehlungen, Stellungsnahmen und Anhörungen vor allem aus dem Innenausschuss, dem Sozialausschuss und dem Bildungsausschuss, die Themen und Diskussionen zur Sozialen Arbeit aufgreifen. Die Auswertung ermöglicht es, einen Eindruck über den politischen und gesellschaftlichen Stellenwert zu bekommen, den die AfD der Sozialen Arbeit und ihren Tätigkeitsfeldern beimisst. Auch verhilft die Expertise zu einem besseren Verständnis darüber, wo die Soziale Arbeit in den Blick kommt und wo nicht, welche Perspektive sie auf Adressat:innen und Strukturen Sozialer Arbeit hat und welche Themen, Angebote und konkrete Einrichtungen fokussiert werden.

Die ausgewerteten 68 Kleinen Anfragen der AfD-Fraktion im Landtag MV sind entlang ihrer Schwerpunkte neun Kategorien zuzuordnen: Jugendarbeit (5), Kinder- und Jugendhilfe (3), Demokratieförderung, Politische Bildung und Extremismusprävention (19), Migration und Integration (23), Gender (4), Queer (3), Schule (6) und kirchlicher Raum (3). Zu Gesundheit und Gemeinwesen findet sich jeweils nur eine Kleine Anfrage. Im Gegensatz zur Vorgehensweise von AfD-Fraktionen aus anderen Bundesländern sind keine Kleinen Anfragen im Bereich Inklusion, Jugendkriminalität oder Hochschule gestellt worden (vgl. Hafeneger et al. 2021).

Die mit Abstand meisten Kleinen Anfragen der AfD-Fraktion mit einem Bezug zur Sozialen Arbeit lassen sich der Kategorie *Migration und Integration* zuordnen (23). Fast immer steht dabei der finanzielle Aufwand von Integration im Fokus. Das Thema beschäftigt die AfD-Fraktion kontinuierlich über den gesamten Untersuchungszeitraum. Dies trifft bei anderen Kategorien und Themenfeldern nicht unbedingt zu; diese haben beispielsweise einen aktuellen Aufhänger und sind deshalb zum Thema gemacht worden. Der überwiegende Teil der Kleinen Anfragen aus der Kategorie Integration und Migration befasst sich wiederum mit unbegleiteten minderjährigen Geflüchteten (UMF). In 2017 wird bspw. nach der Anzahl, den (Personal-)Kosten, den Aufenthaltstiteln, der Verteilung im Bundesland und der erkennungsdienstlichen Behandlung (7/480 und 7/1110) gefragt. Das statistische Interesse verknüpft die AfD mit Fragen nach Polizeieinsätzen, die mit unbegleiteten minderjährigen Geflüchteten in Verbindung stehen oder nach Sicherheitshinweisen durch den Verfassungsschutz. Wichtiges Thema ist darüber hinaus die medizinische Altersbestimmung von UMF (7/2831 und 7/3791). Eine Anfrage dazu wird mit dem Vorwurf eingeleitet, dass mehrere Tausend UMF, die älter als 18 Jahre seien, bundesweit drei Milliarden Euro Kosten verursachen würden, weil sie fälschlicherweise als Minderjährige eingestuft worden sind. Die Quelle für diese Einlassung bleibt in der Kleinen Anfrage ungenannt (7/3791). Ein Antrag der AfD-Fraktion 2017 zur Betreuungsrealität von UMF wird mit „Mut zur Wahrheit!“ (7/1576) übertitelt. Darin wird der Vorwurf formuliert, „soziale Spannungen“ würden durch hohe und intransparente Kosten durch UMF verursacht werden. Neben der Finanzierung liegt ein weiteres Augenmerk auf der „fehlende[n] Umsetzung von Ausweisverfügungen“ (7/5289), und den Fragen danach, wer abgeschoben wird, wer nicht und wer von den abgeschobenen Personen zurückkehrt (7/4397; 7/4469). Auch nach Problemen und Erfolgen bei der „Identifizierung dissozialer Personen“ vor allem in Erstaufnahmeeinrichtungen (7/4764) wird gefragt.

Die genannten Kleinen Anfragen, die unter die Kategorie Migration und Integration eingeordnet wurden, sind jedoch nicht die einzigen, die sich mit diesem Themenspektrum befassen. Auch Kleine Anfragen, die unter die Kategorie *Jugendarbeit, Kinder- und Jugendhilfe* oder *Schule* kategorisiert werden, befassen sich inhaltlich zu einem großen Teil mit den Fragen von Migration und Integration. Beispielweise wird 2017 in einer Anfrage die Nutzung von Jugendfreizeiteinrichtungen durch Asylbewerber:innen abgefragt (7/633) oder nach den Kosten von Hilfen zur Erziehung (HzE) für Minderjährige ohne gewöhnlichen Aufenthalt. In 2019 wird bezüglich der Einschulung von Kindern mit Migrationsbezügen das Interesse darauf gelenkt, wann Kinder hinsichtlich ihres „sprachlichen Niveaus zur Einschulung zugelassen“ werden (7/3788). Die Anfrage stellt implizit die Schulpflicht in Frage, die für alle in Deutschland lebenden Kinder ab sechs Jahren gilt: Kinder, die Deutsch als Zweit- oder Fremdsprache lernen, scheinen laut der Anfrage von dem Recht und der Pflicht auf Schulbesuch ausgenommen.

In den durchgesehenen Sitzungsprotokollen, Stellungnahmen und Anhörungen der verschiedenen Ausschüsse lassen sich ebenfalls eine klare Fokussierung und thematische Engführungen auf Migration, und damit auf ein beschränktes Spektrum der Sozialen Arbeit, erkennen. Exemplarisch seien hier das Expert:innengespräch zum Thema „Zukunft der Jugend- und Schulsozialarbeit nach 2021“ und eine Anhörung zur „Förderung der Kinder- und Jugendhilfe in Mecklenburg-Vorpommern“ genannt, bei denen die AfD-Fraktion mit nur wenigen Wortbeiträgen und keinen eigenen fachlichen Eingaben im Protokoll auftaucht. In der Anhörung zum Landesbehindertengleichstellungsgesetz oder der Anhörung zum „verfassungsrechtlichen Status der Menschen mit Behinderungen“ gibt es sogar überhaupt keine Beteiligung der AfD, die laut Protokoll aber anwesend ist. Hingegen gibt es in der Debatte zum

Thema „Soziale Integration von Migrantinnen und Migranten“ in MV (2018) rege Diskussionsbeiträge durch die AfD-Fraktion. Sie nutzt ihre Redebeiträge u. a. um zu monieren, dass auf Kritik seitens der AfD „stets mit dem Vorwurf einer rechtsradikalen Gesinnung reagiert“ würde. Man werde „als Nazi und Rassist verunglimpft“. Zugleich äußert ein AfD-Mitglied aber Verständnis für die rechtsradikalen Ausschreitungen 2018 in Chemnitz, die eine Reaktion der „Bürger“ seien, die sich nicht gehört fühlten und Zivilcourage zeigten. Ein Parteikollege wundert sich, dass in der Debatte zur Integration niemand fordere: „Integration – nehmt denen erst die Messer weg“, denn dies sei schließlich „ein Akt aktiver Integration“. Außerdem wird gefordert, „wenn man unsere Bevölkerung nicht weiter schröpfen wolle“ nicht noch mehr Geld für Integration auszugeben, sondern das Geld beispielsweise für geflüchtete Kinder ohne Bleibeperspektive auszugeben, um sie „Fit for Return“ zu machen und sie für ihre „Rückkehr in die Gesellschaft, in die sie gehörten“, vorzubereiten. Im Ergebnis wird in allen Wortbeiträgen in Anhörungen, Kleinen Anfragen und Anträgen durch die AfD, in denen das Thema Migration und Integration (mit)verhandelt wird, ein problematisch-defizitärer bis rassistischer Blick auf Migrant:innen perpetuiert, die mit sicherheitspolitischen Methoden belegt werden sollen.

Ein weiterer Schwerpunkt in den Kleinen Anfragen lässt sich unter die Kategorie *Demokratieförderung, Politische Bildung und Extremismusprävention* (20) fassen. Hier zeigt sich ebenfalls eine Fokussierung auf die Kosten: So wird nach den Aufwendungen für das NPD-Verbotsverfahren (7/270), für das Landesprogramm Demokratie und Toleranz gemeinsam stärken! (7/4078) sowie für Aussteigerprogramme im Bereich des politischen Extremismus gefragt. Bei Letztgenanntem werden auch die Träger und die „Extremismusformen“ („Linksextremismus/ Rechtsextremismus“) erfragt (7/524). Auch unter dieser Kategorie wird das Thema Migration im weitesten Sinne aufgegriffen. So erkundigen sich die Anfragen etwa nach der „islamistisch-kriminelle[n] Clanstruktur“ in Neubrandenburg oder aber nach Moscheen, die von DİTİB – Türkisch-Islamische Union der Anstalt für Religion e.V. bzw. von Millî Görüş betrieben werden (7/3332) sowie nach „Nicht-deutschen Extremisten“ (7/5134). Selbst wenn Informationen über Versäumnisse im Bildungsbereich zu Antisemitismus eingefordert werden, erfolgt dies mit der Frage nach Einwanderung (7/4313). Bemerkenswert ist in diesem Zusammenhang noch eine Dreierreihe Kleiner Anfragen, in denen berechtigterweise die Steuerbegünstigungen extremistischer Akteure problematisiert werden. Allerdings findet hier eine Gleichsetzung von Extremismus mit dem Islam statt: Es wird von rechtextremen, linksextremen und „islamischen“ (!) Organisationen gesprochen (7/5191). In einem Antrag, der sich ebenfalls der Kategorie Extremismusprävention zuordnen lässt, fordert die AfD-Fraktion, dass der Landtag beschließen möge, neben Rassismus, Antisemitismus und Extremismus auch „Deutschenfeindlichkeit“ entgegenzutreten (7/2617). In 2018 stellt die AfD den

Antrag, dass vom Land geförderte Organisationen ein Demokratiebekenntnis ablegen sollen, weil es für den AfD-Abgeordneten und seine Fraktion nicht hinnehmbar sei, „dass Extremisten von Staatsgeldern finanziert würden“.

Von Interesse sind des Weiteren Kleine Anfragen aus dem Bereich *Gender und Queer (7)*. So wird auch hier nach den Kosten, aber auch nach dem Nutzen von Gender-Studies an Hochschulen (7/381) oder dem Landesaktionsplan für die Gleichstellung und Akzeptanz sexueller und geschlechtlicher Vielfalt gefragt (7/4395). Weiterhin wird die Förderung von Frauenverbänden mit einer Anfrage zur Förderung von „Männerverbänden“ (7/2548) verknüpft. Eine Kleine Anfrage zu Gender-Mainstreaming als Grundsatzaufgabe an Schulen interessiert sich für Definitionen, finanziellen Aufwand sowie die didaktische Umsetzung. Darüber hinaus wird Gender-Mainstreaming mit „Sexualerziehung“ (7/373) vermischt und gefragt, ob dies mit Kenntnis der Eltern durchgeführt würde. Ebenfalls geraten die Jugendfilmtage Wismar, die von der Beratungsstelle für sexuelle Gesundheit und Aufklärung durchgeführt werden, ins Visier und werden die Kosten sowie die sexuellen Orientierungen, die die Filme thematisieren, erfragt. Die Anfrage erkundigt sich außerdem danach, was „die sogenannten lustigen Mitmachangebote, wie Quiz, Kondomführerschein, Verhütungsmittelkoffer und Grabbelsack [sind]“ und ob diese von der Landesregierung speziell gefördert werden (7/3534). Eine weitere Anfrage problematisiert das Hissen der Regenbogenflagge als Widerspruch zur Beflaggungsverordnung (7/5335). Eine Schulbeflaggung mit der Deutschlandfahne sei dagegen erforderlich, da sie identitätsstiftend wirke (7/4440). Genannte Verhandlungen zum Themenfeld Gender und Queer sind in ihrer Argumentation deckungsgleich mit dem Antifeminismus und Antigenderismus rechtskonservativer und extrem rechter Akteure. Hier werden Frauen- und Geschlechterforschung bzw. Gender Studies als unnütz und kostspielig dargestellt, Geschlechtervielfalt abgelehnt und unter dem Kampfbegriff der ‚Frühsexualisierung‘ gegen eine plurale Sexualerziehung von Kindern und Jugendlichen mobilisiert (vgl. z. B. Lang/Trzeciak 2022). Dass dies eine wichtige Präventionsstrategie für den Schutz gegen sexualisierte Gewalt darstellt, wird von der AfD-Fraktion nicht nur an dieser Stelle negiert. In einer Kleinen Anfrage zum Thema „Verbesserungen im Kampf gegen Kindesmissbrauch“ wird ausschließlich die Perspektive des Täters fokussiert, Opferschutz und Prävention für Kinder und Jugendliche spielen dagegen keine Rolle (7/5152).

Die AfD Mecklenburg-Vorpommern hat in der gesamten 7. Wahlperiode eine Große Anfrage gestellt. Diese befasst sich mit Familien und Lebensgemeinschaften im Bundesland und erfragt die soziodemografische Datenlage (7/3145). Auch hier finden sich unter den 140 Fragen einige, die erneut Migration in den Vordergrund rücken. Andere schließen dagegen an die reaktionären Diskurse der Partei in der Familienpolitik an. So wird z. B. gefragt: Wie viele Familien mit Migrationshintergrund gibt es und wie viele Kinder haben sie? Wie viele Ehescheidungen fanden statt und welche Kinder wachsen bei welchen Elternteilen auf? Wie hoch ist die Frauenerwerbsquote? Wie hoch ist der Anteil an Ehepartnern und Alleinerziehenden mit Anspruch auf ergänzende Hilfen? Wie viele adoptierte Kinder leben in „sogenannten Regenbogenfamilien“? Fördert die Landesregierung „die Abtreibung von Kindern“? Neue Themenkonstellationen tauchen auf, etwa die Frage nach „Kosten für Familien wegen Erneuerbare Energiengesetz“. Darüber hinaus werden eigene Forderungen formuliert, wie bspw. ein eigenes „Referat für kinderreiche Familien“.

Bei der Durchsicht der Kleinen Anfragen wird schließlich ein weiteres Thema deutlich, der *Umgang mit politischen Gegnern und unliebsamen Themen und Projekten* (8). Mal werden Organisationen exponiert und problematisiert, insbesondere wenn diese in Arbeitsfeldern aktiv sind, die von der AfD kritisch gesehen werden, wie z. B. die Caritas und die Diakonie als Träger von (konfessionellen) Ehe- und Familienberatungsstellen (7/3740). Ein anderes Mal wird ihre Beteiligung im Jugendhilfeausschuss abgefragt (7/3748). Außerdem wird die Funktion und Unterstützung von MIGRANET (7/935) thematisiert und eine Begründung für ihre Mittelerhöhung sowie deren Zusammenarbeit mit der Landesregierung erfragt. Auch die Förderung für die Alternative Jugend Parchim e.V. (7/563) und von Rostock hilft e.V. gerät in den Blick; zu letzterer werden Auskünfte über „Hinweise auf missbräuchliche Verwendung“ der Förderung erbeten (7/2509). Ferner wird sich über die Zusammenarbeit des Landes mit der Amadeu Antonio Stiftung[3] erkundigt: „Wurden oder werden Projekte der Amadeu-Antonio-Stiftung durch das Land gefördert und/oder genutzt, welche sich inhaltlich explizit gegen im Landtag von MV vertretene Parteien richten?“ (7/2956). Das IKUWO – Internationale Kultur- und Wohnprojekt in Greifswald e.V. wird mit einer Kleinen Anfrage geradezu frontal angegriffen. Hier wird die Gemeinnützigkeit des Jugendtreffs in Frage gestellt und die Institution auch über nichtfachliche Themen angegriffen. So wird sowohl erfragt, wann das letzte Mal die Gemeinnützigkeit überprüft wurde, welche Personen im Vorstand tätig sind, wer „der Geschäftsführer“ ist und ob ein gewerblicher Getränkeausschank betrieben wird (7/2273). Die Kleinen Anfragen der AfD-Fraktion machen hier eine fragwürdige Verwendung von Instrumenten der parlamentarischen Opposition deutlich. Eine Hintergrundrecherche zu den angegriffenen Akteuren zeigt, dass diese vor allem in der Frage der Migration eine liberale Haltung vertreten, Geflüchtete unterstützen, sich aktiv gegen Rassismus einsetzen und eine kritische bis ablehnende Haltung der AfD gegenüber vertreten. Es ist zu vermuten, dass die AfD-Fraktion versucht, über Kleine Anfragen

3 Transparenzhinweis: Die Verfasserin der erbetenen Expertise zu den parlamentarischen der AfD-Fraktion im Landtag von Mecklenburg-Vorpommern ist Mitarbeiterin der Amadeu Antonio Stiftung.

diese Akteure öffentlich vorzuführen, zu diffamieren und letztendlich von ideeller und finanzieller Unterstützung abzuschneiden.

Für die Soziale Arbeit ist noch eine *öffentliche Anhörungsreihe* „Jung sein in Mecklenburg-Vorpommern" im Sozialausschuss in den Jahren 2018 und 2019 erwähnenswert. In den insgesamt acht Anhörungen wirkten neben den elf Abgeordneten des Ausschusses und geladenen Sachverständigen auch zehn Jugendliche mit, die vom Landesjugendring bzw. den Fraktionen benannt wurden. Jede Anhörung stand unter einem bestimmten Thema, z. B. Kinderarmut und Chancengleichheit, Ehrenamt und Erprobungsräume oder Mobilität im ländlichen Raum. Die hier genannten Beispiele entstammen den Protokollen. In einer Sitzung skandalisiert ein AfD-Abgeordneter, dass in der „Stellungnahme jugendlicher Delegierter" die von der AfD berufenen jugendlichen Delegierten ausgegrenzt würden. Einer der beiden Delegierten ist Beisitzer der Jungen Alternative MV, der andere Landeswahlkampfkoordinator 2021 für die AfD MV. Die beiden Delegierten der AfD verfassten sodann zu den Anhörungen eigene Stellungnahmen. Darin erläutern sie beispielsweise, dass der Wunsch nach Absenkung des Wahlalters auf 16 Jahren „schockierend" sei, denn es führe zur Schwächung der Demokratie, da Jugendliche eher geneigt seien, „radikalere Durchsetzungsmethoden zu befolgen". Es stärke zudem „fragwürdige Institutionen, wie der Jugendring in Mecklenburg-Vorpommern". In der Sitzung zu Kinderarmut und Chancengleichheit problematisiert ein AfD-Abgeordneter die von Sachverständigen vorgeschlagene Kindergrundsicherung. Sie könne zur Bezahlung von Suchtmitteln der Eltern statt für die Kinder ausgegeben werden. Zusätzlich hätten ihn die Aussagen zur Willkommenskultur für Kinder mit Migrationshintergrund massiv gestört, „[m]an sollte erst einmal eine Willkommenskultur für alle Kinder schaffen". In der Sitzung zu Ehrenamt und Erprobungsräume, in der es um Beteiligung und Partizipation geht, stellt ein weiterer AfD-Abgeordneter fest, „dass die Jugend ab 16 wählen und überall mitentscheiden möchte. Es könne aber nicht sein, dass Jugendlichen alles auf einem Silbertablett hinterhergetragen werde. Wer sich einbringen möchte, egal in welchem Bereich, habe hierzu auch die Möglichkeiten." Die AfD fordert zudem, die Schulsozialarbeit nur in engen Grenzen zu gestatten: „Die AfD will speziell die Familien stärken und unterstützen, da die Familie der beste Ort für Kindererziehung ist. Schulsozialarbeit sollte die Familie deshalb ergänzen und nicht ersetzen." Die politische Bildung in der Kita lehnt die AfD mit dem Hinweis ab, dass Jugendorganisationen der Parteien und parteinahe Stiftungen für politische Willensbildung zuständig seien. Es gäbe also genügend Möglichkeiten, sich politisch einzubringen. Abgelehnt wird darüber hinaus der sogenannte „Jugend-Check", ein Instrument der Gesetzesfolgenabschätzung für Jugendliche, um deren Belange bei Gesetzgebung besser berücksichtigen zu können: „Es gebe genug Möglichkeiten, nach dem Gesetzgebungsverfahren oder bereits im Gesetzgebungsverfahren eigene

Aspekte vorzutragen. Anderenfalls müsste auch über einen besonderen Senioren- oder Migranten-Check nachgedacht werden." Deutlich wird in den Anhörungen ein eher autoritärer Blick auf Jugendliche, der zugleich Barrieren und Hemmschwellen zur Beteiligung und Partizipation an politischen Entscheidungsprozessen negiert und an die Interessenlosigkeit oder fehlende Selbstverantwortung von jungen Menschen auslagert. Gleichzeitig wird ihnen politische Entscheidungsfähigkeit erst ab der Volljährigkeit zugestanden. Die Debatten stigmatisieren von Armut betroffene Familien, wollen den Einfluss staatlicher Institutionen auf Kinder und Familien reduzieren und provozieren eine künstliche Konkurrenz zwischen einer Willkommenskultur für Geflüchtete, die sie gegen eine „Willkommenskultur für Kinder" setzen.

Resümierend zeigen die parlamentarischen Aktivitäten der AfD, wie sie in den Kleinen Anfragen, Anhörungen und Sitzungsprotokolle deutlich werden, eine starke Verengung der heterogenen Arbeitsfelder, Themen und Adressat:innen der Sozialen Arbeit auf das Thema Migration. Es gibt ansonsten wenig bis keine nennenswerte fachliche Auseinandersetzung oder ausgeübte parlamentarische Kontrolle seitens der AfD in den Handlungsfeldern der Sozialen Arbeit, wie der Kinder- und Jugendarbeit, Schulsozialarbeit, stationären und ambulanten Erziehungshilfen, Förderangebote im Übergang Schule-Beruf, Inklusionsangebote, Bearbeitung von Wohnungslosigkeit oder Suchthilfe, Gesundheitsförderung, der Sozialen Arbeit mit alten Menschen oder in der inter- und transnationalen Bildungsarbeit. Die Analyse zeigt sehr deutlich, dass die AfD-Fraktion soziale Problemlagen monokausal auf das Thema Migration verengt. Deutlich wird auch, wie wenig Expertise Abgeordnete im Bereich der Sozialen Arbeit vorzuweisen haben, einbringen oder erfragen. Die parlamentarischen Aktivitäten zeigen eine autoritäre Law and Order-Haltung, die den Zielen und Methoden einer subjektorientierten Bildungsarbeit z. B. in der Jugendarbeit und der politischen Bildung entgegenstehen. Schließlich zeigt sich auch, wie die Mittel der parlamentarischen Demokratie zur Diskursverschiebung nach rechts und zur Einschüchterung und Diskreditierung politischer Gegner genutzt werden.

Bedrohen

Zu der Variante Bedrohen zählen alle offenen oder verdeckten Versuche psychischer oder physischer Einschüchterung und Verunsicherung, die sowohl auf Einrichtungen Sozialer Arbeit als auch auf Einzelpersonen gerichtet sein können, die in der Sozialen Arbeit tätig sind bzw. Angebote Sozialer Arbeit nutzen. Das Spektrum der Erscheinungsformen in der Variante Bedrohen zeigt sich im empirischen Material in einer großen Bandbreite: von anonymen Beleidigungen bis hin zu manifester körperlicher Gewalt. Im Folgenden werden subtile bis sehr gewaltvolle Formen der Bedrohung exemplarisch vorgestellt.

Das empirische Material und die Hintergrundrecherchen belegen mehrere tätliche Angriffe auf Einrichtungen der Kinder- und Jugendhilfe und der Migrationssozialarbeit, darunter Molotow-, Buttersäure- und Brandangriffe. Das Anklamer Jugendzentrum Demokratiebahnhof steht bereits seit seiner Gründung im Jahr 2014 im Fokus von Angriffen. In 2017 wird der Demokratiebahnhof mit einem Molotowcocktail angegriffen, auch das Auto des Leiters entflammt (Friedrichs et al. 2019, S. 19). Der Brandanschlag erfolgt an einem Abend, in dem im Jugendzentrum LGBTIQ*-Filme gezeigt werden und sich mehrere Menschen im Gebäude aufhalten – dass niemand zu Schaden kommt, ist dem Zufall zu verdanken. Im Dezember 2019 werden zwei junge Menschen vom Jugendgericht in Pasewalk für diese Taten wegen Sachbeschädigung verurteilt. Während das Amtsgericht es als erwiesen ansieht, dass das Gebäude mit Farbbeuteln beworfen wurde und als Tatmotiv die rechtsextreme Gesinnung der beiden Jugendlichen feststellt[4], werden die beiden Täter vom Tatvorwurf der Brandstiftung freigesprochen (Maaß 2019). Im März 2021 schlagen unbekannte Täter:innen mehrere Glasscheiben ein und besprühen das Gebäude des Demokratiebahnhofs mit queerfeindlichen Beleidigungen (Queer Communication 2021). Auch das Jugendzentrum klex, das in Greifswald Angebote der Jugendarbeit wie einen offenen Jugendtreff, Proberäume, Konzerte oder eine Medienwerkstatt organisiert und in dessen Räumen mehrere andere zivilgesellschaftliche Gruppierungen und Vereine tätig sind, wird in den letzten Jahren mehrmals zur Zielscheibe von Bedrohungen. Im Januar 2020 kommt es gleich zu mehreren Vorfällen. Während sich Jugendliche im Zentrum befinden, werfen Unbekannte einen Molotowcocktail in den Eingang der Einrichtung und nehmen Verletzungen der Besucher:innen in Kauf. An den Tagen rund um den versuchten Brandanschlag ruft eine Gruppierung vor dem Jugendzentrum rechtsextreme Parolen und werden Besucher:innen von einer anderen Gruppe mit Feuerwerkskörpern beschossen. Kurz darauf werden vor der Einrichtung außerdem judenfeindliche und volksverhetzende Parolen gerufen (z. B. SZ 2020; Rock gegen Rechts MV 2021). Das gemeinnützige Peter-Weiss-Haus in Rostock, das sich für selbstorganisierte Bildung, Kultur und für Demokratieförderung einsetzt und unter anderem ein Veranstaltungszentrum betreibt, wird über die Osterfeiertage 2018 angegriffen: Die Fenster der Gebäudeteile für die Offene Kinder- und Jugendarbeit und des Hostels der Subraum e.G. werden eingeschlagen. Auch hier ist es nicht das erste Mal. Bereits in der Vergangenheit wurde das Haus von rechtsextremen Personen angegriffen, so

4 Der zum Zeitpunkt 14-Jährige Angeklagte ließ sich anwaltlich vom ehemaligen NPD-Landtagsabgeordneten Michael Andrejewski vertreten, der seit dem Ausscheiden der rechtsextremen Partei aus dem Landtag wieder als Anwalt tätig ist (vgl. Cruzcampo 2019c).

erfolgte in 2012 ein Buttersäureanschlag auf das Gebäude (vgl. PWH 2018). Schließlich berichtet auch das folgende Beispiel über gewaltvolle Angriffe auf mehrere Vereine, die sich für die Demokratie und die Menschenrechte einsetzen, diesmal in der Form von bedrohlichen Belagerungen.

Belagerungen von Migrant:innenselbstorganisationen

In einem gemeinsamen Büro in Stralsund arbeiteten bis 2020 die drei Organisationen Tutmonde, Lola für Demokratie und DaMigra. Der Verein Tutmonde wurde 2006 von Frauen mit einer Migrationsbiografie in Stralsund gegründet, um sich dem Rechtsradikalismus in der Region entgegenzustellen und sich für die Rechte von Kindern und Frauen mit Migrationsbiografie einzusetzen. Lola für Demokratie ist ein Projekt der Amadeu Antonio Stiftung, das an mehreren Standorten in Mecklenburg-Vorpommern Beratungsangebote und Aktivitäten gegen die extreme Rechte durchführt. Das Gemeinschaftsbüro war schließlich auch einer der acht Standorte, an denen DaMigra deutschlandweit einen Sitz hatte. DaMigra ist der Dachverband der Migrant:innenorganisationen in Deutschland, der sich als Interessenvertretung für die gleichberechtigte Teilhabe von Menschen mit einer Migrationsbiografie einsetzt und Migrantinnen und geflüchteten Frauen lokale Unterstützungsangebote anbietet.

Am 23.01.2020 wird das Gemeinschaftsbüro der Vereine von drei mutmaßlich rechtsextremen Männern über mehrere Stunden belagert, während sich die Mitarbeiterinnen der Organisationen in ihrem Büro aufhalten. Offensichtlich dient diese Belagerung der Einschüchterung der Mitarbeiterinnen, auch werden Fotos vom Gebäude gemacht. Als die Mitarbeiterinnen das Büro verlassen, verfolgen die Männer eine der Frauen auf dem Weg zu ihrem Auto und bedrängen sie bis zum Einsteigen (u. a. DaMigra e.V./Lola für Demokratie in Mecklenburg-Vorpommern e.V./Tutmonde e.V. 2020). Der Vorfall wird zur Anzeige gebracht und an die Polizeieinheit MAEX (Mobile Aufklärung Extremismus) wegen des Verdachts auf ein rechtes Tatmotiv gemeldet. Zudem wird eine Kollegin von Tutmonde e.V. angegriffen. Auf dem Weg in die Innenstadt wird sie von einem auf einem Fahrrad vorbeifahrenden Mann gezielt getreten und verletzt. Der Täter kann unerkannt entkommen, eine zweite Anzeige bei der Polizei wird aufgenommen.

Nach diesem Vorfall mussten sich alle drei Vereine zunächst aus dem betroffenen Gebäude zurückziehen, um die Sicherheit ihrer Mitarbeiter:innen und Adressat:innen zu gewährleisten. DaMigra ist im Jahr 2020 ausgezogen, Tutmonde und Lola für Demokratie im Gebäude bis heute geblieben und auf der Suche nach neuen Räumlichkeiten. Das Gemeinschaftsbüro ist – trotz starker Sicherheitsbedenken – inzwischen wieder punktuell geöffnet, denn es stellt insbesondere für geflüchtete Frauen in Stralsund eine wichtige Anlaufstelle dar. Die Situation bleibt für die Fachkräfte, Adressat:innen und ihre Familien allerdings weiterhin bedrohlich. Auch seit der Belagerung ist es erneut zu Attacken auf die Organisationen gekommen und es wurden unter anderem die Fenster mehrmals beschmiert.

Neben den Einrichtungen zielen die Bedrohungen auch auf einzelne Personen. Zunächst einmal sind es die Adressat:innen der Sozialen Arbeit, die solche Bedrohungen erfahren. Auch wenn sie nicht im Mittelpunkt der Untersuchung standen, wurden ihre Bedrohungen von vielen Befragten genannt. Auch die Bedrohungen der Adressat:innen nehmen unterschiedliche Formen an. Mehrmals genannt werden Beispiele für verbale Angriffe im Alltag, darunter diskriminierende Parolen, rassistische und andere menschenfeindliche Beleidigungen oder Gewaltandrohungen, z. B. in der Nachbarschaft oder in den sozialen Medien. Die Fachkräfte berichten auch von antimuslimischen Diskriminierungen von Frauen, die ein Kopftuch tragen und im öffentlichen oder im digitalen Raum Anfeindungen erfahren. Auch finden sich im Material Beispiele für anonyme Bedrohungen von Adressat:innen. So finden die Nutzer:innen einer Migrationsfachstelle anonyme Drohbriefe in ihren Briefkästen oder unter ihren Haustüren, in denen sie aufgefordert werden, die Gemeinde zu verlassen. Fachkräfte nennen außerdem Beispiele, in denen Besitz gezielt zerstört wird, um Adressat:innen einzuschüchtern: *„Also ich höre täglich von Klienten [mit Migrationsgeschichte], dass sie angefeindet werden. Ich habe jetzt gerade einen Fall, wo Klienten umgezogen sind in eine neue Wohnung, in eine größere Wohnung, und da am zweiten Tag dann Sticker von Rechtsextremist:innen an der Haustür klebten, wo das Fahrrad zerstört wurde, also das sind schon aktuelle, akute Sachen“* (M 122-126). Schließlich finden sich im Material auch mehrere Beispiele für physische Übergriffe auf Adressat:innen aus rassistischen Motiven. Einzelne Personen werden z. B. angespuckt oder physisch attackiert; Vorfälle, wie sie auch von LOBBI dokumentiert werden (https://lobbi-mv.de/monitoring/).

Adressat:innen können aber auch innerhalb von Einrichtungen Bedrohungen erfahren, in denen die Soziale Arbeit tätig ist. Neben den bereits genannten Einrichtungen der Jugend-, Demokratie- und Migrationsarbeit gilt das insbesondere für Geflüchtetenunterkünfte. Einzelne Fachkräfte berichten von Belagerungen durch extrem rechte Personen oder von Sachbeschädigungen und Randale vor den Einrichtungen. Es handelt sich um Attacken, wie sie auch durch den Verfassungsschutz dokumentiert sind, der in den fünf Jahren zwischen 2015 und 2019 insgesamt 100 gemeldete Angriffe auf Geflüchtetenunterkünfte zählt, die von Sachbeschädigung bis zur Brandstiftung reichen (MIE 2016-2020). Und ebenso innerhalb der Gemeinschaftsunterkünfte können geflüchtete Menschen Gewalt erfahren. So wird im Material Bezug genommen auf einen Vorfall, der auch dem Flüchtlingsrat bekannt ist: Im Juni 2017 ereignet sich in der Erstaufnahmeeinrichtung Nostorf-Horst ein sexistischer, gewalttätiger Übergriff gegen eine transsexuelle Person aus Honduras. Der Flüchtlingsrat fordert angesichts der fehlenden Schutzmaßnahmen arbeitsrechtliche Konsequenzen für den:die verantwortliche:n Sozialarbeiter:in der Einrichtung und umfassendere Schutzkonzepte von den Verantwortlichen in der Landespolitik (Flüchtlingsrat MV 2017).

Neben den Adressat:innen sind es einzelne Fachkräfte, die Bedrohungen ausgesetzt sind. In allen diesen Fällen handelt es sich um solche Personen, die sich in besonderem Maße für die Menschenrechte und die Demokratie einsetzen, insbesondere in der Migrations- oder Jugendarbeit, der Demokratiebildung oder der Extremismusprävention. Mehrmals werden im Material anonyme Drohbriefe erwähnt, die an bestimmte Fachkräfte adressiert sind: „*Ich selber habe da auch schon die Erfahrung gemacht, als ich noch in meinem vorherigen Projekt gearbeitet habe mit Rechtsextremismus und religiös begründetem Extremismus. Da gab es dann auch schon Anfeindungen gegen mich privat. Das ging dann soweit, dass ich Drohbriefe hatte im Briefkasten oder halt mal einen Aufkleber auf dem Auto mit eindeutigem, rechtem Hintergrund. […] Ich habe das auch von meinen damaligen Kolleginnen mitbekommen, dass es denen ähnlich erging, je nachdem wie aktiv sie auch waren beziehungsweise wie weit sie dann halt auch in der Öffentlichkeit für das Projekt einstanden*“ (I 93-103). Im Material finden sich außerdem zwei Beispiele dafür, dass sich einzelne Personen aus der Sozialen Arbeit auf den so genannten Todeslisten finden, die innerhalb extrem rechter Szenen im Umlauf sind. Solche Listen enthalten persönliche Daten wie Namen, Wohnadressen, Namen und Kontaktdaten von Familienangehörigen und werden mit dem Ziel erstellt, politische Gegner:innen der extremen Rechten persönlich zu bedrohen, einzuschüchtern und folglich in ihrem Engagement zu behindern. Auch wenn es nicht zu Übergriffen kommt, zeigen die Bedrohungen Wirkung: „*Als die Todeslisten aufgetaucht sind und auch Kolleginnen von mir bei [Träger der politischen Bildung] Post bekommen haben, dass sie auf Todeslisten stehen von dem Nordkreuz-Netzwerk. […] Es sind sehr persönliche Sachen von Kontaktdaten eben bis hin zu Wohnungsgrundrissen in solchen Unterlagen vom Nordkreuz gefunden. Kolleginnen von mir standen auf solchen Listen, die gemeinsam mit einer Bestellliste für Leichensäcke gefunden wurde. […] Aber das hat auf jeden Fall bei mir selber noch mal quasi ein neues Kapitel aufgeschlagen, was so die empfundene Bedrohung seitens einer rechten Szene angeht*“ (V 733-749).

Auch die Bedrohungen von einzelnen Fachkräften reichen von verbalen Angriffen bis hin zu tätlichen Angriffen. Zum Teil finden solche Bedrohungen und Auseinandersetzungen in den Einrichtungen statt, aber auch das private Umfeld der Fachkräfte ist nicht vor feindseligen Übergriffen geschützt: „*Und ich kenne auch Beispiele von Kita-Leitungen zum Beispiel, die sich versucht haben GEGEN Einflussnahmen rechtsextremer Eltern zu wehren und die dann zusammengebrüllt worden sind bei sich zu Hause, also wo dann Leute da vorstellig geworden sind und die massiv bedroht haben*“ (L 893-898). Dass die Angriffe bis hin zu physischen Attacken reichen können, wird schon im Beispiel zu den Angriffen auf die Mitarbeiterinnen der Migrant:innenorganisationen deutlich. Im Einzelfall sind Fachkräfte auch vor Anschlägen nicht sicher.

Die Beobachtungen der Fachkräfte zeigen, dass die Bedrohungen Auswirkungen auf die Gestaltung der Praxis und insbesondere auf die Interaktionen zwischen Fachkräften und Adressat:innen haben: *„Diese Bedrohung von der rechten Szene ist mir selber durchaus bekannt und ist auf jeden Fall auch ein Faktor, der mich definitiv beeinflusst, dass ich sehr sorgsam damit umgehe, was ich zum Beispiel in Gesprächen mit den Schüler:innen, die in der rechten Szene verwurzelt sind, von mir preisgebe. Das beeinflusst definitiv meine Arbeit“* (K 755-765). Fachkräften werden die Einflussnahmen der extremen Rechte in ihren Arbeitsfeldern häufig bewusst, weil sie sich der Unversehrtheit ihrer Person nicht mehr sicher sind. Sie sehen sich gezwungen, besondere Schutzmaßnahmen im privaten Bereich wie Sperrung der privaten oder beruflichen Adresse, Einschränkung der Nutzung sozialer Medien bis hin zu Polizeischutz ergreifen zu müssen, die den Alltag und den eigenen Handlungsspielraum mitunter massiv einschränken.

Die geschilderten Bedrohungen werfen Fragen nach Schutzmaßnahmen angesichts der massiven Bedrohungen von Einrichtungen und Einzelpersonen auf, denn institutionalisierte Antworten sind aus der Sicht der Fachkräfte nicht immer und schon gar nicht flächendeckend erkennbar. Auf die Frage nach Reaktionen auf Bedrohungen wird mehrfach die Einschätzung gegeben, dass die Tragweite der Problematik der alltäglichen rechten Handlungspraxis nicht erkannt wird oder dass extrem rechte Aktivitäten nicht als solche wahrgenommen, identifiziert und weiter verfolgt werden: *„Man erkennt das Problem, glaube ich, immer noch nicht ausreichend genug“* (J 458). Selbst wenn es zu massiven Bedrohungen kommt, werden extrem rechte Praktiken heruntergespielt oder ignoriert. Von einer solchen Reaktion bei kommunalen Ansprechpersonen berichtet O, nachdem es zu einer mehrfachen Bedrohung durch extrem rechte Akteure gekommen ist (O 692-700): *„Was war die Reaktion? Also es gab einerseits die Reaktion des, ja/ also des Nivellierens: Ist das wirklich/ Woher wisst ihr, dass das Rechtsextreme waren? Was soll das? War das wirklich so schlimm? Und dann vielleicht das Konkreteste ist: Wenn ihr jetzt laut darüber redet und dazu eine Pressemitteilung MACHT, dann ist das auch schädigend und dann bringt ihr euch in den Fokus, das ist ja wohl das Allerletzte. Also klassisches Nestbeschmutzer-Ding. Du wirst angegriffen und dann sagen dir die anderen, du sollst darüber nicht reden, weil das irgendwie die Dinge noch schlimmer machen würde.“* Nicht alle kommunalen Akteure, Organisationen der Sozialen Arbeit und ihre Träger sind also bereit oder in der Lage, sich eindeutig zu positionieren und angemessene Reaktionen zu suchen. Solche Unentschlossenheit, das Wegschauen der öffentlichen Verwaltung und der politischen Entscheidungsträger:innen verstärkt die Bedrohungen, statt sich ihnen wirksam entgegen zu stellen.

Sozialräumliche Inszenierungen

Zu den sozialräumlichen Inszenierungen zählt eine große Bandbreite im öffentlichen Raum wahrnehmbarer Praktiken wie Sticker- und Flyeraktionen, Flashmobs, Kundgebungen, Verbandsaktivitäten sowie regelmäßig wiederkehrende Gedenkveranstaltungen. Diese finden entweder verdeckt und anonym statt oder sie können erkennbar extrem rechten Gruppierungen wie der Jungen Alternative für Deutschland, der Identitären Bewegung, rechten Kameradschaften, ROGIDA und MVGIDA oder der NPD zugeschrieben werden. Demonstrationen, Kundgebungen und allgemein öffentliche Auftritte sind im Sinne des Viersäulenkonzeptes der NPD ein Aspekt der Strategie der extremen Rechte, die politische Macht in Deutschland zu erkämpfen. Neben den Kampf um Köpfe, Parlamente und den organisierten Willen geht es im „Kampf um die Straße", der bis auf die NS-Zeit zurückgeht, auf die Eroberung des öffentlichen Raumes (vgl. Schulze 2008). Im Zentrum der Variante steht die Demonstration vermeintlicher Stärke, unabhängig davon, wie ausgeprägt extrem rechte Akteure tatsächlich in der Bevölkerung oder im Sozialraum verankert sind.

Wie bereits im Kapitel 5 dargelegt, nutzt die extreme Rechte historische Ereignisse für Demonstrationen und Aktionen, in denen geschichtsrevisionistische oder völkische Ideologien sichtbar und transportiert werden, z. B. zum Tag der Arbeit in Wismar, zum 17. August in Neubrandenburg, zum Tag der Deutschen Einheit in Zarrentin oder in den so genannten Heldengedenken u. a. in Rostock, Waren oder auf Usedom. Eine der bekanntesten sozialräumlichen Inszenierungen findet jährlich am 8. Mai in Demmin statt. Der Gedenktag, der seit 2002 offiziell als „Tag der Befreiung vom Nationalsozialismus und der Beendigung des Zweiten Weltkrieges" begangen wird, wird von Akteuren der extremen Rechten zum „Tag der Trauer" umgedeutet. Seit 2006 findet ein jährlicher ‚Gedenkmarsch' statt, bei dem ein Sarg durch den Ort getragen und im Fluss Peene ein Kranz zu Wasser gelassen wird, um an den Massensuizid der Demminer Bewohner:innen Anfang Mai 1945 zu erinnern und so einen Opfermythos zu platzieren. In Inszenierungen dieser Art will die extreme Rechte öffentlich Stärke beweisen und schafft aus der Sicht vieler Fachkräfte einen bedrohlichen Kontext insbesondere für viele Adressat:innen der Sozialen Arbeit.

Einige befragte Fachkräfte nehmen seit 2015 außerdem eine Zunahme von antimuslimischen Demonstrationen und Kampagnen im öffentlichen Raum wahr (z. B. Tretropp 2019), die mit den Varianten Bedrohen und Agenda-Setting verknüpft werden können. Sie wird z. B. in den verbalen Attacken sichtbar, die Frauen mit Kopftuch erfahren oder in Diskussionen in Einrichtungen der Offenen Jugendarbeit oder des Betreuten Wohnens. Im folgenden Beispielkasten werden Vorkommnisse antimuslimischen Rassismus deutlich, die Herausforderungen von Fachkräften im Umgang mit jungen Menschen in den Fokus rücken, die ein völkisch-autoritäres, exkludierendes Weltbild teilen (siehe auch Kapitel 6.1).

Antimuslimischer Rassismus im Sozialraum

Eine Fachkraft der Kinder- und Jugendhilfe berichtet von den langen Auseinandersetzungen rund um die Einrichtung eines muslimischen Gebetsraumes in der Nachbarschaft der Einrichtung, in der sie arbeitet. Immer wieder finden Protestkundgebungen rund um das Gelände statt, auf dem der Gebetsraum entstehen soll, AfD Vertreter:innen nutzen die Ortsbeiratssitzung zu antimuslimischen Auftritten und schließlich kommt es zu widerwärtigen sozialräumlichen Inszenierungen: Auf dem möglichen Bauplatz werden die Hälften eines abgetrennten Schweinekopfes und weitere Schweinekörperteile verteilt. Einige der Jugendlichen, mit denen die Fachkraft arbeitet, sind an den Protesten gegen den Gebetsraum beteiligt. Dabei wird die antimuslimische Aktivität zu einem Ausdruck jugendlicher Selbstinszenierung und Positionierung: *„Wir sind dabei und wir sind cool"* (Y 183). Die Fachkraft geht auch davon aus, dass einige der Jugendlichen über die Schweinkopfaktion im Vorfeld informiert, wenn nicht sogar direkt an ihr beteiligt waren. Für die Jugendlichen sind die Proteste und Inszenierungen *„sehr, ja, aufregend [...] also endlich passiert halt mal was, ne? Wir machen was. Wir gehören zu einer Gang und wir haben hier Geheimnisse vor anderen Leuten"* (Y 192-194). Kritisch reflektiert die Fachkraft die einseitige Fokussierung der jungen Menschen auf Erlebnisorientierung und Gruppeninszenierung. Durch ihre Beteiligung an den Protesten bekräftigen die jungen Menschen rechte Positionierungen und fördern antimuslimischen Rassismus im öffentlichen Raum aktiv mit. Und während sich also einige Jugendliche, mit denen die Fachkraft arbeitet, an den Protesten beteiligen, sind andere Adressat:innen der Einrichtung von der Diskriminierung ihrer Religion betroffen.

Sozialräumliche Inszenierungen erfolgen ebenso durch Auslagen von neurechten Flyern und das Anbringen von abwertenden und diskreditierenden Graffitis und Stickern an ausgewählten Einrichtungen der Jugendarbeit, der Demokratieförderung und der Migrationssozialarbeit oder in deren Sozialraum. Attacken und Angriffe richten sich häufig gegen Personengruppen, denen bestimmter Merkmale zugeordnet werden und die als *„Feindbildervertreter"* (M 427) mit *„eindeutig (...) menschenfeindlichen oder gruppenfeindlichen"* (M 429) Botschaften konfrontiert und öffentlich diffamiert werden. Dass Graffitis und Sticker auf organisierte Netzwerke zurückzuführen sind, wird den Fachkräften durch die Inhalte und Botschaften wie z. B. „Nazi Area", aber auch durch die konkrete Nennung der Akteure, deutlich. Unter anderem werden die Identitäre Bewegung oder die Nordische Wut als Gruppierungen genannt. Um sich solchen sozialräumlichen Inszenierungen entgegenzustellen, müssen sie zunächst als solche erkannt werden. Das ist aus Sicht der Fachkräfte nicht immer der Fall, insbesondere dann, wenn die Symbole und Akteure mit neurechten Argumentationen oder Slogans hantieren. Sie heben hervor, dass sowohl in den konkreten Einrichtungen Sozialer Arbeit, wie denen der Kinder- und Jugendhilfe einerseits, aber auch in den Ausbildungs- und Schulungsangeboten für Fachkräfte über die Strategien, Symbolik und potenziellen Gefährdungen im Umgang mit der extrem rechten Szene aufgeklärt werden sollte.

Gelegentlich reichen die öffentlichen Inszenierungen weit in die Einrichtungen hinein. So berichtet eine Fachkraft, dass eine Gruppe junger Menschen, die der extremen Rechte angehören, in das Sportangebot einer Bildungseinrichtung platzt und gemeinsam den Hitlergruß zeigt. Mehrmals berichten die Fachkräfte von Drohszenarien, die sich gegen bestimmte Adressat:innengruppen richten. Einen besonders eindrücklichen Fall schildert die Fachkraft U aus dem Betreuten Wohnen. Als ein Bewohner mit Fluchtgeschichte mit einem Mädchen aus dem Ort eine Beziehung eingeht, kommt es zum Konflikt: „*Und als der Vater dieses Mädchens das herausbekommen hat, und dieser Vater ist der rechten Szene zuzuordnen, hat der über soziale Netzwerke ganz viele Personen mobilisiert, ganz viel Hetze betrieben […]. Wir haben im Zuge dessen einen Mob auf/ nachts oder spätabends vor der Einrichtung gehabt, woraufhin wir uns zu unserem Schutz einschließen mussten und die Polizei rufen mussten*“ (U 220-241). Auch wird im Material über Blockaden von Eingängen von Einrichtungen oder Angeboten, z. B. von der Tafel oder von Beratungseinrichtungen berichtet, „*damit hier keiner, der arabisch aussieht oder ein Kopftuch trägt, reinkommt*“ (M 367-368).

Agenda-Setting

Als Agenda-Setting werden Praktiken von einzelnen Personen oder Gruppierungen gewertet, die Diskurse, Themen, Angebote und Positionierungen von Einrichtungen oder Fachkräften der Sozialen Arbeit subtil bis offensiv beeinflussen, um extrem rechten Inhalten und Positionen Geltung zu verschaffen. Solche Praktiken finden sich sowohl im analogen wie im digitalen Raum. Im Unterschied zur vorigen Variante geht es nicht primär um eine Inszenierung der Stärke, sondern die inhaltliche Beeinflussung steht im Vordergrund. Die Fachkräfte berichten vielfach darüber, wie extrem rechte Akteure gezielt Themen platzieren, um die inhaltliche Ausrichtung von Diskursen, einzelnen Angeboten oder auch Strukturen der Einrichtungen zu verändern.

Versuche des Agenda-Settings können auch von den Adressat:innen der Sozialen Arbeit ausgehen. Q z. B. berichtet aus einem Betreuten Wohnen, in dem Eltern rassistische Argumentationen vortragen: „*Und da kamen dann Eltern um die Ecke und sagten, ja, Betreutes Wohnen und ganz gut und hm. Aber, nein, also das kann ja gar nicht sein sozusagen, dass mein Sohn, meine Tochter hier also mit irgendwelchen Ausländern zusammen drinnen ist. Ne? Und dass das also ein Grund war sozusagen zum Beispiel die betreute Wohnform abzulehnen. […] Also da ist/ das habe ich so zwei, drei Mal erlebt, dass das massiv rüber kam, dass das gar nicht geht.*" (Q 225-228). Auch die Gremien der Mitbestimmung können für solche Argumentationen genutzt werden, z. B. wenn Elternteile in Kita- und Schulgremien Entscheidungen im Sinne völkischer Ideologien in Frage stellen: „*Muss das sein, dass wir hier jetzt schon zwanzig syrische Kinder drinnen haben? Wo wir doch wissen, dass zehn deutsche Kinder noch auf der Warteliste stehen*" (A 746-748); oder auch im Kontext der Platzvergabe in Kitas seitens von Elternteilen Fragen gestellt werden wie: „*Sollen nicht Deutsche erst bevorzugt werden und dann andere?*" (D 377-384). Einige Argumentationsfiguren, die von Adressat:innen ausgehen, richten sich gegen Fachkräfte mit einer Migrationsbiografie, die gezielt diskreditiert werden: „*Wir sind ein offenes Haus und zu uns kommen auch Jugendliche, die eben, ja, rechtes Gedankengut mit sich tragen oder auch, ja, das mit ihrer Kleidung äußern oder/ Wir haben hier einen [Nationalität] Mitarbeiter, [Hinweise auf Einrichtung]. Und da sind eben auch Äußerungen gefallen anfänglich wie: Ja, ihr müsst euch nicht wundern, wenn keiner mehr kommt, wenn ihr so einen [rassistische Beleidigung] bei euch arbeiten lasst oder solche Sachen, ne? […] Du musst dich nicht wundern, wenn wir nicht mehr kommen. Sage ich so: Warum? Ja, wenn du da so ein [rassistische Beleidigung] beschäftigst und wenn dann immer da [rassistische Beleidigung] sind, dann wollen wir da nicht hin*" (B 53-60; 189-192). Rassistische Argumente dieser Art werden mehrfach im Material benannt. Andere rassistische Argumentationen finden sich in Versuchen von Adressat:innen, Neid-Debatten in Einrichtungen anzuzetteln, um so einzelne Adressat:innengruppen gegeneinander auszuspielen: „*Ihr seid die Einheimischen und ihr müsst hiervon, ne, so und so viel leben und ihr kriegt hier bloß eine Dreiraumwohnung zugewiesen. Und da drüben, der Ahmed mit seiner Frau und die zwei Kinder, die haben sogar das und das (…). Und guck mal, die laufen in Markenklamotten rum und guck mal, die haben dies, und guck mal, die haben das*" (F 545-549). Im Material zeigt sich außerdem, wie es extrem rechten Akteur:innen gelingt, Adressat:innen bestimmte Einzelfälle mit Bezug zu Migration oder Gender zu skandalisieren oder aktuelle politische Entscheidungen zu kommentieren und zu konterkarieren.

Fachkräfte beobachten auch, dass zivilgesellschaftliches Engagement zum Einfallstor für rechte Positionierungen werden kann: „*Also dass dann da eben noch Freiwillige kommen, die jetzt nicht irgendwo gebunden sind und die sagen: Komm, ich unterstütze dich hier in der handwerklichen Arbeit hier auf dem Baukinderspielplatz. Ich bringe mal meine Handbohrmaschine mit und bringe mal auch einen Meter Holz mit und so weiter, damit wir hier für die Kinder mal noch irgendwas basteln können und so weiter. Dann hat er sich natürlich erstmal ge-*

freut: Ach, guck mal, von außen kommt auch Unterstützung, nicht bloß immer, wo ich betteln muss und so weiter. Dass dann aber über diese Unterstützung bestimmte Sachen dann reingetragen wurden, da wurde dann nicht konsequent dagegen argumentiert, WEIL, wie ich das nun wieder sage, keiner ist unpolitisch, jeder irgendwo vertritt eine Meinung oder eine Position" (F 636-645). Den Fachkräften ist es bewusst, dass die in die Institutionen getragenen rechten Positionierungen die Sozialarbeitenden vor komplexe Herausforderungen stellen. Wenn extrem rechte Argumentationsweisen nicht argumentativ aufgefangen werden, stellt das ein Gefährdungspotenzial für Adressat:innen, Fachkräfte und Grundprinzipien der Arbeit dar.

Agenda-Setting erfolgt auch im digitalen Raum. Auf Blogs, Internetseiten und in den sozialen Medien werden Ziele, Positionierungen oder auch Praktiken von Einrichtungen hinterfragt und gezielt angegriffen, herabgewürdigt und verunglimpft, wenn diese rechten Positionen entgegengesetzt sind bzw. entgegentreten. Der nächste Beispielkasten stellt ein solches Beispiel aus dem digitalen Raum vor.

Agenda-Setting digital: Radikalisierung und Verunglimpfung statt echtem Dialog

Eine Fachkraft aus einem sozio-kulturellen Zentrum berichtet über strategische Landnahmeversuche von Akteuren aus der extrem rechten Szene, die sich auf der Facebook-Seite der Einrichtung in die Diskussion subversiv einbringen und zunächst ohne eine Radikalisierung der Sprache und ohne Aggressivität Meinungen und Positionierungen vortragen. Die Fachkraft beschreibt, dass die Debatten zunächst offen und pluralistisch geführt werden, bis sich rassistische Argumentationen mehren wie „Wie würdest du dich denn fühlen, wenn dein Kind vom Afghanen aufgeschlitzt wird?" (A 639). In den weiteren digitalen Einträgen kommt es zu zahlreichen Kommentaren verschiedener Personen, die ebenfalls rassistische und autoritäre Argumentationen vortragen. Die Fachkraft vermutet hier eine strategische Vorgehensweise organisierter Gruppen, die auch auf die Adressat:innen der Einrichtung zielt: „Und da ich davon ausgehe, dass also ein Teil der Besucher dieses [...] Kulturzentrums eben auch Facebook verfolgen von ihrem Freizeitzentrum, verfolgen sie natürlich auch diesen Dialog. Und dieses weichgespülte rechtsextremistische Gedankengut" (A 660-663). Die professionelle Herausforderung laut der Fachkraft besteht darin, die Diskurse in den digitalen Räumen der Einrichtungen zu verfolgen, mitzugestalten und den rechten Positionierungen in den sozialen Medien, in Foren, Chats und Blogs stets klare Positionierungen entgegenzusetzen.

Agenda-Setting ist für Fachkräfte auch deswegen nicht immer gleich erkennbar, weil extrem rechte Akteure in den letzten Jahren mitunter angepasster agieren und auf einen wertschätzenden Beziehungsaufbau setzen: „*persönliche Beleidigung und sowas passiert einfach nicht mehr, auch nicht gegen meine Familie oder gegen andere Jugendliche. Die sind jetzt halt geschickter geworden, ne? Die sind halt sehr freundlich, sehr hilfsbereit. Die wollen sich ja keine Feinde machen, im Gegenteil. Sie wollen ja akzeptiert werden. Es geht darum, dass man sie akzeptiert. Und darüber hinaus diese Beziehung aufbaut, also, ne, du kannst mich ja eigentlich gut leiden. Also eigentlich magst du mich ja, dann akzeptiere auch meine Meinung. Und dadurch werden sie halt immer stärker und immer mehr*" (B 724-736). Durch eine auf Akzeptanz, Sympathie sowie Vertrauen setzende Beziehungsgestaltung wird Zugang zu den Einrichtungen und deren Besucher:innen erarbeitet, um Themen zu setzen und darüber Diskurse beeinflussen zu können.

Mehrere Fachkräfte berichten über das von der AfD in Mecklenburg-Vorpommern zum Schuljahresanfang 2019/20 initiierte digitale Meldeportal ‚Neutrale Schule', das sich auch auf die Soziale Arbeit auswirkt. Die Partei fordert Schüler:innen auf, vermeintliche ‚Verstöße' von Lehrkräften gegen das Neutralitätsgebot im Unterricht zu melden. Die Kampagne betrifft nicht nur Lehrer:innen sondern auch Fachkräfte in der Schulsozialarbeit und in der Demokratiebildung. Fachkräfte geben an, dass bereits das Vorhaben verunsichert und offene Positionierungen für demokratische Werte durch die Kampagne erschwert werden: „*Also wenn man sich nur mal noch mal erinnert an diese Plattformen, wo Lehrkräfte angezeigt werden können, wenn sie also eine vermeintlich nicht neutrale Haltung in der Schule einnehmen und zum Beispiel über die AfD sprechen. Das verändert, also zumindest den Themenbereich, in dem ich eben arbeite, politische Bildung ist es ja in erster Linie, immens. […] Es gibt auch Lehrkräfte, die der AfD nahestehen, die die AfD wählen. Und mit diesem Wissen überlegt man sich das zwei Mal, was man sagt und welche Projekttage man auch anbietet, ne?*" (I 330-348). Zwar wurde das ‚Meldeportal' vom Landesdatenschutzbeauftragte Heinz Müller untersagt und scheiterte die AfD mit einer Klage gegen das Verbot vor dem Verwaltungs- und dem Oberverwaltungsgericht (Reißenweber 2019; A 1598/19 SN, Beschluss vom 02.12.2019). Wirkung entfaltet die Kampagne aber dessen ungeachtet und auch die Internetseite ist bis heute aktiv (Stand: November 2021).

Auch über die Schule hinaus hat der Diskurs um die vermeintliche Neutralität von Bildungsangeboten vielfältig Eingang in die Wahrnehmungen der Fachkräfte gefunden, Bezüge auf Neutralität finden sich an vielen Stellen im Material. Und ganz ähnliche inhaltliche Verschiebungen haben die politischen Angriffe der Partei auf bestimmte Felder und Themen der Sozialen Arbeit auf kommunaler und landesweiter Ebene zur Folge. Fachkräfte der Sozialen Arbeit nehmen mögliche Angriffe vorweg und verändern ihre Positionierungen im Vorhinein. So berichtet z. B. N, eine Fachkraft aus der Jugendarbeit: „*Eben mit diesem Hintergrund von [parlamentarischen] Anfragen von der AfD, oder dass eben so Förderungen in Frage gestellt werden und ja, dass manchmal einfach so eine Vorsicht ist, so. Wir haben eigentlich einen Kern, einen Inhalt, wir wollen uns zum Beispiel für die Aufnahme von Flüchtlingen positionieren. Oder wir wollen uns solidarisieren mit den Geflüchteten in Moria in Griechenland, oder verschiedene Sachen. Und dass das eben dann schon oft die Frage ist: Okay, wenn wir das jetzt machen, sind wir dann Angriffen/ oder beziehungsweise inhaltlichen Angriffen ausgesetzt, ne?*" (N 583-590). Agenda-Setting führt also auch ohne dass es zu direkten Auseinandersetzungen kommt, zu Verschiebungen im Denken und Handeln.

Die dargestellten vier Varianten externer Einflussnahmen Strukturen Angreifen, Bedrohen, sozialräumliche Inszenierung und Agenda-Setting zielen auf etablierte Einrichtungen, Angebote, Strukturen und Fachkräfte Sozialer Arbeit und zeigen sich als wirkungsvolle Interventionen. Handlungsmöglichkeiten von Fachkräften und Adressat:innen sollen beeinflusst und bedroht, gelenkt oder eingeschränkt werden, Aktivitäten und ganze Einrichtungen angegriffen, zurückgedrängt und gefährdet werden. In allen Varianten kann das Ringen um gesellschaftlichen Einfluss und der Versuch der Diskursverschiebung nach extrem rechts als handlungsleitendes Motiv ausgemacht werden. Die Themen, die in den Varianten der externen Einflussnahmen zur Geltung kommen, weisen vielfache Parallelen zu den Themen auf, die auch bei den internen Praktiken verhandelt werden. Sie werden im nächsten Unterkapitel vorgestellt.

6.3 Interne Praktiken

Als interne Praktiken werden Handlungsformen verstanden, die dazu geeignet sind, innerhalb der etablierten Sozialen Arbeit auf Themen, Strukturen, Personen, Angebote oder Konzepte einzuwirken. In der Onlinebefragung wurden die Fachkräfte aus Mecklenburg-Vorpommern gefragt, ob ihnen Einflussnahmen von rechts auf Haltungen und Angebote innerhalb der Sozialen Arbeit bekannt seien. Neben einer hohen Anzahl von Befragten, die auf diese Frage nicht antworteten, zeigt sich folgendes Bild: 40 Fachkräfte geben an, dass sie Kenntnis über solche Einflussnahmen und deren Versuche haben. Weitere 84 Fachkräfte haben keine Kenntnis von konkreten Vorfällen, können sich jedoch vorstellen, dass es zu Einflussnahmen kommt. Lediglich 31 der Befragten kennen solche Einflussnahmen nicht und können sich auch nicht vorstellen, dass es zu solchen Einflussnahmen kommen kann (siehe Tabelle D, S. 43). Damit verfestigt sich ebenso in dieser Kategorie die These, dass rechte Einflussnahmen innerhalb der Sozialen Arbeit für viele Fachkräfte in Mecklenburg-Vorpommern eine Realität und für die meisten zumindest eine erwartbare Möglichkeit darstellen.

Von denjenigen, die Einflussnahmen kennen (n=40, Mehrfachnennungen möglich, Tabelle O), werden am häufigsten Adressat:innen (14 Nennungen), gefolgt von Kolleg:innen (10 Nennungen) und Vorstände bzw. Personen außerhalb des operativen Geschäfts (8 Nennungen) als Akteure angegeben. Immerhin drei Fachkräfte identifizieren die Leitung einer Einrichtung als Quelle der Einflussnahme.

Tabelle O: Akteure interner Einflussnahmen (n=40, Mehrfachnennungen möglich)

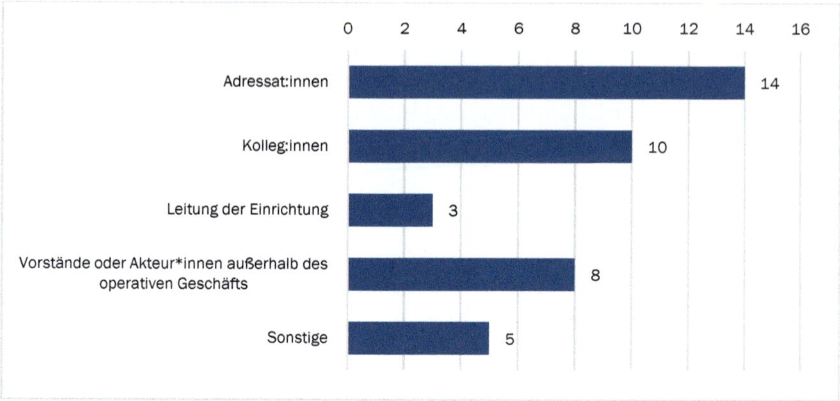

Gefragt nach der Art der internen Einflussnahmen (n=40, Mehrfachantworten möglich) benennen 18 Personen die Veränderung des Redens und Sprechens zwischen Kolleg:innen und 17 Personen die Veränderung des öffentlichen Redens und der Darstellung (Tabelle P). Sie werden gefolgt von Veränderungen der Zielgruppe (14 Nennungen) sowie die Verwendung einschlägiger Symbole, Zeichnungen oder Bilder (10 Nennungen), die mutmaßlich vor allem von den Adressat:innen der Sozialen Arbeit ausgehen – diesen Schluss legen zumindest die Expert:inneninterviews nahe.

Tabelle P: Arten der internen Einflussnahmen (n=40, Mehrfachnennungen möglich)

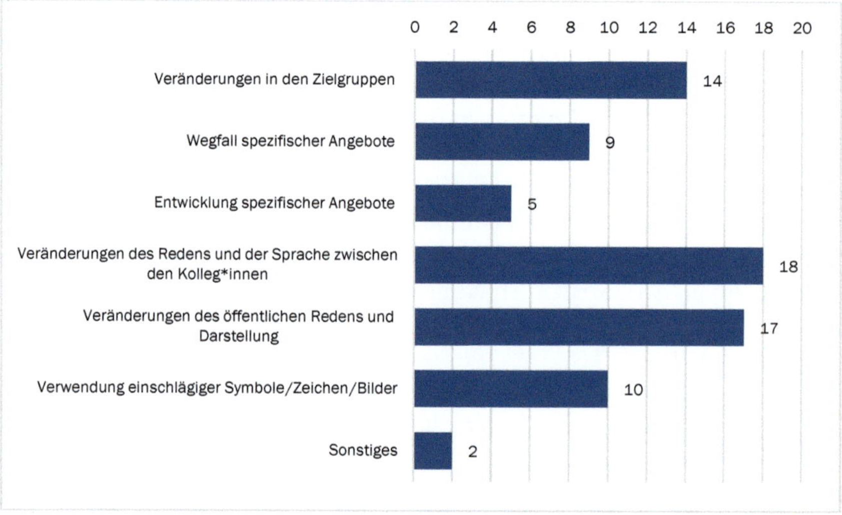

Aus der inhaltsanalytischen Auswertung der verschiedenen Daten gehen vier Varianten der internen Praktiken hervor, die quer zu den verschiedenen Arbeitsfeldern der Interviewten liegen. Sie beinhalten Praktiken von Fachkräften ebenso wie solche von Adressat:innen, freiwillig Engagierten oder anderen Beteiligten innerhalb der Organisationen (z. B. technischem Personal, Leitungspersonen, Mitarbeiter:innen im öffentlichen Dienst u. a.). Die Varianten der internen Einflussnahmen werden hier für eine analytische Betrachtung voneinander getrennt dargestellt und analysiert. Sie stecken in der Kategorie Interne Praktiken das Spektrum der Möglichkeiten ab. Die Verwobenheit und Bedingtheit von Varianten wird dennoch in zahlreichen Beispielen deutlich. Die fünf zentralen Varianten lauten: Präsenz extrem rechter Personen, Diskriminierende Sprache, Extrem rechte Diskurse und Ausschluss aus Angeboten. Quer dazu liegt die Variante Unterlassen und Dulden, die häufig eine Bedingung für die anderen genannten Varianten darstellt und zum Gelingen von Einflussnahmen innerhalb der Sozialen Arbeit beiträgt.

Das empirische Material gibt kaum Auskunft über die Motivationen einzelner Personen. Warum geht eine rechtsextreme Person als Erzieher:in einer Arbeit in einer Kindertagesstätte nach? Handelt es sich um eine gezielte Landnahme? Inwieweit nimmt sie aktiv Einfluss auf die bspw. konzeptionelle Ausgestaltung der Kita? Diese Fragen bleiben für den Einzelfall offen. Strukturell zeigen die Befunde aus dem Material jedoch, dass es zu gezielten Einflussnahmen in der Sozialen Arbeit kommt, dass extrem rechte Akteure in ihren Arbeitsfeldern strategisch und subtil bis mitunter massiv Einfluss nehmen, dass Fachkräfte rechte Sprache und Handlungen dulden und/oder sie nicht als solche einordnen können.

Außerdem fällt auf, dass in den Interviews häufig von freiwilligem Engagement und Ehrenamt in sozialen Handlungsfeldern gesprochen wird. Auch wenn die Engagierten nicht zu den professionellen Fachkräften zählen, sind sie dennoch Teil institutionalisierter Sozialer Arbeit. Zudem überschneiden sich in einigen Arbeitsfeldern die Rollen von Adressat:innen und Engagierten, wenn das Ehrenamt die Form der institutionellen Einbindung von Adressat:innen ermöglicht (bspw. in Elternräten in Kindertagesstätten). Freiwillig engagierte Personen werden folgend aus diesen Gründen bei der Betrachtung der internen Einflussnahmen berücksichtigt.

Präsenz extrem rechter Personen

Die Fachkräfte berichten über Kenntnisse zur Präsenz von extrem rechten Personen innerhalb etablierter Organisationen der Sozialen Arbeit. Diese Variante der internen Einflussnahme kann als Schnittstelle zur Kategorie Externe Einflussnahmen (Kapitel 6.2) verstanden werden. Zum einen kann über den Versuch der gezielten Landnahme gesprochen werden, zum anderen gehen die

Einflussnahmen von Fachkräften, Engagierten sowie Adressat:innen aus, die sich der extremen Rechten zugehörig fühlen bzw. deren Diskurse sie aufgreifen und mit Ideen der extremen Rechten sympathisieren.

Häufig wird von Adressat:innen gesprochen, die der extremen Rechten zugeordnet werden. Viele Fachkräfte berichten von extrem rechten Jugendlichen, z. B. in Angeboten der Offenen Jugendarbeit sowie in der ambulanten und stationären Jugendhilfe, die durch Kleidung, Musik und in Gesprächen ihre Zugehörigkeit nach außen zeigen. Ebenso thematisiert werden extrem rechte Eltern, die im Rahmen ihrer Möglichkeiten versuchen, Einfluss auf Angebote der Sozialen Arbeit zu nehmen, indem sie bspw. beantragen, dass ihr Kind nicht mit „Migrant:innen" in einer Wohngruppe leben solle. Wenn Adressat:innen extrem rechten Szenen zugehörig sind, wird das häufig zu einer fachlichen Herausforderung: *„Es gab vermehrte, ja, Vorkommnisse an Schulen auch, wo Kinder mit spezieller Kleidung dann aufgetreten sind. Oder auch in Kitas, Kinder Lieder gesungen haben, die dem rechten Spektrum zuzuordnen sind. Oder zum Beispiel im Sandkasten Judenvergasung gespielt haben und so. Und diese verschiedenen Erzieherinnen und Erzieher, die das dann wahrgenommen haben, die haben dann gesagt: Also wir haben hier, glaube ich, ein Problem. Die Kinder sind von zuhause aus so schon indoktriniert, und machen da gewisse Sachen, da müssen wir jetzt was gegen tun"* (V 314-326). Dieses Beispiel zeigt deutlich die Herausforderungen für das pädagogische Fachpersonal. Denn einerseits ist es für diese Kinder besonders wichtig, weiter Einrichtungen zu besuchen, in denen die Effekte extrem rechter Erziehung abgemildert werden bzw. denen dort etwas entgegengesetzt werden kann. Andererseits stoßen Fachkräfte an ihre pädagogischen Grenzen: *„Erstens wüssten wir gerne, wie wir damit pädagogisch umgehen können, also was können wir den anderen Kindern sagen? Aber auch: Wie können wir mit Kindern umgehen, die zum Beispiel aus rechtsextremen Familien kommen und sich entsprechend äußern? Also ganz harmlos und unbedarft einfach das erzählen, was ihnen an Wertesystemen zu Hause begegnet. Und da hilft es ja auch nicht, dann irgendwie auf ein kleines Kind loszugehen und zu sagen: Wie kannst du es wagen, sowas zu sagen? Sondern da ist ja eine sehr viel feinfühligere Umgehensstrategie gefragt, um diese Kinder auch nicht in eine völlige Zerreißsituation zu bringen. Also das sind alles Fälle, die wir erleben und die sind sehr, sehr häufig"* (L 367-379). Für den Umgang mit diesen Familien müssen Fachkräfte dann häufig externe Hilfe durch Beratungsnetzwerke im Bundesland in Anspruch nehmen (dazu Kapitel 7).

Solche Versuche lassen sich allerdings nicht nur bei Adressat:innen feststellen, sondern auch bei den Fachkräften selbst. Im Material finden sich Beispiele für Fachkräfte der Sozialen Arbeit in der Kita, im Hort, der stationären Jugendhilfe und in der Schulsozialarbeit. Die mögliche Präsenz extrem rechter Fachkräfte und die Gefahren, die von ihnen ausgehen können, werden häufig thematisiert. Die Berichte verweisen auf ein strategisches Vorgehen mit dem

Ziel der Unterwanderung bestehender Angebote: „*Also sie versuchen, in die Institutionen selber reinzukommen, sei es hauptamtlich oder ehrenamtlich, und in den bestehenden Strukturen Einfluss zu nehmen. Also nicht selber nochmal dazuzupacken, ein additives Angebot. Sondern eher versuchen, die bestehende Landschaft zu unterwandern und zu nutzen*" (L 98-102). Zudem haben extrem rechte Fachkräfte weitreichende Einflussmöglichkeiten, insbesondere, wenn sie in bestimmten Schlüsselpositionen beschäftigt sind bzw. Entscheidungsträger:innen sind.

Die Befunde deuten darauf hin, dass insbesondere sozialpädagogische Handlungs- und Arbeitsfelder von Personen besetzt werden, die der extremen Rechten zugeordnet werden können, vor allem in Kindertagesstätten oder in der Schulsozialarbeit: „*Im Bereich der Schulsozialarbeit gab es einzelne Fälle, die/ wo ich das mal selber in der Praxis gemerkt habe, wo dann eine Schulsozialarbeiterin mir gegenüberstand, die wenig mit ihrer Ideologie hinterm Berg gehalten hat, also wo relativ schnell klar war, in welches rechte De/ also gerade so AfD Spektrum so. Populistisches Denken, Verschwörungsdenken […]*" (T 138-143). Die Reichweite der möglichen Einflussnahmen und die Gefahr, die vom konstanten pädagogischen Einfluss auf Kinder und Jugendliche ausgeht, wird dann wie folgt gefasst: „*Und es geht natürlich auch um, und das ist natürlich das Schwierigste und Gefährlichste, es geht eben um eine pädagogische Einflussnahme*" (L 140-142). *[…] Alles, was mit Pädagogik zu tun hat. ALLES, was mit Pädagogik zu tun hat, und zwar beginnend tatsächlich mit der Kita. GANZ wichtig: die ganzen Ausbildungsbezüge, die mit Erziehung zu tun haben. Also Erzieherinnenfachschulen […]*" (L 817-828). Schilderungen extrem rechter Fachkräfte finden sich ebenfalls in der Kinder- und Jugendhilfe: „*Es gibt Mitarbeiter, die dort sehr/ die dort sich einem Klientel bewegen, das man der rechten Szene zuordnen kann, beziehungsweise die eine große Affinität unter anderem zu diesem Motorradclub hat, der ja auch so ein bisschen in diese rechte Szene geht. Da gibt es einen führenden Mitarbeiter, die dort teils mit organisiert sind, die freundschaftlich verbunden sind. Ja. Das strahlt schon sehr rein*" (U 599-603).

In den Interviews finden sich immer wieder Verweise auf die mögliche Gefahr offener und verdeckter Einflussnahmen von Personen innerhalb der Sozialen Arbeit, der frühkindlichen Bildung, Betreuung, der Pflege und im Ehrenamt, deren Denken und Handeln der extremen Rechten zugeordnet werden können. Diese knüpfen in den Berichten häufig an Kenntnisse über die Graswurzelstrategie der extremen Rechten seit den 2000er Jahren an, die grundsätzliche Systemveränderungen in einer völkisch-nationalistisch geprägten Weise anstrebten. Speziell die verdeckten, subtilen Formen der Einflussnahme werden als kaum erkennbar und als sehr schwierig zu problematisieren gedeutet. Prekär kann in diesem Zusammenhang der derzeitige Fachkräftemangel (vgl. Fuchs-Rechlin 2021) in nahezu allen sozialen Handlungs- und Arbeitsfeldern gesehen werden. Er birgt die Gefahr, dass Hintergrund, Einstellungen und Haltung der Fachkräfte und der Engagierten nicht genügend beleuchtet werden und es extrem rechten Personen leichter gelingt, innerhalb der Strukturen Sozialer Arbeit Fuß zu fassen.

Extrem rechte Personen in Kindertagesstätte und Hort

Zahlreiche Beispiele im qualitativen Material thematisieren engagierte Personen in Kindertagesstätten, die in den Trägerorganisationen und Gremien von Einrichtungen (ehrenamtlich) tätig sind. Die Befragten berichten z. B. von Eltern, die der extrem rechten Szene zugehörig sind bzw. mit extrem rechten Positionen sympathisieren und Positionen in Elternräten von Kindertagesstätten besetzen (Person A, Person L, Person U, Person S): *„[...] dass da einer der als stadtbekannter Rechtsaffiner bekannt ist, eben in Elternrat gewählt worden. Eine sehr eloquente Persönlichkeit, sagen sie. Immer auch dabei was zu organisieren. Immer präsent, wenn es darum geht, dass da sauber gemacht wird, dass da ein [unv.] gemacht wird. Auch im/ also niemals so/ also nicht offen faschistisch oder so. Sondern/ aber schon klar völkisch-national und was er von den Flüchtlingen denkt und die muss man natürlich jetzt nicht ertrinken lassen, aber man muss sie auch nicht unbedingt hier reinholen. Und aber ach, ja komm, so kannst du denken. Aber du bist ja eigentlich ein ganz netter Kerl und kümmerst dich hier um alles. Komm, wir wählen dich da rein. Zack, saß der im Elternrat“* (A 760-770). In diesen relativ einfach zu besetzenden Positionen kann u. a. auf die Themen und die Ausgestaltung von Angeboten, die Konzeption der Einrichtungen, auf die Besetzung von Mitarbeiter:innen-, Praktikant:innen- sowie Freiwilligendienststellen (§ 8 Abs. 4 KiföG M-V) Einfluss genommen werden. Folgend ein Beispiel, das die Diskussion um die Beschäftigung von Menschen mit Migrationsgeschichte im Team einer Kindertagesstätte schildert: *„Und es ist sehr interessant, dass die Teams dann in solchen Situationen, wenn es darum geht, ‚Nehmen wir die Kollegin auf? Wollen wir, dass die ein Praktikum machen?‘, die sitzen dann und die Hände gehen gar nicht höher, über die Brust verschränkt. Aber es wird keiner aufstehen und sagen ‚Aber wir wollen die hier nicht.‘, sondern es geht immer ‚Hm.‘, es wird gar nichts gesagt und dann am Ende kommt es ‚Aber die Elternvertreter haben gesagt: Das möchten wir nicht‘“* (S 614). Die exemplarischen Beispiele stehen für Aktivitäten von Personen, die darauf ausgerichtet sind, bestehende Strukturen innerhalb sozialer Angebote und Einrichtungen im Sinne ihrer Ideologie zu beeinflussen und Fachkräfte, die diese Einflussnahmen dulden.

Bekannt sind ebenso Fälle, in denen Erzieher:innen in Kindertagesstätten oder Horten selbst der rechten Szene angehören oder enge Verbindungen zu ihr pflegen. In den Interviews wird der Fall einer Erzieherin in Ausbildung geschildert, die während einer Weiterbildung durch extrem rechte Äußerungen auffällt. Sie versucht, die Inhalte der Weiterbildung durch kritische Nachfragen und rechte Argumentation zu vereinnahmen und die Gruppe der Kolleg:innen zu beeinflussen (Interview A). Ein weite-

rer der deutschlandweit bekanntesten Fälle stammt aus Mecklenburg-Vorpommern: Die Inhaftnahme eines Horterziehers aus Barth (Landkreis Vorpommern-Rügen) im Jahr 2012, der als ein Mit-Betreiber des rechtsextremen Forums Thiazi-Netz gilt, löste eine weite Diskussion über rechte Einflussnahmen im Kita-/Hortbereich aus.
Vereinzelt gibt es legislative Bemühungen, dem Einfluss extrem rechter Akteure in sozialen Arbeitsfeldern zu begegnen. Seit dem 01.08.2010 gibt es in Mecklenburg-Vorpommern den Erlass zur „Gewähr für eine den Zielen des Grundgesetzes förderliche Arbeit bei der Erlaubniserteilung für den Betrieb von Kindertageseinrichtungen" (Erlass des Ministeriums für Soziales und Gesundheit vom 20. Juli 2010 – IX 220), der Kita-Betreiber:innen verpflichtet, mit einer Selbsterklärung nachzuweisen, dass sie und ihre Mitarbeiter:innen im Sinne der demokratischen Grundordnung arbeiten. Bei freien Trägern müssen persönliche Erklärungen aller Beteiligten abgegeben werden. Wo dieses Bekenntnis verweigert wird, erfolgt keine Erlaubnis für den Betrieb einer Kindertagesstätte. Die Jugendämter der Landkreise und kreisfreien Städte werden zudem grundsätzlich um Stellungnahme gebeten, ob und inwieweit Träger eine Gewähr für eine den Zielen des Grundgesetzes förderliche Arbeit bieten. Der Erlass war eine Reaktion auf die sich häufenden Versuche extrem rechter Akteure, Genehmigungen für die Leitung von Kindertagesstätten zu erhalten.

Diskriminierende Sprache

Eine zweite Variante der internen Praktiken ist die Nutzung diskriminierender Sprache im Arbeitsalltag. Diese Variante zeigt Überschneidungen zur Präsenz extrem rechter Personen innerhalb der Sozialen Arbeit. Die Enttabuisierung von Sprache verweist in den Augen vieler befragter Fachkräfte auf eine deutliche Verschiebung der Grenzen des Sagbaren nach rechts. Das bedeutet jedoch nicht, dass jede Fachkraft oder jede:r Adressat:in, die diskriminierende Sprache nutzt, einer geschlossenen rechten Szene zuzuordnen ist – gleichwohl wird eine thematische Positionierung deutlich, die sich aus extrem rechten Logiken konstituiert. Die Nutzung diskriminierender Sprache umfasst dabei die Reproduktion von Stereotypen und Vorurteilen, die sprachliche Ausgrenzung von verschiedenen Adressat:innengruppen bzw. insultives Vokabular und in der Steigerung dieser Formen ebenfalls die Nutzung von Hassrede, also die gezielte sprachliche Herabsetzung und Verunglimpfung von Personen und Menschengruppen (vgl. Meibauer 2013).

Aus den Interviewerzählungen geht hervor, dass diskriminierende Sprache weniger in öffentlichen oder vorstrukturierten Arbeitskontexten wie Teambesprechungen oder Fallgesprächen genutzt wird. Vielmehr ist es die Kommunikation innerhalb des Halbprivaten, der informelle Austausch zwischen wenigen Kolleg:innen am Arbeitsplatz, der besonders anfällig für die Nutzung diskriminierender Sprache zu sein scheint: *„Natürlich gehen die Leute damit* *nicht explizit in die Öffentlichkeit und hängen es an die große Glocke, aber so im stillen Kämmerlein beziehungsweise UNTER Kollegen […]*" (M 562-564). Diskriminierende Sprache gegenüber Adressat:innen begegnet den Fachkräften in unterschiedlichen Formen, informell und im Vertrauen oder als vermeintlich harmlose Witze: „*Also wenn man so Witze macht gegen/ oder Behindertenwitze, rassistische Witze so. So zum Beispiel: Ich habe nichts gegen [rassistische Bezeichnung], jeder sollte einen haben oder so, ne? Also solche Dinge, die werden einfach toleriert. Und eine Reaktion dagegen, also wo ich dann ganz klar sage: Ey, sowas will ich hier nicht hören, ne? So einen rassistischen Scheiß oder so. Ja, war doch nur Spaß. War doch nur Humor. Also ne? Also so Verharmlosung […]*" (B 615-621). Diese Formen der Diskriminierung sind Subtext des Arbeitsalltags, werden häufig geduldet oder verharmlost, falls diskriminierende Fachkräfte mit ihrem Handeln konfrontiert werden. Betroffen sind ebenfalls Fachkräfte mit Migrationsgeschichte, die bei der Arbeit direkten und indirekten Diskriminierungen ausgesetzt sind. Im folgenden Beispiel berichtet eine Fachkraft von den Erfahrungen eines Kollegen mit Migrationsgeschichte: „*[…] der mir oft erzählt, wie schwierig das ist, was für Bemerkungen er sich teilweise aus dem Kollegenkreis anhören muss. […] Wie die ihn als Ausländer und/ also das ist noch sehr harmlos ausgedrückt, aber wie die ihn oft auch titulieren und behandeln*" (U 666). Besonders deutlich wird zudem die Nutzung von Hassrede gegenüber Adressat:innen als gezielte Herabsetzung und Diskreditierung von Menschengruppen. Als explizite Beispiele für die Nutzung von Hassrede werden in den Interviews genannt: die Nutzung des Wortes „*[rassistisches Schimpfwort]*" im fachlichen Kontext (D 542) oder „*[…] die [verschiedene rassistische Beschimpfungen] […] abwertende Bezeichnungen für Menschen, die eigentlich unsere Klientel sind, weil sie Probleme haben beziehungsweise in Nöten sind aufgrund von verschiedenen Ursachen. Genau. Und da werden dann halt große Unterschiede zwischen Deutschen und auch innerhalb von den Deutschen und anderen Leuten gemacht*" (M 569-572).

Inwiefern die Nutzung diskriminierender Sprache bspw. den Ausschluss von Angeboten (Variante 4) bedingt, kann aus dem Material nicht rekonstruiert werden. Wir gehen jedoch davon aus, dass das Menschenbild, das sprachlich kommuniziert wird, mit einem Mangel an professioneller Wertschätzung gegenüber Adressat:innen und der Verletzung fachlicher und legaler Standards einhergehen kann.

Extrem rechte Diskurse

Die Fachkräfte berichten von autoritären sowie demokratie- und menschenfeindlichen Denkweisen und Argumentationsfiguren, die insbesondere an neurechte Diskurse anschlussfähig sind und die versuchen, die universalistische Wertebasis von Angeboten und Einrichtungen in Frage zu stellen. Im Material wird deutlich, dass die Strategie der extremen Rechten, die auf der Erlangung kultureller Hegemonie durch Diskursverschiebungen zielt, bereits erfolgreich innerhalb der Sozialen Arbeit greift.

Wenn Fachkräfte abfällig darüber sprechen, dass Menschen in Unterkünften für Geflüchtete, hier in direkter Nachbarschaft des sozialen Trägers, *„heftig mit Gewürzen"*, *„fünf Mal am Tag"* kochen (C 168-170), zeigt sich darin der Versuch einer Ordnung verschiedener Werte- und Normsysteme, die mit einer sprachlichen Herabsetzung der Adressat:innen einher geht. In dem zitierten Interview schildert Person C ein Gespräch mit einer anderen Fachkraft, die erklärt: *„Da hat das ganze Gebäude gestunken nach diesem Gekoche da"* (C 169-170). Ähnliche Beispiele, in denen Adressat:innengruppen homogenisiert und abgewertet werden, werden aus den Arbeitsfeldern der Migrationsberatung, der stationären Jugendhilfe und in der frühkindlichen Bildung berichtet. Die sprachliche Ausgrenzung wird in den Schilderungen der Expert:innen über die Dichotomie von ‚Eigenem' und ‚Fremden' hergestellt, die dazu mit einer Abwertung des vermeintlich ‚Fremden' einhergeht, z. B. mit der Abwertung von z. B. Herkunft, Haut- und Haarfarbe, sexueller Identität oder Orientierung, Bildungsstand, sozialer Klasse oder Religion. Bei der Reproduktion von Vorurteilen versuchen Fachkräfte, die ‚Anderen' zu deuten und zu erklären und greifen dabei auf bekannte Stereotype zurück.

Besonders häufig sind Adressat:innen mit Migrations- oder Fluchtgeschichte solchen Othering-Prozessen ausgesetzt. Sie reichen bis hin zu äußerst zynischen Denkweisen: *„Also wir haben quasi drei afghanische Kids aufgenommen vor einer Woche, die sie in irgend so einem LKW gefunden haben. Und also dass die Kollegen sagen, ja, okay. Also die kriegen ja auch alles [...] Und das wird nicht diskriminierend mitgeteilt, im Sinne, na, also wie können die bloß? Ne? Sondern eher so, naja, die haben sich so den besten Sozialstaat ausgesucht"* (Q 607-706). Statt die extreme Notsituation der Menschen in den Blick zu nehmen, die sie dazu bringen, gefährliche Fluchtwege auf sich zu nehmen, und ihre Rechte als Kriegsflüchtlinge einzulösen, werden die geflüchteten Kinder hier zu einer Bedrohung des Eigenen, des vermeintlich „besten Sozialstaats".

Othering und die Konstruktion von Bedrohung

Die Othering-Praktik, die Andersheit und Fremdheit der Geflüchteten markiert, steigert sich zu der Konstruktion von Angstbildern der Fachkräfte, die zur Legitimierung von Diskriminierung herangezogen werden können: *„Aber auch/ Also letztendlich auch vorurteilsbeladen, dass durchaus auch Kolleginnen, also da die Frauen eher, auch durchaus mir gegenüber geäußert haben, wenn dann mal ein langer Tag war und man erst um 17:00, 18:00 Uhr aus dem Büro geht und es war dann draußen schon dunkel im Winter, dass die auch Angst hatten, dann alleine durchs Gebäude zu gehen. Dass auch Angst da war, dann zum Auto zu gehen, also auf den Parkplatz zu* *gehen. Also da waren richtig Sorgen, Befürchtungen, dass Kollegen auch durchaus sich verabredet haben, wir gehen zusammen oder sich noch mal an einen männlichen Kollegen gewandt haben ‚Mensch, begleitest du mich?' – da war richtig Angst" (C 208-218).* Die Befürchtungen, die hier beschrieben werden, beziehen sich auf diffuse Ängste vor Übergriffen oder Gewalt in den Begegnungen mit ‚Fremden' in Situationen, in denen Fachkräfte sich allein in dem Gebäude des sozialen Trägers oder am Abend auf dem Parkplatz befinden. Deutlich wird in diesem Beispiel, wie stark das Handeln dieser Fachkräfte in der ‚Befremdung' Geflüchteter an eigenen Vorurteilen ausgerichtet ist, die sich hier in manifesten Ängsten äußern. Bemerkenswert ist, dass sich diese Schilderungen auf Zeiträume beziehen, die außerhalb der Arbeitszeit der Fachkräfte liegen. Fraglich bleibt, ob die hier geäußerten Ängste in der Arbeit mit Geflüchteten gebannt werden können.

Die in den Prozessen des Otherings angelegten Angst- und Feindbilder bieten leichte Anknüpfungspunkte an ethnopluralistische Argumentationsmuster, in denen der ‚deutsche Kulturraum' vor ‚fremden' Einflüssen geschützt werden muss, bspw. wenn eine Behörde, die in der Diskussion um einen Migrant:innenbeirat auf die Gefahr einer Implementierung von „Parallelstrukturen" hinweist: *„Ja, ABER ein Migrantinnenbeirat, da muss man auch aufpassen, dass es keine Parallelstrukturen gibt." (H 294-295).* Oder wenn, gekoppelt an eine ethnopluralistische Auslegung von ‚Verteilungsgerechtigkeit', die ‚deutsche' Zugehörigkeit in der Belegung sozialer Angebote angeführt wird: *„Na müssen wir die denn nehmen? [...] Wir haben doch genug Deutsche, die warten." (S 595-597).*

Darüber hinaus wird im Material deutlich, dass mit der Corona-Pandemie weitere Diskursverschiebungen innerhalb der Sozialen Arbeit nach rechts verstärkt wurden. Es sind gleichwohl Versuche, Angebote von Einrichtungen diskursiv in Frage zu stellen.

Mitarbeiter:innen auf ‚Anti-Corona-Demos'

Exemplarisch soll das an einem Beispiel einer Einrichtung gezeigt werden, in der Mitarbeiter:innen eines sozialen Trägers, die sich an ‚Anti-Corona-Demonstrationen', organisiert durch extrem rechte Akteure, beteiligen und vor diesem Hintergrund die Hygienemaßnahmen der Einrichtung in Frage stellen bzw. sie als Unterdrückung von Mitarbeiter:innen deklarieren: *„Also die Narrative von Neurechten werden quasi übernommen, ohne dass die Kollegin an der Stelle zum Beispiel das in dem Sinne erkennt sozusagen. Oder meint zu erkennen oder für uns kenntlich erkennt. Das macht so das Problem aus. Beziehungsweise diese Floskel von, also wir sind nicht links, wir sind nicht rechts und nicht oben und nicht unten, ne? So dann bedient, ne?" (Q 485-493).* Die hier als unreflektiert geschilderte Übernahme neurechter und rechtspopulistischer Narrative im Zuge einer kritischen Auseinandersetzung mit staatlichen Maßnahmen zur Eindämmung der Corona-Pandemie zeigt eindrücklich, wie gesellschaftliche Diskurse in der Sozialen Arbeit verhandelt werden. Speziell in diesem Fall erfolgt die Anknüpfung an neurechte und rechtspopulistische Argumentationen und Verschwörungstheorien, die dann wiederum Eingang in die Soziale Arbeit finden, informell: „*Indem sie also von diesen Spaziergängen, Versammlungen und das, was da thematisiert worden ist sozusagen geredet haben. Indem sie also die Telegram-Kanäle, also wie man da rankommt mitgeteilt haben. Ne? Also so von Kollege zu Kollege. Naja, gucke doch mal da und da und da. So. Ne? Und da ist schon Einfluss genommen worden*" (Q 567-579). Dies geschieht vor dem vermeintlich unpolitischen, neutralen Hintergrund, lediglich hinterfragen zu wollen, ohne selbst eine politische Agenda zu verfolgen. Die Argumentationen, die hier einen Weg in die Gesellschaftsmitte finden, sind jedoch nicht unpolitisch, sondern klar einer extrem rechten Szene zuzuordnen.

Schließlich werden bereits vollzogene Diskursverschiebungen von den Expert:innen anhand der Nutzung neosozialer Argumentationsmuster gesehen, die Lebenslagen individualisieren und Marktlogiken als Agenda-setzend für die Soziale Arbeit akzeptieren: „*Eine, naja, mal verstärkt zugespitzt formuliert, hat das ja eine sozialdarwinistische Stoßrichtung sozusagen. Also es gibt Menschen, für die, ja, lohnt sich eigentlich nicht, wenn man für die was tut. Und die haben eigentlich auch nicht wirklich einen Anspruch, ne? So. Und ist auch klar, dass also 10 Prozent sozusagen aller Menschen, die arbeiten gehen könnten, de facto nicht wirklich gebraucht mehr werden. [...] Das hat da ganz eindeutig niedergeschlagen, bestimmten Logiken zu folgen und andere Logiken fallen zu lassen*" (Q 911-933).

Ausschluss aus Angeboten

Extrem rechte Einflussnahmen innerhalb etablierter Sozialen Arbeit äußern sich sichtbar auch da, wo Adressat:innen der Sozialen Arbeit aus Angeboten ausgeschlossen werden oder wo Angebote so verändert werden, dass sie nicht den ansonsten geltenden fachlichen Standards entsprechen. Solche Ausschlüsse erfolgen in einer großen Bandbreite – von verdeckten und impliziten bis hin zu offenen und direkten Ausschlüssen. Zudem finden wir diese Formen sowohl in der alltäglichen Arbeit mit Adressat:innen als auch in der konzeptionellen Arbeit oder in den Verwaltungsstrukturen innerhalb der Sozialen Arbeit.

Schilderungen aus den Expert:inneninterviews beziehen sich z. B. auf die Modifikation von Beratungsangeboten: „*Ja, und die Betroffenen, die ausgeschlossen werden, haben dann natürlich keinen Zugang beziehungsweise haben nicht den gleichen Zugang wie Nicht-Ausgeschlossene ZU den Angeboten der Sozialen Arbeit, zu der Unterstützung durch den Sozialarbeiter und, ja, bekommen dann halt nicht die gute Beratung, sage ich mal jetzt so in Anführungsstrichen, sondern nur die nötigsten Beratung und manchmal auch eine schlechte Beratung. Wenn es jetzt um die Beratung geht. Ansonsten natürlich auch der Zugang zu sozialen Gruppenangeboten oder zu anderen sozialen Angeboten, zu Maßnahmen und die Qualität unterscheidet sich dann dementsprechend*" (M 587-595). Die Modifikation von Angeboten (Angebote, die nicht den sonstigen fachlichen Standards entsprechen) ist eine sehr subtile Form der Einflussnahme bzw. der Unterwanderung von Angeboten. Adressat:innen haben kaum Möglichkeiten, sie zu erkennen oder dagegen vorzugehen.

Daneben gibt es offene und direktere Formen von Ausschlüssen, bspw. in dem geäußerten Wunsch einer Fachkraft, mit einer Familie, für die eine Sprachmittlung hinzugezogen werden muss, nicht zusammen zu arbeiten (C 382) oder durch den versuchten Ausschluss von Kindern mit Migrations- und Fluchtgeschichte bei der Kita- und Hortplatzvergabe durch Mitarbeiter:innen, die damit argumentieren, dass genug „*Deutsche*" auf Plätze warten (S 593-597). Die Präsenz der Mitarbeiter:innen, die sich in der diskriminierenden Sprache, den Versuchen der Diskursverschiebung innerhalb der Institutionen und Einrichtungen und dem gezielten Ausschluss von Adressat:innen von Angeboten der Sozialen Arbeit zeigt, formiert sich zu der Gefährdung der Institutionen, in denen sie tätig sind.

Rassismus oder Fachlichkeit?

Die Alltäglichkeit in der Modifikation von Angeboten soll hier beispielshaft an der Arbeit in einer Kindertagesstätte erläutert werden, in der sich die institutionelle Wirkmacht zeigt: *„Und dort war ein Kollege, der immer schon so komische Aussagen manchmal getroffen hat [...] Und das eine migrantische Kind hatte ein Konflikt mit einem sage ich mal deutschen, weißen Kind. Also um irgendein Spielzeug, was total Banales. Der Konflikt selber war nicht rassistisch aufgeladen, jedenfalls nicht erkennbar. Und der weiße, deutsche Junge hat dann auf das migrantische Mädchen eingehauen. Die waren beide auch so ein Alter, ungefähr vier, fünf, ja? [...] Und der Erzieher, der als eher so rechts gedeutet wurde, der hat nicht eingegriffen. [...] Und der hat zugeguckt tatsächlich [...]"* (T 715-727). In diesem Beispiel wird deutlich, wie die unterschiedlichen Varianten der internen Einflussnahmen miteinander verwoben sind. Der Kollege, der *„immer schon [durch] komische [...] Aussagen"* aufgefallen ist, unterlässt es hier, einen Konflikt, der zwischen Kindern körperlich ausgetragen wird, zu beenden und zu schlichten. Er schützt eines der Kinder nicht und verändert damit das Angebot der Kindertagesstätte zu Ungunsten des *„migrantische[n] Mädchen[s]"*. Seine Präsenz in der Institution sorgt dafür, dass in der alltäglichen Arbeit nicht alle Kinder (gleich) sorgsam betreut und gefördert werden. Gleichzeitig zeigt es die Wirkmächtigkeit (sozial)pädagogischer Arbeit mit Kindern und Jugendlichen, die besonders vulnerabel und beeinflussbar sind. Die Modifikation des Angebotes geschieht

> verdeckt und implizit, eingebettet in die täglichen Arbeitsweisen. Sie kann ebenso auf eine mangelnde Fachlichkeit des Pädagogen wie auf eine rassistische Haltung zurückgeführt werden, wie es Person T hier tut. Die Frage nach Haltung oder Fachlichkeit dürfte für Kolleg:innen und Adressat:innen kaum zweifelsfrei zu beantworten sein.

Exkurs: Einflussnahmen im öffentlichen Dienst

Insgesamt 40 Befragte geben an, dass sie Kenntnis von inneren Einflussnahmen durch die extreme Rechte auf die Soziale Arbeit haben. Davon sind 32 Befragte bei freien Trägern beschäftigt, acht Befragte geben an, im öffentlichen Dienst beschäftigt zu sein. Als Arbeit im öffentlichen Dienst werden hier alle zuständigen Ämter sozialer Dienste in öffentlicher Trägerschaft verstanden (kreisfreie Städte, Landkreise, Landesbehörden usw.). Diese umfassen als Arbeitsbereiche der Sozialen Arbeit insbesondere Sozialämter, Gesundheitsämter sowie die Verwaltung der Jugendämter. Aufgrund der geringen Anzahl der Rückmeldungen aus dem öffentlichen Dienst können hier keine Spezifika extrem rechter Einflussnahmen innerhalb der Behörden herausgearbeitet werden. Es kann jedoch davon ausgegangen werden, dass sich alle vier Varianten der Kategorie Interne Praktiken ebenfalls in den Behörden, in denen Fachkräfte der Sozialen Arbeit tätig sind, finden.

Dass sich die Konsequenzen interner Praktiken in Behörden aber besonders drastisch auswirken können, soll hier exemplarisch an zwei Beispielen gezeigt werden. Das Expert:inneninterview mit einer:m Mitarbeiter:in aus dem Allgemeinen Sozialen Dienst (ASD) eines Landkreises zeigt, wie Stereotype und Vorurteile in die sozialarbeiterische Praxis Eingang finden, reproduziert oder gar in Fallakten normiert und legitimiert werden. In Arbeitsbereichen, die mit einer besonderen Kontroll- und Sanktionierungsmacht ausgestattet sind, liegt darin eine besondere Gefahr. „*Also wir müssen ja auch Gefährdungsmeldungen bewerten. So heißt es ja auch. Aber wir sollen ja nicht Personen bewerten und Familien bewerten sozusagen. […] Und es ist ja eher abwertend in der Regel. Also es stellt sich ja niemand hin und sagt, boah, ich arbeite so gerne, so gerne arbeite ich mit Migrantenfamilien. Das mach so viel Spaß. Habe ich nicht gehört bisher, ne, das ist ja immer eher was Negatives, was natürlich den Blick auch trübt. Und eben bei der einen Kollegin, die eben in dem Bereich arbeitet, wo besonders viele Familien mit Migrationshintergrund leben, na Mensch, da ist ja schon wieder eine Meldung von denen, so. Das ist schon wieder eine Familie mit einem Namen, den wir nicht aussprechen können. Ich habe letztens auch den Kommentar gehört, ist ja bald günstiger den Dolmetscher hier anzustellen, als ihn immer dazu zu holen sozusagen, weil so viele Dolmetscher-Gespräche erfor-*

derlich sind. Also ich glaube/ Also ich finde das gefährlich, finde das ziemlich gefährlich" (C 660-675).

Die Frage nach dem professionellen Blick und der sozialarbeiterischen Haltung stellt sich zugespitzt in der Bewertung von Gefährdungsmeldungen im Jugendamt. Die Gefahr, die hier formuliert wird, verweist auf Vorurteile und diskriminierende Haltung. Der Widerwillen, mit bestimmten Adressat:innengruppen zu arbeiten und das Risiko, Gefährdungsmeldungen nicht vorurteilsfrei zu bewerten, hat in Arbeitsbereichen der Sozialen Arbeit im öffentlichen Dienst eine besondere Brisanz. Denn die Soziale Arbeit befindet sich hier in einer kontrollierenden Rolle, es besteht ein stark asymmetrisches Machtverhältnis zwischen Sozialarbeiter:in und Adressat:in. Die sozialarbeiterische Sanktionsmacht, die immer ausgerichtet ist an hegemonialen Wertvorstellungen und Denkweisen (vgl. Kessl/Plößler 2010), läuft hier Gefahr, Einfallstor diskriminierender Praktiken zu werden. Die Definitionsmacht des ASD, gekoppelt an institutionelle Selektionsmechanismen, kann zu einer Drohkulisse für Adressat:innen werden. Sie kann staatliche Zwangsmaßnahmen durchsetzen bzw. Personen von Leistungen, trotz Leistungsanspruch, ausschließen.

Genehmigungsverfahren für Kindertagesstätten

In einem Expert:inneninterview wird über die Ausstellung einer Betriebserlaubnis für eine Kindertagespflege innerhalb einer völkischen Gemeinschaft berichtet (siehe auch Kapitel 6.1). Mitarbeiter:innen des Jugendamts besichtigen die Kindertagespflege: „*Also ich glaube nicht, dass die Mitarbeiterinnen und Mitarbeiter, die diesen hoheitlichen Akt bearbeitet haben, in irgendeiner Form geschult waren für solche Situationen. Sondern die haben geguckt, sind die Kleiderhaken in der richtigen Größe? Sind die Räume da? Ist das Essen geliefert, ist das Spielzeug da? Gibt es keine Unfallquellen? Stimmt die formale Qualifikation der Sachen? Und dann ist gut. Also da kommt es mir nicht komisch vor, wenn da in so einem selbst gewebten Rock jemand das Sonnen- und Runenzeichen auf der Brust trägt und von der klaren Nation spricht oder so. Oder der starken Nation spricht, ne? […] vielleicht haben wir auch einfach was das angeht also zu wenig Sensibilität*" (I 267-277). Auch nach Bekanntwerden des starken Verdachts, dass die Kindertagespflege durch völkische Siedler:innen beantragt wurde, ziehen die verantwortlichen Stellen keine Konsequenzen: „*Ich muss Ihnen ehrlich sagen, wir haben den Versuch unternommen und wenn man im Amt sozialisiert ist, sagt man nachher, das ist euer Tanzbereich, das ist mein Tanzbereich, kümmert euch drum. Aber man verfolgt das nicht weiter. Wir haben das/ ich sage mal so, das Einzelschicksal dieses Kindes weiter erfolgt und weniger den institutionellen Rahmen, in dem dieses Kind betreut wird*" (I 199-203). So erfolgt in diesem Fall keine weitere Prüfung durch das Jugendamt über Zuständigkeiten hinweg. In dem hohen Organisationsgrad der öffentlichen Verwaltung, geprägt durch „steile Hierarchien […] und der Betonung der Zuständigkeitsfrage" (Fischer 2020, S. 51), bildet sich der Mög-

> lichkeitsraum für die Übernahme und Unterwanderung von Angeboten durch extrem rechte Akteure. Das Verwaltungshandeln ist eher darauf ausgelegt, langfristig rechtskonforme Entscheidungen zu treffen, als innovativ und flexibel auf einzelne Sachverhalte und Problemkonstellationen zu reagieren. Schließlich zeigen sich hier zudem die Folgen der 2011 durchgeführten Kreisgebietsreform in Mecklenburg-Vorpommern (siehe Kapitel 4.2), in denen in den flächengrößten Landkreisen Deutschlands als Verwaltungseinheiten Ämter oftmals nur noch in den größeren Städten existieren. Lange Wege und die Größe des ländlichen Raums können lose Zuständigkeiten und Verantwortungsdiffusion zwischen den zuständigen Behörden und Abteilungen begünstigen.

Im Material finden sich keine Beispiele für Personen im öffentlichen Dienst, die sich extrem rechten Szenen zuordnen lassen. Allerdings weisen mehrere Befragte auf die Gefahren hin, die damit verbunden wären. Person L befürchtet: „*Hatten wir ja auch alles schon. Also Tagesmütter, die klar rechtsextrem waren, und wo dann das Jugendamt gesagt hat, die werden nicht mehr offiziell als Tagesmütter vermittelt oder akzeptiert. Und wenn das gelänge, dass man an solchen Stellen rechtsextreme Leute hat, die dann aktiv weggucken können, das wäre natürlich attraktiv. Also die Jugendämter müssen sehr vorsichtig sein, dass sie nicht Gegenstand von Unterwanderung werden*" (L 531-537). Und auch Person S ist skeptisch: „*Also ich habe die Vermutung, dass es dann/ Also ich habe schon länger die Vermutung, dass bestimmte Gedankenstränge sich durchaus in der mittleren oder unteren Verwaltung auch in den Menschen wiederfinden und die dann mit ihrer Möglichkeit der Entscheidungsfindung natürlich auch regulieren können und auch steuernd eingreifen können*" (S 378-381). Die Befürchtungen der befragten Expert:innen, die skizziert werden, zeigen, wie sich die Alltäglichkeit der Erfahrungen mit der extremen Rechten in der Analyse einzelner Handlungsfelder abbildet und für wie realistisch Einflussnahmen im öffentlichen Dienst eingeschätzt werden. Die Berichte zeigen zudem, wo neuralgische Punkte des öffentlichen Dienstes in Bezug auf rechte Einflussnahmen liegen. Wo es Personen, die extrem rechten Szenen zugeordnet werden können, gelingt, Schlüsselpositionen im öffentlichen Dienst einzunehmen (bspw. im Jugendamt oder im Sozialamt), droht die Erosion staatlicher Kontrollfunktionen.

Unterlassen und Dulden

Die letzte Variante fasst Handlungsformen des Unterlassens und des Duldens. Unterlassen beschreibt Situationen, in denen gebotene Handlungen als Reaktion auf rechte Einflussnahmen nicht stattfinden, Dulden beschreibt Verhaltensweisen von Fachkräften, die rechte Einflussnahmen gelten lassen, aushalten bzw. plausibilisieren. Es handelt sich um passive und subtile Handlungsformen, die in der Alltagspraxis schwer zu fassen sind. Auch wenn die Personen nicht unbedingt selbst extrem rechte Einstellungen vertreten, so geben sie jedoch Raum für extrem rechtes Denken und Handeln, indem sie Einflussnahmen akzeptieren, legitimieren und normalisieren. Auf extrem rechte Sprüche, Praktiken, Symboliken und Argumentationen innerhalb der Sozialen Arbeit nicht zu reagieren, bedeutet gleichermaßen eine diskriminierende und ausgrenzende Atmosphäre zu kreieren, die Adressat:innen und Mitarbeiter:innen betreffen kann. Damit werden Unterlassen und Dulden zu Praktiken, die den Erfolg extrem rechter Einflussnahmen ermöglichen, begünstigen bzw. nicht abmildern.

Dafür finden sich zahlreiche Beispiele. Neben Beispielen aus dem Kita-Bereich, dem ASD oder der Arbeit mit Migrant:innen, berichtet Person U von einer Fachkraft in Leitungsfunktionen in einem Angebot der stationären Kinder- und Jugendhilfe, die vermutlich extrem rechte Fachkräfte in der Einrichtung duldet. Sie schildert, dass sie diese Situation mehrfach bei der Leitung angesprochen habe: *„Es gibt Aufsichtsbehörden, die das machen könnten, oder es müsste durch Leitung oder Geschäftsführung vielleicht mal genauer hingeguckt werden. MEINER Erfahrung nach ist es aber so, dass die das gar nicht sehen WOLLEN und auch nicht hören wollen. Also das ist der Grund, warum ich da rausgegangen bin. […] Mein Name steht hierfür nicht“* (U 623-625). Dies führt in dem geschilderten Beispiel dazu, dass die Fachkraft kündigt. Dieses Beispiel zeigt die Folgen dieser Variante. Die Geschäftsführung schafft einen Möglichkeitsraum für extrem rechte Einflussnahmen und gibt damit strukturell eine Haltung vor, mit der sich andere Mitarbeitende nicht identifizieren können. Mit der Kündigung reduziert sich ebenso die Wahrscheinlichkeit, dass es aktiven Widerspruch gegenüber extrem rechten Einflussnahmen in diesem Angebot der Sozialen Arbeit gibt.

Demokratisches Bekenntnis als fachlicher Standard

Ein weiteres Beispiel bezieht sich auf die Arbeit mit extrem rechten Adressat:innen in der Sozialen Arbeit: *„Und in der Jugendamtskarriere, da gab es natürlich verschiedene Einzelfälle, wo wir es mit rechten Eltern zu tun hatten oder mit Elternteilen, die klar rechtsextrem oder neonazistisch organisiert waren. Und wenn wir dann da Familienhilfe zum Beispiel installiert haben, ne? Oder Erziehungsbeistand oder Kinder sogar in den Wohngruppen aufgenommen waren, dann war das immer am Rande Thema. […] gab es so ein Agreement oder gab so eine stillschweigende Übereinkunft, oh bloß nicht politisch werden […]. [Schließlich] mussten wir ein Kind in Obhut nehmen, ab in die Wohngruppe und der Vater war offen rechts. Und hat dann natürlich auch so argumentiert und die Leute bedroht und aber ich glaube heute würde man fast sagen, der gehörte zur Reichsbürgerszene. Also es war schwer mit ihm zu reden* *sowieso. Um Erziehungsthemen zu ringen, um Versorgungsthemen zu ringen. Und immer wenn er dann so war, das hätte es unter Hitler nicht gegeben oder damals im Lebensborn wären die Kinder besser aufgewachsen als in diesen Makarenko-Heimen und so. Dann haben wir versucht zu beschwichtigen im Sinne von, lassen Sie mal das Politische jetzt. Es geht jetzt um diese Kinder. Aber vielleicht wäre es eher um das Politische erst mal gegangen und darum haben die Kinder/ ich weiß es nicht. [...] es gab immer zu Feiertagen das klare Bekenntnis zu Demokratie und Humanismus und auch zu Antifaschismus, aber in der konkreten sozialpädagogischen, sozialarbeiterischen Intervention hat das kaum eine Rolle gespielt bewusst. Leider"* (X 27-43).

Im Beispiel wird vermieden, die offen rechtsextreme Überzeugung des Vaters anzusprechen. Was in der konkreten Situation als professionelle Differenzierung von Arbeitsauftrag und privater Einstellung des Adressaten gedeutet wird, erfährt in der Retrospektive eine Verschiebung dessen, was als „fachlich" bzw. „professionell" definiert wird. Die Annahme, dass das Bekenntnis zu Demokratie und der Gleichwertigkeit aller Menschen als fachlicher Standard zu verstehen ist, hätte die Interventionsschritte und die methodische Umsetzung der Fallarbeit verändert. Die Bekenntnisse zu „Demokratie, Humanismus und Antifaschismus" werden dann von einem rituellen Akt in einen Standard der Sozialen Arbeit übersetzt, der (konzeptionell) auf das methodische Handeln wirkt.

In den Befunden zeigt sich eine alltägliche Gefährdung von Adressat:innen und Fachkräften. Extrem rechte Einflussnahmen gestalten Einrichtungen und Angebote Sozialer Arbeit mit, die dann keine Schutzräume bieten und nicht frei von Diskriminierungen und menschenverachtenden, antifeministischen, rassistischen oder kulturalisierenden Haltungen und Praktiken sind. Dass diese Einflussnahmen nicht unbeantwortet bleiben müssen, zeigt sich in anderen Beispielen, von denen die Fachkräfte berichten. Kapitel 7 gibt einen Überblick über verschiedene Formen, eigene Angebote, externe Einflussnahmen und interne Praktiken extrem rechter Akteure zu begegnen und zurück zu drängen.

7 Gelebte Demokratie: Antworten und Gegenstrategien der Sozialen Arbeit

In Kapitel 6 wurde herausgearbeitet, in welchen Varianten die extreme Rechte Einfluss auf Strukturen, Angebote, Personen und Praktiken der Sozialen Arbeit nimmt. Die Befunde wurden in den Kategorien Eigene Angebote, Externe Einflussnahmen und Interne Praktiken dargestellt. In den Fragebögen und den Interviews geben die befragten Fachkräfte zudem konkrete Einblicke, wie Soziale Arbeit bereits heute, und zum Teil mit sehr hohem Einsatz, extrem rechten Einflussnahmen begegnet. Sie nennen Beispiele guter Praxis und entwickeln Ideen dafür, was weiterhin nötig ist, um sich den Einflussnahmen erfolgreich entgegenzustellen.

In diesem Kapitel werden Antworten und Strategien gegen die Einflussnahmen von extrem Rechts vorgestellt, die durch die Fachkräfte bereits umgesetzt werden. Daneben werden Strategien genannt, die von den Fachkräften gefordert werden oder die sich aus der Analyse der verschiedenen Einflussnahmen ableiten lassen. Die Gegenstrategien sind in sechs Kategorien gegliedert und reichen von individuellen Reaktionen bis hin zu institutionellen Antworten. Sie werden situativ als unmittelbare Antworten aufgrund von plötzlichen Herausforderungen im Arbeitsalltag entwickelt oder suchen längerfristige und präventive Antworten auf Einflussnahmen. Auch in diesem Kapitel werden einige der Strategien mit konkreten Beispielen aus dem empirischen Material veranschaulicht (Beispielkasten). Aus ihnen werden sowohl die Herausforderungen und die Komplexität deutlich, die mit Reaktionen verbunden sein können, manchmal aber auch, wie naheliegend es sein kann, eine passende Antwort zu geben.

Wissen und Sensibilität stärken

Die Soziale Arbeit ist ein attraktives Feld für die extreme Rechte, strategisch angelegte Einfluss- und Landnahmen können in Mecklenburg-Vorpommern vielfältig belegt werden. Den Fachkräften der Sozialen Arbeit kommt die Aufgabe zu, solche Einflussnahmen zu erkennen, zur Sprache zu bringen und damit professioneller Reflexion zugänglich zu machen. Einflussnahmen zu entgegnen, bedeutet zunächst über Kenntnisse der extremen Rechten zu verfügen – über ihre Akteure, Themen, Symbole, Formen und Strategien, mit denen sie seit längerem und aktuell in der Sozialen Arbeit vorzufinden sind.

Gerade Mecklenburg-Vorpommern weist eine breite Landschaft verschiedener extrem rechter Gruppierungen auf, von Parteien über Siedler:innen bis hin zu Kameradschaften. Sie verfügen über bestimmte Treffpunkte im analogen sowie virtuellen Raum und über bestimmte Formen eigener Angebote und Einflussnahmen auf die Soziale Arbeit (siehe Kapitel 4.3 und 6). Viele Fachkräfte berichten, dass sie genau hinschauen, nachfragen und recherchieren, wenn bei ihnen z. B. Flyer mit fraglichen Inhalten ausgelegt werden, wenn Sticker mit unklaren Symbolen rund um eine Einrichtung platziert werden oder wenn eine unbekannte Gruppierung eine Geldspende übergeben möchte. In einigen Fällen konnten sie so extrem rechte Einflussnahmen erkennen und sich ihnen entgegenstellen.

Andere Fachkräfte berichten aber auch, dass solche Symbole, Akteure oder Formen nicht erkannt werden, weil nicht auf sie geachtet wird bzw. weil das nötige Wissen fehlt. Person V berichtet beispielsweise davon, wie extrem rechte Symbolik in einem Jugendzentrum nicht entschlüsselt wurde und welche Folgen damit verbunden waren: *„[...] und habe dann festgestellt, dass die Musik, die da gespielt wird, doch recht komisch klingt. Und habe dann gesehen, dass die Jugendlichen zum Teil der rechten Szene zuzuordnen sind, also ein Jugendlicher [...] Das heißt, die Jugend wurde infiziert mit dieser rechten Ideologie und trägt das in den Jugendclub. Und im Jugendclub, da breitet sich das natürlich/ oder kann sich natürlich auch schrittweise ausbreiten. Das Problem ist, die Fachkraft vor Ort hatte keine Ahnung, was das für Musik ist und hat das auch nicht erkennen können, die dieser Jugendliche ausgestrahlt hat"* (V 448-457). In einem weiteren konkreten Beispiel berichtet Person T davon, wie erst in einem Workshop zum Thema Rechtsextremismus deutlich wird, dass ein angehender Erzieher zur Identitären Bewegung gehört. Im Beispiel muss das intellektuelle Gewand der Neuen Rechten erst durchdrungen werden: *„Und die Lehrerin war total bestürzt, weil sie das noch nie bei ihm mitbekommen hatte. Die hatte ihn als sehr intelligenten, jungen Mann kennengelernt, der sich nie großartig auffällig geäußert hat laut ihrer Aussage. [...] Und als Musterschüler galt. Und dass der aber ein rechtsextremes Weltbild hat, das war ihr nicht bewusst und ich habe ihr das auch geglaubt. Und wenn er das auch so verschleiert durch sein pseudointellektuelles Geschwafel, dann kommt das ja auch nicht so rüber, wie wenn einer sagt, ja Ausländer raus oder so, ne?"* (T 960-969). Für Person V ist klar, was die Konsequenz aus solchen Erlebnissen ist: *„Ganz klar Aufklärungsarbeit. Dass jeder Akteur, jede Akteurin in der Lage ist, Rechtsextremismus auch zu erkennen. Es nützt ja nichts, wenn wir alle was dagegen machen können. Aber wenn wir sie nicht erkennen, können wir auch nichts dagegen machen"* (V 1086-1089).

Zahlreiche Literatur, von den Verfassungsschutzberichten des Bundeslandes über die Literatur zu völkischen Siedler:innen, Internetseiten wie der Blick nach Rechts oder die Seiten zu Rechtsextremismus und Rechtspopulismus der Bundeszentrale für politische Bildung geben Auskunft über Gruppierungen,

Ideen und Erscheinungsformen (für Hinweise siehe Einführung, Kapitel 3 und 4.3). Kenntnisse über die Formen und Strategien der extremen Rechte können ebenfalls auf Fortbildungen erworben werden, wie sie in Mecklenburg-Vorpommern insbesondere von den Regionalzentren für demokratische Kultur angeboten werden und von denen mehrere der befragten Fachkräfte berichten.

Bedeutung von Symbolen hinterfragen

Werden extrem rechte Symbole erkannt, nehmen Fachkräfte sie zum Anlass, um mit Adressat:innen in einen Dialog zu gehen. Auf dieser Basis können extrem rechte Haltungen hinterfragt und andere Angebote gemacht werden. Peron B berichtet aus der Jugendarbeit: *„Das ist jetzt so innerhalb der Einrichtung, ne, dass man da auch ins Gespräch kommt, dass die Jugendlichen einfach, ja, hier mit einer Thor Steinar Jacke auftauchen und dann ich so Fragen stelle: Weißt du, was du da anhast? [...] aber auch immer trotzdem menschlich akzeptiert werden hier und toleriert werden und auch aktiv sich einbringen in der Jugendsozialarbeit. Also wenn wir jetzt ein Angebot starten, so ein völlig Neutrales, keine Ahnung, irgendein Kreativangebot, dann sind die trotzdem da und machen mit und malen oder fädeln irgendwelche Perlen auf, um dann gemeinsam einen Vorhang zu gestalten. Also das machen die TROTZDEM, ne? Fühlen sich hier auch wohl, sonst würden sie ja nicht immer wiederkommen“* (B 55-69). Insbesondere in der Offenen Kinder- und Jugendarbeit bleibt professionelles Handeln ein Drahtseilakt zwischen der Entscheidung, Jugendliche in Angebote einzubeziehen und Anknüpfungspunkte für Auseinandersetzungen anzubieten einerseits und extrem rechte Haltungen zu erkennen, zu benennen und klare Grenzen zu ziehen andererseits. Auch Peron B gibt ganz verschiedene Antworten: Einerseits fragt B fragt nach der Symbolik und klärt über sie auf, bittet, den Jugendclub ohne Bekleidung mit Symbolen der extremen Rechten zu besuchen, initiiert Begegnungen zwischen Jugendlichen mit und ohne Fluchtgeschichte und veranstaltet Diskussionen zu Menschenfeindlichkeit. Andererseits erteilt B aber auch begrenzte und dauerhafte Hausverbote, wenn es sich um Jugendliche mit gefestigten extrem rechten Überzeugungen handelt. Basis von Bs Entscheidungen ist eine gute Orientierung in den Erscheinungsformen und ideologischen Bausteinen der extremen Rechten sowie die klare Haltung, dass die Offene Jugendarbeit ein diskriminierungsfreier Raum sein muss.

Reflexionsräume schaffen

Extrem rechte Einflussnahmen zu thematisieren ist kein einfaches Unterfangen. Mit der Thematisierung sind Konflikte und Ängste verbunden, sowohl in Bezug auf die Beziehung zu Adressat:innen, in Bezug auf die Arbeitsatmosphäre als auch in Bezug auf die Außenwirkung. Besonders schwierig sind solche Auseinandersetzungen dann, wenn es sich um interne Praktiken handelt, also Einflussnahmen, die von Kolleg:innen oder Vorgesetzten ausgehen.

Deswegen berichten die Befragten häufig, dass Reflexionen über extrem rechte Einflussnahmen alleine im Halbprivaten mit Kolleg:innen gar nicht erfolgen oder auch von Teammitgliedern oder Vorgesetzten implizit oder explizit verweigert werden. Die Fachkraft aus dem Jugendzentrum, von der im vorigen Beispielkasten die Rede ist, bleibt mit der Reflexion zeitweise alleine: *„Also es gibt Situationen oder gibt so Momente, da spreche ich drüber. Ich bin ja hier allein tätig und habe nicht so ein großes Kollegium, habe halt meine Leitung, die das Ganze von außen betrachten kann und habe auch Supervision. Aber so richtig thematisiert wurde das nicht, ne? Also so: Ja, ist dann halt so. Und dann werden wir sehen und abwarten und gucken, ob sie noch mal kommen oder nicht"* (B 275-280). Auch die Fachkraft I erklärt, nachdem sie eine konkrete Situation extrem rechter Einflussnahme schildert: *„Also ich bin da tatsächlich sehr vorsichtig, sowas irgendwie publik zu machen, also diese Offenheit/ das ist aber auch das erste Mal, dass ich so drüber rede, so einzelne Fälle tatsächlich"; und an anderer Stelle: „Ich habe manchmal das Gefühl, dass das so ein bisschen totgeschwiegen wird und wenn dann einer kommt und sagt: Also ich habe jetzt so drei Nazi-Kinder [Arbeitsfeld Jugendhilfe], dann gucken alle irgendwie so bescheiden zu Boden"* (I 918-920).

Für diese Zurückhaltung werden unterschiedliche Gründe angegeben. So befürchtet Person U, dass es manchen Verantwortlichen darum geht, ein gutes Image zu wahren: *„Es gibt Aufsichtsbehörden, die das machen könnten, oder es müsste durch Leitung oder Geschäftsführung vielleicht mal genauer hingeguckt werden. MEINER Erfahrung nach ist es aber so, dass die das gar nicht sehen WOLLEN und auch nicht hören wollen"* (U 623-626). Person M weist darauf hin, dass eine Thematisierung zu Problemen in der Zusammenarbeit führt: *„Und vor allen Dingen: Wenn es jetzt jemandem auffällt, der muss ja dann auch selber die Courage und das Engagement haben, DASS es dann halt auch Auswirkungen hat. Und das ist ja gerade in einem kollegialen Umfeld oder bei einem Träger oder ja, machen wir uns nichts vor: Es heißt ja, eine Krähe hackt der anderen kein Auge aus. Und das ist natürlich ein Schritt der Überwindung. Aber es gehört dazu ja auch Professionalität"* (M 640-644).

Trotz dieser Hürden berichten einzelne Befragte, dass Dienstbesprechungen, Supervisionen oder auch externe Beratungsstellen genutzt wurden, um Einflussnahmen zu thematisieren und Reaktionen abzustimmen. Sie gehen dabei z. T. hohe Risiken ein, die ihren Befürchtungen entsprechen. So berichten mehrere Befragte, dass Beobachtungen von Menschenfeindlichkeit abgetan und bagatellisiert werden, andere wie Personen B oder U erleben, dass keinerlei Reaktionen erfolgen.

Der saure Apfel: Diskriminierungen ansprechen

Reflexion beginnt im Arbeitsalltag u. a. mit der Aufmerksamkeit für diskriminierungsfreie Sprache und einem wachsamen Blick für mögliche Diskursverschiebungen. Dass eine solche Positionierung im professionellen Alltag nicht konfliktfrei sein muss, wird von Fachkräften häufig ausgeführt: *„In der Sozialen Arbeit muss man aufpassen, dass bestimmte Tabubrüche nicht passieren. Ne? wirklich dann immer konsequent Widerspruch gibt. Ne? Dass man gleich sagt: Also pass auf, diese Sprache bei mir NICHT. Ne? Das ist ganz wichtig. [...] Ja, aber jedem recht machen kann man es nicht. Man muss dann wirklich hier und da auch mal in den sauren Apfel beißen“* (F 1329-1345). In den Widerspruch zu gehen, extrem rechte Symbolik oder diskriminierende Praktiken nicht unkommentiert zu dulden, ist Voraussetzung dafür, diskriminierungsfreie Räume in der Sozialen Arbeit zu schaffen. Deren (Aus-)Gestaltung kann Konflikte mit Leitungen, Kolleg:innen und Adressat:innen mit sich bringen. Fachkräfte gehen mit diesem „sauren Apfel“ unterschiedlich um. Werden die Konflikte im Arbeitsalltag als zu gravierend empfunden, nehmen viele Kolleg:innen externe Beratungsangebote in Anspruch. Vereinzelt kommt eine professionsethische Haltung jedoch ebenso durch Kündigung zum Ausdruck. Dies wiederum schränkt diskriminierungskritische Angebote von Einrichtungen ein und ermöglicht Personen mit extrem rechten Positionen ihren Einfluss in der Sozialen Arbeit auszubauen.

Aus solchen Beobachtungen kann der Schluss gezogen werden, die in der Regel vorhandenen Reflexionsräume Sozialer Arbeit (Team- und Fallbesprechungen, Supervisionen, Team- und Fachtage) insbesondere zur Besprechung menschenfeindlicher und autoritärer Vorfälle zu nutzen. Träger müssen dafür sensibilisiert sein, dass sich im Alltag Sozialer Arbeit diskriminierende und menschenfeindliche Denkweisen und Praktiken finden. Schutz- und Einrichtungskonzepte, Antidiskriminierungsleitfäden oder ähnliche institutionalisierte Vorgaben müssen klare Orte und Ansprechpersonen zur Besprechung extrem rechter Einflussnahmen benennen. Räume wie Teambesprechungen und Supervisionen können dann zur Möglichkeit werden, in denen sich Mitarbeiter:innen der demokratischen Prinzipien der Sozialen Arbeit, der Arbeit an den Menschenrechten, der sozialen Gerechtigkeit und ihrer eigenen Haltung versichern. Solche Reflexionsräume sind insbesondere auch für Mitarbeitende z. B. mit Migrationsbiografien und/oder of Color oder für queere Fachkräfte relevant. Neben den Adressat:innen können auch sie im Mittelpunkt von Angriffen und Diskriminierungen stehen und benötigen Räume, Erfahrungen mit Rassismus oder Diskriminierung zu be- und verarbeiten.

Stellung beziehen

Kommt es zu extrem rechten Einflussnahmen, berichten die Fachkräfte in einigen Fällen von sehr deutlichen Reaktionen und Positionierungen. Das erfolgt z. B. bei sprachlichen Diskriminierungen oder Bezugnahmen auf extrem rechte Diskurse. Ob im Jugendzentrum, im Jugendamt oder bei Beratungsstellen, es finden sich Beispiele, in denen Fachkräfte der Sozialen Arbeit darauf hinweisen, dass sie diskriminierende Wörter und Ideen nicht dulden. Auch bei Angriffen und Bedrohungen erfolgen deutliche Reaktionen. Nach rassistischen Angriffen auf einen Jugendlichen, der in einer stationären Wohngruppe lebt, antwortet das Team auf vielfältige Weise: *„[wir] haben dann dort Trainings gemacht, haben das über den Landesjugendring gemacht, dass die Jugendlichen […] gelernt haben, sich mit solchen Alltagssituationen also auseinanderzusetzen und auch adäquat zu reagieren“* (X 282-288). Und die Antworten bleiben nicht auf der individuellen Ebene stehen: *„Ich habe eine Kooperation gemacht mit einer Schule, über dieses Projekt Schule ohne Rassismus. Wir haben das versucht zu beleben […], haben Begegnungstage eingerichtet, […] einen gemeinsamen Ausflug gemacht, um uns erklären zu lassen, welche Schnittmengen es gibt zwischen Islam und Christentum, was steckt überhaupt dahinter, […] wir sind eingeladen worden auf Schulfeste […], in dem sie zum Beispiel ein Quiz gestaltet haben und ja, so Sachen“* (X 312-323). Mit den Reaktionen sichert und erweitert die Fachkraft sowohl die Handlungsfähigkeit der Bewohner:innen und dokumentiert gleichzeitig nach außen, wofür die Einrichtung steht. Dabei stehen die von der Gewalt betroffenen Jugendlichen im Mittelpunkt: Sie sind es, die ihre Erfahrungen zur Sprache bringen können.

Ähnlich deutlich positionieren sich Einrichtungen, wenn Adressat:innen, die extrem rechten Szenen zugehörig sind, mit Hausverboten belegt werden (siehe Beispielkasten). Einzelnen Befragten sind zudem Fälle bekannt, in denen Fachkräfte, die extrem rechten Szenen angehören, Abmahnung und Kündigungen erhalten haben, hier aus den Bereichen der frühkindlichen Pädagogik, der Migrationsarbeit und der Jugendhilfe (*„Also da gab es dann berufsrechtliche Konsequenzen dahingehend, dass dann Kündigungen erfolgten oder, wenn es nur Verdachtsfälle waren, dann gab es halt Disziplinarmaßnahmen im Sinne von Ausschluss, unbezahlten Urlaub für ein paar Tage, in diese Richtung.“* (M 654-657). Schließlich berichten Fachkräfte davon, dass sie bereits Stellung beziehen, ohne dass es zu konkreten Einflussnahmen in ihren Einrichtungen kommt. Sie nutzen z. B. Plakate, Sticker oder Symbole aus dem Bereich des Antirassismus, der refugees welcome-Bewegungen oder die Regenbogenflagge, um darauf aufmerksam zu machen, dass es sich bei ihren Einrichtungen um einen Schutzraum handelt, in dem die Prinzipien der Menschenrechte und der Demokratie geachtet werden.

Klare Grenzen in der Offenen Kinder- und Jugendarbeit

Mitarbeiter:innen der Offenen Kinder- und Jugendarbeit scheinen deutliche Konsequenzen aus den Diskussionen über den Umgang mit extrem rechten Jugendlichen in den 1990er Jahre gezogen zu haben. Mehrere Befragte sehen die Jugendarbeit als einen Ort, der den Menschenrechten und der Demokratie Geltung verschaffen muss und ziehen klare Grenzen, wenn menschenfeindliche oder autoritäre Symbole, Praktiken und Akteure diesen Raum gefährden: *„[...] in den meisten Jugendclubs gibt es klare Hausordnung und sobald jemand mit Nazikleidung ankommt, werden diese Leute auch eigentlich rausgeschmissen“* (U 476-478). Von einem konkreten Beispiel berichtet z. B. Person D (167-175): *„Und also sein erster Versuch war, dass er als Besucher in den Jugendclub kommen konnte so. Und das habe ich unterbunden und es wäre damals vom Alter tatsächlich her noch gegangen. Also er wäre damals so unter 21 noch gewesen. Aber ich habe das in dem/ oder aus dem Grund unterbunden, da er ziemlich rechtslastige Tattoos offen getragen hat und da habe ich einfach gesagt: Das möchte ich in diesem Jugendclub nicht sehen und von daher durfte er nicht reinkommen, wenn er die nicht verdecken wollte oder nicht verdeckt“*. Person D setzt durch, dass Kleidung mit rechten Symbolen entweder abgelegt und dementsprechende Tätowierungen verdeckt werden müssen, sobald die Einrichtungen betreten werden. Aus anderen Beispielen geht hervor, dass Besucher:innen, falls sie menschenfeindliche Ideologien zeigen oder verbreiten, Hausverbote erteilt bekommen. Grenzziehungen erfolgen ebenso als Reaktion auf menschenfeindliche Praktiken: *„Also wenn man z. B. so Witze macht gegen/ oder Behindertenwitze, rassistische Witze und so. [,,,] Und eine Reaktion dagegen, also wo ich dann ganz klar sage: Ey sowas will ich hier nicht hören, ne? So einen rassistischen Scheiß“* (B 615-620). Auch die danach folgende Erklärung *„War doch nur Spaß. War doch nur Humor. Also, ne?“* (B 620) weist B entschieden als Verharmlosung zurück und wahrt damit die Rechte anderer Jugendlicher.

Von einer Abgrenzung auf einer anderen Ebene berichtet Person E: Die Einrichtung weist eine Spende der AfD für ein dringendes Anliegen der Offenen Jugendarbeit zurück, weil sie darin Gefahren einer Instrumentalisierung und inhaltlichen Beeinflussung sieht: „*... und keiner wollte uns finanziell unterstützen. Und irgendwie muss das aber durchgesickert sein zur AfD, weil die AfD ist auf UNS zugekommen und hat UNS gefragt, ob wir uns nicht vorstellen könnten, dass die AfD uns mit ein paartausend Euro [...] hilft. Aber dann wäre es ja auch so, wenn du einmal von denen Hilfe annimmst, [...] dann wollen die ja auch wieder was von dir oder sie wollen sich vielleicht mal vor der Einrichtung ablichten lassen können, was sie nicht alles fördern und unterstützen [...]. Und da haben wir ganz klar als Beschluss gesagt, [...] dass wir weltoffener, toleranter, akzeptierender Verein sind, dass wir DIESE finanzielle Unterstützung definitiv* *ausschlagen*" (E 1206-1221). In der Schaffung von diskriminierungsfreien Räumen durch klare Grenzziehungen auf unterschiedlichen Ebenen wird die Offene Kinder- und Jugendarbeit zu einem Beispiel für andere Arbeitsbereiche.

Institutionelle Antworten auf- und ausbauen

Den festgestellten systematischen und kontinuierlichen Einflussnahmen gilt es ebenso auf institutioneller Ebene entgegenzutreten. Weil es sich nicht um Einzelfälle handelt und sich bestimmte Formen der Einflussnahmen immer wiederholen, kommt dem Auf- und Ausbau institutionalisierter Antworten in den Strukturen der Träger der Sozialen Arbeit eine zentrale Rolle zu. Leitbilder, Hausregeln, öffentliche Stellungnahmen und Positionierungen, sichtbare Zeichen an den Einrichtungen und Klauseln in Arbeitsverträgen, die auf die Verpflichtung zu demokratischen und anderen normativen Grundsätzen verpflichten, sensibilisieren nicht nur dafür, extrem rechte Diskurse und Praktiken als solche wahrzunehmen, sondern sorgen für klare Antworten und Abläufe, falls sie auftreten.

Im Material gibt es keine Hinweise auf solche institutionalisierten Formen und Abläufe im Fall extrem rechter Einflussnahmen. Präventiv festgelegte Abläufe und Ansprechpersonen, wie sie z. B. im Rahmen von Schutzkonzepten festgelegt werden, werden nicht genannt. Und auch in den Einrichtungen, in denen z. B. Beschwerdestellen existieren, sind diese für Adressat:innen oder Fachkräfte häufig nicht erkennbar oder zugänglich. Weder spielen spezifische Ansprechpersonen wie Frauen- oder Diversity-Beauftrage eine Rolle, noch sind den Fachkräften Zentralstellen, die sich gegen Menschenfeindlichkeit richten, wie sie von einigen Wohlfahrtsverbänden auf Bundesebene eingerichtet wurden, bekannt oder erscheinen ihnen als zu weit entfernt.

Eine wichtige Rolle spielt dagegen das im Auftrag des Landes eingerichtete Beratungsnetzwerk Demokratie und Toleranz in Mecklenburg-Vorpommern, das soziale Einrichtungen im Umgang mit der extremen Rechte unterstützt. Die Angebote begleiten Personen, Kommunen, Institutionen wie zum Beispiel Schulen, Kitas, Hochschulen, Organisationen und Betriebe bei der Stärkung von Demokratie und Toleranz und der Bekämpfung von Rechtsextremismus, Fremdenfeindlichkeit, Rassismus und Antisemitismus. Sowohl präventiv wie reaktiv werden ihre Beratungsangebote in Anspruch genommen (siehe Beispielkasten). Ihre fachliche und methodische Expertise scheint für das Bundesland von sehr hoher Bedeutung zu sein.

Institutionelle Antworten durch externe Beratung erarbeiten

In einigen Fällen schildern Fachkräfte, dass ihre Einrichtungen auf extrem rechte Einflussnahmen keine institutionellen Antworten haben. Das Beratungsnetzwerk Demokratie und Toleranz MV bietet in allen Landkreisen Unterstützung an, die über den Einzelfall hinausgehen: *„Das heißt, da ist nicht viel gewonnen, wenn wir dann einmalig in so einer Krisensituation mit den Eltern sprechen, aber das Know-how in der Kita nicht vorhanden ist, wie man damit umgeht. Und deswegen ist immer unser Ansatz das klassische Empowerment. Das heißt, wir gucken: Wo in der Struktur, die betroffen ist, braucht es zusätzliche Kompetenzen und schulen dann sowohl den Träger, Personal DARIN, wie mit den Eltern zum Beispiel umgegangen werden kann und dann wird das ausprobiert durch die Institutionen. Und dann entsteht quasi so eine Coaching-Situation. Das heißt, die Institutionen setzen erste Anregungen um, erproben das, ob das für sie funktioniert oder nicht, schildern dann die Reaktion, das wird dann gemeinsam reflektiert und nächste Schritte besprochen. Beziehungsweise die Maßnahmen werden dann nochmal angepasst. Also so, dass sie zum Schluss genau für die Institution passen und für die Menschen, die sie umsetzen müssen. Sodass wir nicht in der Situation sind, immer von extern quasi so eine Krisenintervention zu machen, sondern im Idealfall die Struktur für sich diese Kompetenz entwickelt und integriert, mit den Situationen selbständig umzugehen"* (Z 403-418). Deutlich wird, dass die Entwicklung institutioneller Antworten gegen extrem rechte Einflussnahmen kein einfacher Weg ist, dass er aber langfristig dafür sorgen kann, klarere Positionierungen, Antworten und Abläufe zu entwickeln.

Angriffe entindividualisieren und Bündnisse schließen

Angriffe der extremen Rechten erfolgen oft mit einer individualisierenden Strategie: Es ist ein einzelnes Jugendzentrum, das diskreditiert oder dessen Finanzierung hinterfragt wird, es ist eine bestimmte Begegnungsstätte, die einen Hatestorm erfährt, es ist eine spezifische Sozialarbeiterin, die bedroht und angegriffen wird. Solche Angriffe zielen darauf, die Profession zu spalten und damit Gegenwehr entgegenzuwirken bzw. zu verringern. In rassistischen, anders menschenfeindlichen und antipluralistischen Angriffen werden jedoch grundlegende Anliegen der Profession in Frage gestellt, denen es deswegen gemeinsam entgegenzutreten gilt. Fachkräfte bilden deswegen Bündnisse innerhalb der Trägerlandschaft und der breiten Zivilgesellschaft, die das deutlich machen und Angriffe gemeinsam abwehren. Vereinzelt geben die Befragten Beispiele, wie sie und ihre Einrichtungen in breiten Bündnissen gegen die Angriffe von extrem Rechts entgegnen.

Gemeinsam gegen Angriffe auf ein Jugendzentrum

Das Jugendzentrum klex, das sich im Rahmen der offenen Arbeit in vielfältigen Angeboten für eine demokratische Gesellschaft einsetzt, wurde schon mehrfach zum Ziel von Angriffen von extrem Rechts. Im Januar 2020 kommt es gleich zu mehren Vorfällen. Während sich Jugendliche in der Einrichtung befinden, werfen Unbekannte einen Molotowcocktail in den Eingang der Einrichtung und nehmen Verletzungen der Besucher:innen in Kauf. An den Tagen rund um den versuchten Brandabschlag ruft eine Gruppierung vor dem Jugendzentrum rechtsextreme Parolen, werden Besucher:innen von einer anderen Gruppe mit Feuerwerkskörpern beschossen, an einem weiteren Tag werden vor der Einrichtung antisemitische und volksverhetzende Parolen gerufen. Diese Versuche der Einschüchterung finden in der politischen Arena eine Fortsetzung: Nur ein Jahr später stellt die örtliche AfD Fraktion den Antrag, dem Jugendhaus die öffentliche Förderung zu streichen – erfolglos. Doch das Jugendzentrum lässt sich von solchen Angriffen nicht einschüchtern. Nach dem Brandanschlag veröffentlicht der Träger des Jugendzentrums eine Stellungnahme gegen die Angriffe, verurteilen Jugendhilfeausschluss, Stadtspitze und Kommunalparlament den Anschlag, erfolgen überregionale Solidaritätsbekundungen, organisieren lokale Akteure eine Soli-Kundgebung und spielen bekannte Bands ein Solikonzert. In den verschiedenen Aktionen wird immer wieder deutlich gemacht: hier wird nicht nur dieses eine Jugendzentrum, sondern die Kinder- und Jugendarbeit insgesamt angegriffen.

Soziale Infrastruktur dauerhaft und flächendeckend gewährleisten

Im Flächenland Mecklenburg-Vorpommern ist es von besonderer Bedeutung, dass erst gar keine infrastrukturellen Lücken entstehen, sei es in der Jugendarbeit, der Unterstützung von Erwerbslosen oder Geflüchteten oder in der Kinderbetreuung. Schon heute zeigt sich, dass die Weite des Landes und die nach 1990 erfolgte Zentralisierung sozialer Infrastrukturen das Bundesland die Entwicklung einer vielfältigen extrem rechten Szene begünstigt hat (siehe Kapitel 4). Die Gefahr ist groß, dass weitere Versorgungslücken von extrem rechten Akteuren genutzt werden.

Fachkraft F ist nur eine:r von vielen Befragten, die die Gefahr einer Unterfinanzierung Sozialer Arbeit artikuliert: „*UND das Wichtigste ist eben, dass ich nirgendwo ein Angebot aufgebe, aus welchen Gründen auch immer. Dass ich immer versuche, das am Leben zu halten, ne? Und denen gar nicht erst die Möglichkeit zu geben, dass sie dort was tun oder nicht tun oder was weiß ich, ne? […] dort muss im Prinzip die verantwortliche Politik, der Entscheidungsträger und die Sachen sensibilisiert werden, dass sie dann für diese Themen nicht irgendwie einfach sagen: Der Jugendtreff, der ist doof da, da kommen ab und zu mal 30 Leute, die Stelle bezahle ich nicht mehr für den Sozialarbeiter oder ich bezahle nur noch eine halbe Stelle, ne? Und dann wird im Prinzip das Ganze runterge-*

fahren und schon ist eine Angebotslücke da, die genutzt werden kann für irgendwas, ne?" (F 1563-1578). Auch andere Befragte weisen immer wieder darauf hin, dass es die Lücken in der sozialen Infrastruktur sind, die von der extremen Rechten genutzt werden können. Vereinzelte Beispiele aus dem Material zeigen, dass diese Furcht nicht unbegründet ist (siehe Kapitel 6.1): Wo Jugend- und Gemeindetreffs aufgegeben werden, Sozialberatungen und Unterstützungen in schwierigen Lebenslagen und -situationen nicht professionell abgesichert sind, können sie von extrem rechten Akteuren übernommen werden.

Arbeitsbedingungen und Fachkräftemangel

Die Befragungen weisen immer wieder darauf hin, dass die schlechten Arbeitsbedingungen in der Sozialen Arbeit einer stabilen sozialen Infrastruktur entgegenstehen. Die fehlende Sicherheit und die prekären Beschäftigungsverhältnisse tragen zu dem in Mecklenburg-Vorpommern besonders ausgeprägten Fachkräftemangel bei. Person P thematisiert das am Beispiel der Schulsozialarbeit: „*Dafür ist es erstmal notwendig, dass die Rahmenbedingungen für die Soziale Arbeit sich verbessern. Dass es endlich beispielsweise bei der Schulsozialarbeit verbindliche Finanzierung und Planbarkeit gibt*" (P 780-782). P geht auch auf die Bezahlung ein: „*Wenn die Rahmenbedingungen sich nicht in den nächsten Jahren tatsächlich verbessern, ist es eben so, wenn sich/ was habe ich gestern gehört? Eine Sozialarbeiterin an einer Klinik für 40 Stunden brutto 2.100 Euro. So und muss noch eine Stunde dahinfahren. Wer macht dann diese Arbeit, die so radikal unterbezahlt wird?*" (P 223-227). Beobachtungen wie diese werden von vielen Fachkräften und auch für andere Arbeitsfelder gemacht. Die materielle Absicherung der Fachkräfte und die Verbesserung ihrer Arbeitsbedingungen sind bedeutsame Mittel gegen extrem rechte Einflussnahmen.

Schließlich wirkt die extreme Rechte strategisch auf eine Deprofessionalisierung Sozialer Arbeit hin. Sowohl in der Auswertung der parlamentarischen Dokumente als auch in Beispielen aus den Befragungen geht hervor, dass die AfD die Jugendarbeit als ehrenamtlichen Arbeitsbereich vorantreiben will. Eine lokale Jugendarbeit, die alleine ehrenamtlich betrieben wird, kann aber weder das demokratische Anliegen der Bildungsmöglichkeit für alle Jugendlichen erfüllen, noch wird sie Unterwanderungsversuche von extrem Rechts abwehren können. Die Gefahr einer Entprofessionalisierung unter dem Banner der Förderung des Ehrenamtes ist den Fachkräften bewusst: „*Was ich noch glaube, wo wir aufpassen müssen, dass wir Soziale Arbeit nicht entprofessionalisieren. Also wenn hier hier in Mecklenburg-Vorpommern, aber nicht nur da, ehrenamtliche Strukturen stärken, was notwendig ist, muss ich aber auch die Strukturen stärken, die die Menschen begleiten.*" (S 762-765).

Demokratieförderung in der Ausbildung verankern

Schließlich können Anforderungen für Hochschulen und für das Studium der Sozialen Arbeit abgeleitet werden. Dabei stehen auch die Studiengänge der Sozialen Arbeit in dem Konflikt der in Hochschulen inzwischen verbreiteten (und von Rechtsaußen beförderten) Forderung von ‚Meinungsfreiheit' und ‚Neutralitätspflicht', die ggf. dazu führt, politische Themen in der Ausbildung nicht anzusprechen. Dies ist problematisch, zum einen, weil Hochschulen nicht sicher vor extrem rechten Einflussnahmen sind, zum anderen, weil das Studium ebenso Antworten auf die extrem rechten Einflussnahmen auf die Soziale Arbeit geben muss. Dies kann jedoch nur gelingen, wenn Demokratieförderung noch stärker in alle Bereiche der Ausbildung und Fachpraxis verankert und innerhalb der Hochschulcurricula zum festen Bestandteil des Studiums der Sozialen Arbeit wird.

Kompetenzvermittlung in der Hochschullehre

Im Material wird die Kompetenzvermittlung zu den Themenbereichen Demokratie und Rechtsextremismus an den Hochschulen ausschließlich als Lücke im Studium wahrgenommen: *„Und ich kann sagen, im Lehrplan findet man kaum was zum Thema Rechtsextremismus. Wie erkenne ich rechtsextremistische Leute, woher kommen die, was ist zu beachten? Mit Jugendlichen, was mache ich da? Um überhaupt das Thema mal zu fokussieren. Und hätten jetzt nicht einzelne Professorinnen und Professoren gesagt: ‚Wir nehmen jetzt externe Angebote mit rein', dann hätten mehrere Jahrgänge hier an der Hochschule Neubrandenburg in Sozialer Arbeit immer noch keinen blassen Schimmer"* (V 834-842); *„Also ich habe ja auch in Neubrandenburg studiert und da gab es/ also es gab Migration sozusagen, aber da ging es um Recht. Da ging es nicht um Weltoffenheit oder interkulturelles Wissen oder so, ne, darum ging es nicht. Das kann schon was verändern auch bei Sozialpädagogen"* (C 329-332). Es zeigt sich die Notwendigkeit auf die künftigen professionellen Herausforderungen im Umgang mit Rechtsextremismus bereits im Studium theoretisch und auch handlungsorientiert intensiver einzugehen. Natürlich muss eine solche Auseinandersetzung nicht nach der Hochschule enden. Person D z. B. stellt sich regelmäßige Fortbildungen zum Thema vor: *„Also ich bin der:die Erste, der:die sagen würde: Hey Leute, wie wäre es, wenn ihr mal sagt, jede:r Schulsozialarbeiter oder jede:r Sozialarbeiter:in in diesem Bereich muss einmal im Jahr was zum Thema Rassismus, Menschenfeindlichkeit, Demokratie und so als Weiterbildung mal verpflichtend besuchen […] Ich weiß, es ist viel verlangt, aber man könnte ja mal ein bisschen weiterdenken"* (D 1002-1007).

Demokratieförderung an Hochschulen lässt sich mit Themen wie rassismus- und antisemitismuskritische Bildungsarbeit, Sensibilisierung zu verschiedenen

Formen von Diskriminierung und Menschenfeindlichkeit, Empowerment der von Diskriminierung betroffenen Adressat:innen sowie Kenntnissen zu spezifischen Symbolen, Praktiken und anderen Erscheinungsformen von Rechtsextremismus konkret in die Curricula von BA- und MA-Studiengängen der Sozialen Arbeit übersetzen. Gleichzeitig sind die Hochschulen angehalten die Leerstellen in der Praxis, die zeigen, wo es keine geeigneten Konzepte und Methoden für die Bearbeitung von extrem rechten Einflussnahmen gibt, ggf. in Praxisforschungen mit zu entwickeln. Auch hier können Studierende der Sozialen Arbeit, die zukünftig in Disziplin und/oder Profession tätig sein werden, eingebunden werden.

Schließlich gilt es auch an Hochschulen institutionelle Antworten auf extrem rechte Einflussnahmen zu entwickeln, sei es durch Positionierungen im hochschulöffentlichen Raum, die gemeinsam mit Studierenden erfolgen oder die Erweiterung bzw. Entwicklung von Hausordnungen, Leitbildern und Konzepten um Hochschulen zu einem Schutzraum für Studierende machen, die selbst von Diskriminierung betroffen sind. Diese Prozesse wurden an einigen Hochschulen der Sozialen Arbeit bereits begonnen. Auch hier lässt sich mit der Einbindung Studierender demokratische Positionierung konkret erfahrbar machen, indem die Gleichwertigkeit aller Menschen im akademischen Kontext nicht nur gefordert, sondern auf konkreter Handlungsebene hergestellt wird.

8 Soziale Arbeit und die extreme Rechte in Mecklenburg-Vorpommern: Umgang mit einer bedrohlichen Normalität

Die empirischen Befunde der MV-Studie auf der Basis der Auswertung der Fragebogenerhebung, der Expert:innenbefragung und der Dokumentenanalyse zeigen: Obwohl bislang keine flächendeckenden Landnahmen in der Sozialen Arbeit stattfinden, lassen sich in allen Regionen und über alle Arbeitsfelder hinweg zum Teil massive Einflussnahmen der extremen Rechten aufzeigen. Die Fachkräfte nennen eine große Anzahl von Beispielen für verschiedene Formen, in denen demokratie- und menschenfeindliche Denk- und Handlungsweisen die professionellen Formen Sozialer Arbeit erreichen.

Sozialarbeitende deuten extrem rechte Aktivitäten als wachsendes Problem und weisen vielfältig auf die Selbstverständlichkeit extrem rechten Denkens und Handelns im Alltag hin. Dabei ergreift insbesondere Rassismus viel Raum – er ist das dominante Narrativ der Ungleichwertigkeit, das mit Angstmache und der Forderung einer exklusiven Solidarität einhergeht. Die konkreten Erfahrungen der Fachkräfte mit der extremen Rechten stammen zum einen aus den professionellen, zum anderen aus den privaten Lebenszusammenhängen. An beiden Orten beobachten sie symbolische Landnahmen, treffen auf Personen, die extrem rechten Szenen zugehörig sind, und begegnen menschenfeindlichen oder autoritären Diskursen, auch ohne diese explizit zu suchen oder ausschließen zu können. Solche Erfahrungen prägen die Wissensordnung der Fachkräfte und schreiben sich umfassend in ihren Alltag ein. Für die Fachkräfte der Sozialen Arbeit in Mecklenburg-Vorpommern stellt sich der Alltag mit der extremen Rechten als Umgang mit einer bedrohlichen Normalität dar.

Die konkreten Einflussnahmen auf die Soziale Arbeit zeigen sich auf verschiedene Weise: Erstens entwickelt die extreme Rechte *eigene Angebote*, in denen sie erzieherisch tätig ist oder soziale Probleme organisiert bearbeitet. Solche Angebote stellen zu einem großen Teil lediglich Inszenierungen dar, durch die bestimmte politische Botschaften transportiert und ein Kümmerer-Image etabliert werden soll. Eine nachhaltige Bearbeitung sozialer Probleme ist mit ihnen nicht verbunden – von daher kann auch in Frage gestellt werden, ob solche Inszenierungen überhaupt als Angebote gewertet werden können. Zum Teil handelt es sich um verfestigte Angebote innerhalb geschlossener Szenen der extremen Rechten, wie Ferienlager oder Rechtsberatungen, die dazu dienen, bestimmte Identitäten auszuprägen und Loyalität innerhalb der Szenen zu stärken. Solche Angebote sind insbesondere auf die personelle Kontinuität von rechtsextremen Personen, Gruppierungen und Organisationen zurückzuführen. Im Bundesland hat die extremen Rechte über Jahrzehnte hinweg ein engmaschiges Netzwerk und eine ausgesprochen stabile Infrastruktur aufgebaut.

Extrem rechte Personen und Gruppierungen nehmen auch von außen auf etablierte Angebote Sozialer Arbeit Einfluss. Im Datenmaterial findet sich eine große Anzahl von *externen Einflussnahmen*: Zum einen werden Angebote der Sozialen Arbeit hinsichtlich ihrer thematischen Ausrichtung und in ihren Strukturen angegriffen. Insbesondere Personen und Organisationen, die sich in besonderer Weise für die Demokratie und die Menschenrechte einsetzen, sind solchen Angriffen ausgesetzt. Sie sollen über Angriffe auf die Finanzierung, auf ihre Inhalten und nicht zuletzt durch gewaltvolle Übergriffe und Bedrohungsszenarien eingeschüchtert werden. Zum anderen werden soziale Dienste genutzt, um rechtspopulistische, rassistische oder antifeministische Narrative, autoritäre Gesellschaftsbilder und die Idee von exklusiver Solidarität zu bewerben. Digitale und analoge Räume, wie z. B. mediale Berichterstattungen und Diskussionen in den sozialen Medien, aber auch Einzelgespräche oder Gruppenangebote der Sozialen Arbeit bieten dann Ansatzpunkte für versuchte Diskursverschiebungen.

Auch *innerhalb der Sozialen Arbeit* zeigen sich wachsende und vielfältige Einflussnahmen, deren Spektrum von der Präsenz extrem rechter Mitarbeiter:innen in Angeboten und Einrichtungen Sozialer Arbeit über symbolische Abwertungen von Adressat:innen bis hin zum Ausschluss aus Angeboten reichen. Extrem rechte Akteure nutzen ihre institutionellen Positionen, um in verschiedenen Feldern der Sozialen Arbeit, z. B. der Offenen Kinder- und Jugendarbeit, der Hilfen in prekären Lebenslagen und in sozialräumlichen Angeboten, menschenverachtenden und autoritären Diskursen und Handlungspraktiken Sichtbarkeit zu verschaffen. Die Nutzung diskriminierender Sprache und Diskursverschiebungen zeigt die Alltäglichkeit extrem rechter Einflussnahmen in der Verschiebung des Sagbaren bzw. in den Anschlüssen an kulturrassistische oder neosoziale Argumentationen. Schließlich lässt sich auch der Ausschluss von Adressat:innen aus Angeboten der Sozialen Arbeit nachweisen. Möglich sind diese Einflussnahmen insbesondere dann, wenn Fachkräfte extrem rechte Praktiken dulden und/oder sie nicht als solche einordnen können. Eine Kultur des Wegschauens, das Fehlen von Reflexionsräumen oder das Unvermögen von Fachkräften, extrem rechte Symbole und Ideologien einordnen zu können, gibt extrem rechten Akteuren die Möglichkeit, in der Sozialen Arbeit Fuß zu fassen.

In der Zusammenschau der Ergebnisse ist neben der Breite und Kontinuität vor allem die Intensität einiger Einflussnahmen besorgniserregend. Sie reicht bis zu *gewaltvollen Bedrohungen und tätlichen Angriffen*, die auf einzelne Fachkräfte und Einrichtungen der Sozialen Arbeit zielen. Es kommt z. B. zu erheblichen Bedrohungen, wenn sich Personen, die extrem rechten Szenen angehören, vor Beratungsstellen, Jugendzentren oder Sammelunterkünften aufbauen, wenn Fotos und private Adressen von Mitarbeiter:innen veröffentlicht werden, ihre Namen auf so genannten Todeslisten zu finden sind oder wenn Fachkräfte anonyme Drohbriefe erhalten. Die tätliche Gewalt nimmt zum Teil extreme Formen an: Im Material finden sich gleich mehrere Angriffe mit Brandsätzen, Buttersäure oder einfachem Sprengmaterial auf Jugend- und Begegnungszentren. Dokumentiert sind ebenfalls Randaleakten, Einbrüche und Verwüstungen in sozialen Einrichtungen. Schließlich sind es vereinzelte tätliche Übergriffe auf Sozialarbeiter:innen, die alarmieren.

Solche Angriffe führen auch dazu, dass sich einige sozialarbeiterische Angebote erst gar nicht mehr etablieren oder vor der Drohkulisse möglicher oder realisierter Angriffe *zurückziehen*. Solche Tendenzen sind alarmierend, weil die Angriffe und Bedrohungen damit ihr Ziel erreichen: Angebote werden erst gar nicht mehr etabliert, Fachkräfte kündigen und verlassen die Soziale Arbeit und Schutzräume der Adressat:innen werden verringert. Wenn ausgerechnet Angebote der politischen Bildung, der Migrationsberatung oder der Selbsthilfe nicht mehr überall bereitgestellt werden können, ist die konkrete Einlösung einer freiheitlichen und demokratischen Gesellschaftsordnung in Frage gestellt.

Bei aller Gefahr für die professionellen Fachkräfte und institutionalisierten Angebote, die von solchen Angriffen ausgehen: Es sind insbesondere die *Adressat:innen*, die der Gewalt und den Bedrohungen ausgesetzt sind und deren Sicherheit, Partizipation und bedarfsgerechte Versorgung in Frage gestellt ist. Sie verlieren Schutzräume und Unterstützungsstrukturen, wenn sich z. B. Personen vor Einrichtungen als Drohkulisse versammeln oder gewaltvolle Tätlichkeiten gegen die Einrichtungen unternehmen, wie etwa im Kontext von Geflüchtetenunterkünften, im Betreuten Jugendwohnen, von Jugendzentren und Migrationsberatungsstellen berichtet wurde. Außerdem erleben auch die Adressat:innen die bedrohliche Normalität extrem rechter Denk- und Handlungsweisen in ihrem Alltag: Unter anderem durch rassistische oder sexistische Diskriminierungen, durch Beleidigungen auf der Straße, Drohbriefe in ihren Briefkästen und gelegentlich durch tätliche Angriffe, wie die Fachkräfte berichten. Und auch in den Angeboten der Sozialen Arbeit sind sie nicht immer vor Ausgrenzungen aufgrund von rassistischen, sexistischen oder anders menschenfeindlichen Rationalisierungen geschützt. Innerhalb der Sozialen Arbeit kommt es vor, dass Adressat:innen nur das nächstbeste Angebot gemacht wird, dass sie Stereotypisierungen und Abwertungen erfahren oder dass sie von Angeboten ausgeschlossen werden, die ihnen rechtlich zustehen, wie vereinzelt berichtet wurde.

Für diese Formen der Einflussnahme zeigt ein großer Teil der Fachkräfte in Mecklenburg-Vorpommern ein ausgeprägtes *Bewusstsein* – ein deutlicher

Unterschied zu den Ergebnissen der Studie in Nordrhein-Westfalen, der auf die Alltäglichkeit der extremen Rechten in Mecklenburg-Vorpommern hinweist. Dennoch zeigt sich ebenso in Mecklenburg-Vorpommern, dass ein kleinerer Teil der Fachkräfte davon ausgeht, dass die Soziale Arbeit vor extrem rechten Einflussnahmen gefeit sei. Anderen Sozialarbeitenden fehlen Informationen über Formen und Strategien der Einflussnahmen, so dass sie sie nicht als solche erkennen. Solche Negationen und ein zu geringes Wissen über Akteure und Formen erhöhen die Gefahr, dass Einflussnahmen nicht wahrgenommen werden und das Gefährdungspotenzial für Adressat:innen, Fachkräfte und Institutionen unerkannt bleibt.

Tatsächlich zeigt sich im Vergleich zur Studie in Nordrhein-Westfalen, dass die Einrichtungen in Mecklenburg-Vorpommern seltener *institutionalisierte Formen des Umgangs* wählen. Öffentliche Stellungnahmen, Teilnahme an Angeboten und Aktionen gegen rechts sowie Fortbildungen und Beratungen zum Thema werden weniger in Anspruch genommen und für Thematisierung der Einflussnahmen genutzt (vgl. Gille/Jagusch/Krüger/Wéber 2022). Reflexion und Positionierungen bleiben den Einzelnen überlassen und sind nur wenig in Arbeitsabläufen verfestigt und institutionalisiert.

Eine besondere Bedingung für die Einflussnahmen der extremen Rechten in der Sozialen Arbeit stellen die *ländlichen Strukturen* des Bundeslandes dar. Die empirischen Befunde zeigen, dass die engen Gemeinschaften, die Übersichtlichkeit des Sozialraums und das Gefühl, man kenne sich, als Basis für Homogenisierungen und Grenzziehungen verwendet werden können, um ein abgegrenztes „wir" zu konstituieren. In diesen engen Gemeinschaften können Othering-Prozesse vorgenommen werden, in denen sowohl das vermeintlich Eigene konstituiert und aufgewertet, wie das vermeintlich Fremde geschaffen und abgewertet werden können. Die Homogenisierungen und Fremdmachungen gehen mit Verpflichtungen gegenüber der Gemeinschaft einher, denen sich die einzelnen schwer entziehen können. In der Folge werden solidarische Strukturen entlang der Grenzen von exklusiven Gemeinschaften entwickelt, die die Fremdgemachten von der Teilhabe an gesellschaftlichen Ressourcen ausschließen. Die so konstituierten exklusiven Gemeinschaften können von der extremen Rechten nutzbar gemacht werden.

Solche Vergemeinschaftungsformen werden durch eine im großen Flächenland Mecklenburg-Vorpommern lückenhafte *öffentliche Infrastruktur* gestärkt. Sie hat insbesondere in den Kreisgebietsreformen 1994 und 2011 einen starken Rückbau erfahren; vorhandene Angebote der Daseinsvorsorge wurden geschlossen und in den Kreisstädten oder städtischen Zentren des Bundeslandes zentralisiert. Neue regionale Ungleichheiten zeigen sich insbesondere in den sogenannten ‚Gestaltungsräumen' von MV, in geografischen Räumen mit besonderen demografischen Herausforderungen (vgl. Willisch 2021, S. 132). Die lückenhafte öffentliche Daseinsvorsorge ohne oder mit wenig Angeboten begünstigt die Bedingungen nicht nur von exklusiven Gemeinschaften, sondern auch die Landnahmen extrem rechter Akteure. Wo die Einrichtungen der Daseinsvorsorge wie Jugendzentren, Nachbarschaftszentren und Beratungseinrichtungen noch bestehen, tragen die ökonomischen Bedingungen und der damit verbundene Fachkräftemangel dazu bei, dass Angebote der Sozialen Arbeit nicht überall von ausgebildetem Fachpersonal, sondern von fachfremden Personen oder von ehrenamtlich Engagierten übernommen werden. Aus der Sicht vieler Befragter werden so Standards Sozialer Arbeit unterminiert und Prozesse der Entprofessionalisierung vorangetrieben.

Schließlich findet die Konstitution exklusiver Gemeinschaften einen weiteren Nährboden in Lebenslagen, die auch drei Jahrzehnte nach der Transformation 1989/90 durch Souveränitätsverluste, Abwertungs- und Ohnmachtserfahrungen und ökonomische Deklassierungen geprägt sind. Zudem führen viele Befragte *historische Kontinuitäten* des Autoritarismus an, die sich auf private und professionelle Positionierungen und Menschenbilder auswirken und auch in der Sozialen Arbeit wirkmächtig sind. Doch diese Spezifika Mecklenburg-Vorpommerns sollen nicht darüber hinwegtäuschen, dass es sich bei den hier beschriebenen Einflussnahmen nicht um ein ostdeutsches, sondern um ein gesamtdeutsches Phänomen handelt. Denn erstens finden sich solche autoritären und menschenfeindlichen Diskurse und Praktiken auch in westdeutschen Flächenländern (vgl. Schuhmacher/Schwerthelm/Zimmermann 2021; Hafeneger et al. 2021; Jagusch/Gille 2019). Zweitens haben sich vermeintlich ‚west-' und ‚ostdeutsche' extrem rechte Gruppierungen, Personen und Organisationen längst vermischt und haben gerade Akteure aus den westdeutschen Bundesländern ostdeutsche Lücken bewusst für Landnahmen genutzt (z. B. Lühmann 2021, S. 727f.). Drittens sind die unterschiedlichen Lebensverhältnisse in Deutschland längst viel kleinräumiger zu betrachten als durch eine Trennung ostdeutscher von westdeutschen Bedingungen; und viertens und letztens sind die Antworten von Profession und Disziplin der Sozialen Arbeit, wie von der Politik, gut dreißig Jahre nach der friedlichen Revolution gesamtdeutsch zu geben.

Dass sich extrem rechte Diskurse und Praktiken in der Sozialen Arbeit niederschlagen, ist an sich nicht überraschend. Die Soziale Arbeit ist immer Produkt wie Akteurin gesellschaftlicher Diskurse und gesellschaftlichen Wandels. Die Ergebnisse zeigen, dass die extreme Rechte Soziale Arbeit gezielt für das nutzen kann, was sie als Kampf um den vorpolitischen Raum bezeichnet: Wenn ein vermeintlich unpolitisches Kinderfest veranstaltet oder ein unliebsames Jugendzentrum diskreditiert, die Sozialarbeiterin einer interkulturellen Beratungsstelle bedroht wird oder Gehsteigberatungen vor einer Schwangerschaftsberatungsstelle durchgeführt werden, dann versuchen Akteure der extremen Rechten, gesellschaftliche Denkweisen und Positionierungen insgesamt zu beeinflussen und ihre politischen Botschaften zu vermitteln. Aus einer professionsethischen Positionierung gilt es, sich solchen demokratie- und menschenfeindlichen Agitationen zu widersetzen.

Innerhalb der Praxis Sozialer Arbeit gibt es bereits einige *Antworten und Gegenstrategien*, die individuell und vereinzelt auch institutionell auf extrem rechte Einflussnahmen reagieren. Sozialarbeitende schaffen es in einigen Arbeitsfeldern, bspw. in der Offenen Kinder- und Jugendarbeit, Gesprächseinladungen zu machen und gleichzeitig klare Grenzen in den Einrichtungen zu ziehen. Dies bleibt für sie ein professioneller Drahtseilakt. Fachkräfte können Dienstbesprechungen, Supervisionen oder Teamtage als Räume nutzen, um ihren professionellen Umgang mit extrem rechten Einflussnahmen zu reflektieren. Es sind einige Fälle extrem rechter Angriffe bekannt, bei denen es die Soziale Arbeit schafft, sich mit Akteuren der Zivilgesellschaft zu verbünden. Wo Einflussnahmen nicht mehr innerhalb der Institution abgewehrt werden können, werden oftmals Angebote externer Beratungsstellen genutzt.

Insbesondere institutionelle Antworten von Einrichtungen, bspw. durch entsprechende Arbeitsverträge, Ansprechstellen und festgelegte Prozesse, sichtbare Stellungnahmen, Fortbildungen und regelmäßige Reflexionsräume müssen jedoch weiter ausgebaut werden. Sie unterstützen Fachkräfte und geben Handlungssicherheit. Es sind Kooperationen und lokale Partnerschaften in den einzelnen Regionen und Landkreisen von Sozialer Arbeit mit Akteuren der organisierten Zivilgesellschaft sichtbar, die dabei helfen, Angriffe zu entindividualisieren und ihnen gemeinsam entgegen zu treten. Diese Bündnispartnerschaften müssen durch verlässliche und kontinuierliche Ressourcen gestärkt werden.

Aus den Befunden lassen sich zudem Konsequenzen für das Studium der Sozialen Arbeit ableiten. Auf die künftigen professionellen Herausforderungen im Umgang mit Rechtsextremismus muss bereits im Studium theoretisch und auch handlungsorientiert intensiver eingegangen werden. Die Forschungsergebnisse machen Potenziale von Professionalisierung auf verschiedenen Ebenen deutlich: Künftige Sozialarbeiter:innen müssen in der Lage sein, autoritäre und menschenfeindliche Einflüsse zu erkennen und zu benennen, eine demokratische Haltung zu vertreten und im Interesse der bedrohten oder angegriffenen Adressat:innen und Fachkräfte zu handeln, Gegenstrategien zu entwickeln und diese institutionell zu verankern. Im Umgang mit der bedrohlichen Normalität der extremen Rechten kann sich Soziale Arbeit so als ein Ort der Arbeit an der Demokratie und der Verwirklichung der Menschenrechte beweisen.

Quellen

Abdollahi, Michel; Kalle, Janina; Hohndorf, David (2015): Im Nazidorf. Fernsehreportage für den NDR. *www.ndr.de/fernsehen/sendungen/panorama_die_reporter/Im-Nazidorf,sendung 447204.html* (07.02.2021).

AGJF – Arbeitsgemeinschaft Jugendfreizeitstätten Sachsen (2019): „Auch wenn alle anderen dagegen sind". Potenziale von Jugendarbeit für Demokratiebildung und die Auseinandersetzung mit Rassismus. agjf-sachsen.de/mut-interventionen.html (09.08.2021).

Alin, Selina; Bukow, Sebastian; Faus, Jana; John, Stefanie; Jurrat, Andrina (2021): Beleidigt und bedroht. Arbeitsbedingungen und Gewalterfahrungen von Ratsmitgliedern in Deutschland. Band 59 der Reihe Schriften der Demokratie der Heinrich-Böll-Stiftung. *www.boell.de/de/2021/01/28/beleidigt-und-bedroht* (08.08.2021).

Amadeu Antonio Stiftung (andauernd): Todesopfer rechter Gewalt. *www.amadeu-antonio-stiftung.de/todesopfer-rechter-gewalt/* (08.08.2021).

Amadeu Antonio Stiftung (Hrsg.) (2013): Region in Aktion – Wie im ländlichen Raum demokratische Struktur gestaltet werden kann. Berlin: Eigenverlag.

Arndt, Martin; Geelhaar, Stephan; Witte, Kristin (2015): Rechtextreme Szenen in Mecklenburg-Vorpommern. In: Lola für Demokratie e.V. (Hrsg.): Frauen und Rechtsextremismus in Mecklenburg-Vorpommern. *www.amadeu-antonio-stiftung.de/publikationen/frauen-und-rechtsextremismus-in-mecklenburg-vorpommern/* (20.08.2021), S. 12-16.

Ayass, Wolfgang (1995): „Asoziale" im Nationalsozialismus. Stuttgart: Klett Cotta.

Backes, Uwe; Jesse, Eckhard (1993): Politischer Extremismus in der Bundesrepublik Deutschland. Berlin: Propyläen.

Baeck, Jens-Philipp (2018): Unter einer Decke. Die Liebesaffäre von Identitären und AfD. In: Speit, Andreas (Hrsg.): Das Netzwerk der Identitären. Ideologie und Aktionen der Neuen Rechten. Berlin: Christoph Links, S. 107-126.

Baghdady, Anne; Haunhorst, Regina; Würz, Markus (2016): Flucht und Vertreibung. In: Stiftung Haus der Geschichte der Bundesrepublik Deutschland (Hrsg.): Lebendiges Museum Online. http://www.hdg.de/lemo/kapitel/nachkriegsjahre/alltag/flucht-und-vertreibung.html (21.09.2021).

Becker, Reiner; Hafeneger, Bruno (2012): Rechtsextremismus im ländlichen Raum – im Spannungsfeld von politischer Bildung, Beratung und pädagogischer Arbeit mit rechten Jugendlichen. In: Diebel, Stefanie; Engel, Alexandra; Hermann-Stietz, Ina; Litges, Gerhard; Penke, Swantje; Wagner, Leonie (Hrsg.): Soziale Arbeit in ländlichen Räumen. Wiesbaden: VS Verlag für Sozialwissenschaften, S. 147-160.

Becker, Reiner; Schmitt, Sofie (Hrsg.) (2019): Beratung im Kontext Rechtsextremismus. Frankfurt a. M.: Wochenschau.

Benneckenstein, Heidi (2017): Ein deutsches Mädchen. Mein Leben in einer Neonazi-Familie. Unter Mitarbeit von Tobias Haberl. Stuttgart: Tropen.

Besche, Julia (2022): Studierende der Sozialen Arbeit im Kontext recht(sextrem)er Strömungen. In: Gille, Christoph; Jagusch, Birgit; Chehata, Yasmine (Hrsg.): Die extreme Rechte in der Sozialen Arbeit. Grundlagen, Arbeitsfelder, Handlungsmöglichkeiten. Weinheim, Basel: Beltz Juventa, S. 145-156.

Birgmeier, Bernd; Mührel, Eric (Hrsg.) (2016): Die 68er und die Soziale Arbeit. Eine (Wieder-)Begegnung. Wiesbaden: Springer VS.

BMBF – Bundesministerium für Bildung und Forschung (Hrsg.) (2020): Bundesbericht Forschung und Innovation (BuFI) 2020. Berlin: BMBF.

BMI – Bundesministerium des Innern (2020): Verfassungsschutzbericht 2019. *www.verfassungsschutz.de/de/oeffentlichkeitsarbeit/publikationen/verfassungsschutzberichte* (08.08.2021).

BMIBH – Bundesministerium des Innern, für Bau und Heimat (Hrsg.) (2021): Bundesinnenminister Horst Seehofer verbietet die Rockergruppierung „Bandidos MC Federation West Central“. Pressemitteilung vom 12.07.2021. *www.bmi.bund.de/SharedDocs/pressemitteilungen/DE/2021/07/vereinsverbot-bandidos.html* (17.10.2021).

BNR – Blick Nach Rechts (2012): HNG Verbot vor Gericht. *www.bnr.de/artikel/aktuelle-meldungen/hng-verbot-vor-gericht* (11.08.2021).

Bringt, Friedemann; Klare, Heiko (2022): Mobile Beratung gegen Rechtsextremismus. Standortbestimmung eines innovativen Handlungsansatzes zur Förderung demokratischer Alltagskultur im Gemeinwesen im internationalen Vergleich. In: Gille, Christoph; Jagusch, Birgit; Chehata, Yasmine (Hrsg.): Die extreme Rechte in der Sozialen Arbeit. Grundlagen, Arbeitsfelder, Handlungsmöglichkeiten. Weinheim, Basel: Beltz Juventa, S. 397-410.

Brinkmann, Hermann (2011): Daseinsvorsorge im demografischen Wandel. Vortrag in Berlin am 02.12.2011. Schwerin: Ministerium für Energie, Infrastruktur und Landesentwicklung von MV. http://www.regionale-daseinsvorsorge.de/fileadmin/files/pdf/MV_Brinkmann__2_Dez.pdf (14.03.2021).

Brumlik, Micha (2020): Ostdeutscher Antisemitismus: Wie braun war die DDR? In: blaetter, Januar 2020. www.blaetter.de/ausgabe/2020/januar/ostdeutscher-antisemitismus-wie-braun-war-die-ddr (21.09.2021).

Buchstein, Hubertus; Heinrich, Gudrun (Hrsg.) (2010): Rechtsextremismus in Ostdeutschland. Demokratie und Rechtsextremismus im ländlichen Raum. Schwalbach i. Ts.: Wochenschau.

Bundesinstitut für Bevölkerungsforschung (2021): Bevölkerungszahl in Mecklenburg-Vorpommern. *www.demografie-portal.de/DE/Fakten/bevoelkerungszahl-mecklenburg-vorpommern.html* (21.09.2021).

Claus, Robert (2020): Ihr Kampf. Wie Europas extreme Rechte für den Umsturz trainiert. Bielefeld: Werkstatt Verlag.

Cremer, Hendrik (2021): Nicht auf dem Boden des Grundgesetzes. Warum die AfD als rassistische und rechtsextreme Partei einzuordnen ist. Berlin: Deutsches Institut für Menschenrechte.

Cruzcampo, Oliver (2020): Neue Fraktion: Ex-AfD-Landeschef Dennis Augustin holt NPD-Landeschef. *www.endstation-rechts.de/news/neue-fraktion-ex-afd-landeschef-dennis-augustin-holt-npd-landeschef.html* (15.03.2021)

Cruzcampo, Oliver (2019a): Boxverein: Neonazi trainiert Jugendliche mit Migrationshintergrund. *www.endstation-rechts.de/news/boxverein-neonazi-trainiert-jugendliche-mit-migrationshintergrund.html* (15.03.2021)

Cruzcampo, Oliver (2019b): Rechtsrock im Thinghaus. www.endstation-rechts.de/news/rechtsrock-im-thinghaus.html (14.03.2021).

Cruzcampo, Oliver (2019c): Nach Angriff auf Demokratiebahnhof: Täter schuldig gesprochen. *www.endstation-rechts.de/news/nach-angriff-auf-demokratiebahnhof-taeter-schuldig-gesprochen.html* (14.10.2021)

Cruzcampo, Oliver (2018): Vom Neonazi-Kader zum AfD Mitarbeiter. www.endstation-rechts.de/ *news/vom-neonazi-kader-zum-afd-mitarbeiter.html (10.10.2021).*

Cruzcampo, Oliver (2016): Die Identitäre Bewegung in M-V – Ein Überblick. *www.endstation-rechts.de/news/die-identitaere-bewegung-in-m-v-ein-ueberblick.html* (15.10.2021).

DaMigra e.V./Lola für Demokratie in Mecklenburg-Vorpommern e.V./Tutmonde e.V. (2020): Mutmaßlich rechtsextremer Angriff auf Vereinsbüro und Mitarbeiterinnen von Migrantinnenselbstorganisation in Stralsund. www.damigra.de/meldungen/mutmasslich-rechtsextremer-angriff-auf-vereinsbuero-und-mitarbeiterinnen-von-migrantinnenselbstorganisation-in-stralsund/ (23.07.2021).

DBSH/FBTS –Deutscher Berufsverband für Soziale Arbeit/Fachbereichstag Sozialer Arbeit (2016): Deutschsprachige Definition Sozialer Arbeit des FBTS und DBSH. *www.dbsh.de/profession/definition-der-sozialen-arbeit/deutsche-fassung.html* (15.08.2021).

Decker, Oliver; Brähler, Elmar (Hrsg.) (2020): Autoritäre Dynamiken. Alte Ressentiments – neue Radikalität. Leipziger Autoritarismus Studie 2020. Gießen: Psychosozial-Verlag.

Demirović, Alex (2018): Einleitung: Globaler Autoritarismus – Überlegungen und Fragen. In: Book, Carina; Huke, Nikolai; Tietje, Olaf (Hrsg.): Autoritärer Populismus. Münster: Westfälisches Dampfboot, S. 28-39.

Der Paritätische Gesamtverband (Hrsg.) (2020): Gegen Armut hilft Geld. Der Paritätische Armutsbericht 2020. Berlin: Der Paritätische Gesamtverband.

Der Paritätische Landesverband MV (2020): Pressemitteilung vom 20.11.2020. *http://www.gesundheitsfoerderung-mv.de/2021/01/05/paritaetischer-armutsbericht-2020-armut-in-deutschland-auf-rekordhoch-quote-in-mv-leicht-gesunken/* (28.09.2021).

Deutscher Bundestag (Hrsg.) (2021): Drucksache 19/32632 vom 01.10.2021 (19. Wahlperiode). Berlin: H. Heenemann GmbH & Co. KG.

Deutscher Paritätischer Wohlfahrtsverband e.V. (2020): Druck aus den Parlamenten –Zum Umgang sozialer Organisationen mit Anfeindungen von rechts. *www.der-paritaetische.de/fileadmin/user_upload/Publikationen/doc/druck-aus-den-parlamenten_web.pdf* (17.08.2021).

Deutschlandfunk (2021): CDU/AfD-Zählgemeinschaft in Penzlin. Waldmüller (CDU): ‚Keine weitere Zusammenarbeit mit der AfD'. Wolfgang Waldmüller im Gespräch mit Dirk-Oliver Heckmann. www.deutschlandfunk.de/cdu-afd-zaehlgemeinschaft-in-penzlin-waldmueller-cdu-keine.694.de.html?dram:article_id=452326 (22.03.2021).

Deutschlandfunk Kultur (2021): Rechtsextreme Netzwerke in MV. Politik und Behörden unterwandert? Jörg Köpke im Gespräch mit Susanne Arlt (Beitrag vom 31.08.2021). *www.deutschlandfunkkultur.de/rechtsextreme-netzwerke-in-mv-politik-und-behoerden.1001.de.html?dram:article_id=502432* (04.10.2021).

Diakonie Deutschland (2018): Umgang mit Rechtspopulismus. Eine Handreichung. *www.diakonie.de/fileadmin/user_upload/Diakonie/PDFs/Broschuere_PDF/2018-10-17_umgang_mit_rechtspopulismus.pdf (17.08.2021).*

Diebel, Stefanie (2012): Professionelles Handeln von SozialarbeiterInnen/SozialpädagogInnen in ländlichen Räumen. Ergebnisse einer explorativen Studie. In: Diebel, Stefanie; Engel, Alexandra; Hermann-Stietz, Ina; Litges, Gerhard; Penke, Swantje; Wagner, Leonie (Hrsg.): Soziale Arbeit in ländlichen Räumen. Wiesbaden: Springer VS, S. 53-65.

Dörre, Klaus (2020): In der Warteschlange. Arbeiter*innen und die radikale Rechte. Münster: Westfälisches Dampfboot.

Ehlert, Gudrun; Radvan, Heike; Schäuble, Barbara; Thiessen, Barbara (2020): Verunsicherungen und Herausforderungen. Strategien im Umgang mit Rechtsextremismus und Antifeminismus in Hochschule und Profession. Sozial Extra 2/2020, S. 102-106.

Endstation Rechts Redaktion (2014): Innenminister Caffier verbietet Rockerclub mit Wurzeln im Neonazi-Milieu. *www.endstation-rechts.de/news/innenminister-caffier-verbietet-rockerclub-mit-wurzeln-im-neonazi-milieu.html* (12.10.2021).

EPD – Evangelischer Pressedienst (2020): Demminer Tafel weist AfD Spende zurück. *www.evangelisch.de/inhalte/164528/03-01-2020/demminer-tafel-weist-afd-spende-zurueck* (08.08.2021).

Erb, Sebastian; Schulz, Daniel (2019): Hannibal-Netzwerk in Meck-Pomm: Rechtsextreme Elitepolizisten. In: taz vom 26.11.2019. *www.taz.de/Hannibal-Netzwerk-in-Meck-Pomm/!5644720/* (14.03.2021).

EXIF (Hrsg.) (2019): ‚Nordkreuz', Rocker, ‚Identitäre Bewegung' & Burschenschaftler vereint beim AfD-Flügeltreffen. *www.exif-recherche.org/?p=6580* (15.08.2021).

Farokhmanesh, Mohammed; Geiger, Frank (2018): Kleine Germanen. Dokumentarfilm. Little Dream Entertainment.

Farrenberg Dominik; Schulz, Marc (2020): Handlungsfelder Sozialer Arbeit. Eine systematisierende Einführung. Weinheim, Basel: Beltz Juventa.

Farrokhzad, Schahrzad; Kunz, Thomas; Mohammed Oulad M'Hand, Saloua; Ottersbach, Markus (Hrsg.) (2021): Migrations- und Fluchtdiskurse im Zeichen des erstarkenden Rechtspopulismus. Wiesbaden: Springer VS.

Fischer, Jörg (2020): Fachkräfte in der öffentlichen Verwaltung – Kooperation im Spagat zwischen Netzwerk- und Verwaltungslogik. In: Fischer, Jörg; Graßhoff, Gunther (Hrsg.): Fachkräfte! Mangel! – Die Situation des Personals in der Sozialen Arbeit. Weinheim, Basel: Beltz Juventa, S. 48-61.

Fischer, Jörg; Dunn, Kerry (2019): Stifled Progress – International Perspectives on Social Work and Social Policy in the Era of Right-Wing Populism. Opladen, Berlin, Toronto: Barbara Budrich.

Flüchtlingsrat Mecklenburg-Vorpommern e.V. (Hrsg.) (2017): Sexistischer, gewalttätiger Übergriff in Nostorf Horst. *www.fluechtlingsrat-mv.de/sexistischer-gewalttaetiger-uebergriff-in-nostorf-horst/3724/#more-3724%20%20* (10.10.2021).

Freires, Horst (2020a): Kampfsport bei Neonazi-Kameradschaft. *www.bnr.de/artikel/aktuelle-meldungen/kampfsport-bei-neonazi-kameradschaft* (19.08.2021).

Freires, Horst (2020b): Braunes Kampfsport-Event gestoppt. *www.bnr.de/artikel/aktuelle-meldungen/braunes-kampfsport-event-gestoppt* (19.08.2021).

Friedrichs, Julia; Fuchs, Christian; Geisler, Astrid; Spinrath, Andreas (2019): Das unsichtbare Netz. In: Zeitmagazin, 2019 (09). *www.zeit.de/zeit-magazin/2019/09/anklam-rechtsextremismus-baubranche-npd* (14.03.2021).

Fuchs, Christian; Middelhof, Paul (2019): Das Netzwerk der Neuen Rechten. Wer sie lenkt, wer sie finanziert und wie sie die Gesellschaft verändern. Reinbek bei Hamburg: Rowohlt.

Fuchs-Rechlin, Kirsten (2021): Soziale Berufe – Systemrelevant! Soziale Berufe – Anerkannt? Schlaglichter auf den Arbeitsmarkt der Gesundheits-, Sozial-, und Erziehungsberufe. In: Fischer, Jörg; Graßhoff, Gunther (Hrsg.): Fachkräfte! Mangel! – Die Situation des Personals in der Sozialen Arbeit. Weinheim, Basel: Beltz Juventa, S. 23-32.

Gefangenenhilfe (o.J.): Startseite. *www.gefangenenhilfe.info* (20.02.2021).

Gessenharter, Wolfgang (2018): Strategien und Einflusssphären der „Neuen Rechten". In: Gomolla, Mechthild; Kollender, Ellen; Menk, Marlene (Hrsg.): Rassismus und Rechtsextremismus in Deutschland. Figurationen und Interventionen in Gesellschaft und staatlichen Institutionen. Weinheim, Basel: Beltz Juventa, S. 44-60.

GFS – Gemeinsam für Frieden und Solidarität e. V. (2021): Open Air Festival. Jamel rockt den Förster. www.forstrock.de/ (01.07.2021).

Gille, Christoph; Jagusch, Birgit (2019): Die Neue Rechte in der Sozialen Arbeit. Exemplarische Analysen. www.fgw-nrw.de/studien/rechtspopulismus03.html (08.08.2021).

Gille, Christoph; Jagusch, Birgit; Chehata, Yasmine (Hrsg.) (2022): Die extreme Rechte in der Sozialen Arbeit. Grundlagen, Arbeitsfelder, Handlungsmöglichkeiten. Weinheim, Basel: Beltz Juventa.

Gille, Christoph; Jagusch, Birgit; Krüger, Christine; Wéber, Júlia (2022): Kontinuierliche Angebote, systematische Angriffe, alltägliche Verschiebungen. Die extreme Rechte in der Sozialen Arbeit in Nordrhein-Westfalen und Mecklenburg-Vorpommern. In: Gille, Christoph; Jagusch, Birgit; Chehata, Yasmine (Hrsg.): Die extreme Rechte in der Sozialen Arbeit. Grundlagen, Arbeitsfelder, Handlungsmöglichkeiten. Weinheim, Basel: Beltz Juventa, S. 121-143.

Gläser, Jochen; Laudel, Grit (2006): Experteninterviews und qualitative Inhaltsanalyse. Wiesbaden: Springer VS.

Grigori, Eva; Trebing, Jerome (2019): Jugend an die Macht. Zugriffe neurechter Bewegungen auf die Jugendarbeit am Beispiel der Gruppen „Identitäre Bewegung" und „Kontrakultur". In: Boehnke, Lukas; Thran, Malte; Wunderwald, Jacob (Hrsg.): Rechtspopulismus im Fokus. Wiesbaden: Springer VS, S. 135-156.

Grumke, Thomas (2017): Rechtsextremismus in Deutschland. Begriff – Ideologie – Struktur. In: Glaser, Stephan; Pfeiffer, Thomas (Hrsg.): Erlebniswelt Rechtsextremismus, modern – subversiv – hasserfüllt. Hintergünde und Methoden für die Praxis der Prävention. Schwalbach i. Ts.: Wochenschau, S. 21-40.

Haase, Katrin (2020): Exkludierende Solidaritäten. Herausforderungen im Kontext der Wohnungslosigkeit. In: Soziale Arbeit 4/2020, S. 146-151.

Haase, Katrin; Nebe, Gesine; Zaft, Matthias (Hrsg.) (2020): Rechtspopulismus – Verunsicherungen der Sozialen Arbeit. Weinheim, Basel: Beltz Juventa.

Hafeneger, Benno; Jestädt, Hannah; Schwerthelm, Moritz; Schuhmacher, Nils; Zimmermann, Gillian (2021): Die AfD und die Jugend. Wie die Rechtsaußenpartei die Jugend- und Bildungspolitik verändern will. Frankfurt a. M.: Wochenschau.

Hajna, Karl-Heinz (2000): Die Landtagswahlen 1946 in der SBZ. Frankfurt a. M.: Peter Lang.

Hartleb, Florian (2018): Gibt es einen europäischen Kern des populistischen Diskurses? In: Schellhöh, Jennifer; Reichertz, Jo; Heins, Volker M.; Flender, Armin (Hrsg.): Großerzählungen des

Extremen. Neue Rechte, Populismus, Islamismus, War on Terror. Bielefeld: transcript, S. 97-112.

Häusler, Alexander (2016): Themen der Rechten. In: Virchow, Fabian; Langebach, Martin; Häusler, Alexander (Hrsg.): Handbuch Rechtsextremismus. Wiesbaden: Springer VS, S. 135-180.

Häusler, Alexander; Küpper, Beate (2019): Neue rechte Mentalitäten in der Mitte der Gesellschaft. In: Zick, Andreas; Küpper, Beate; Berghan, Wilhelm: Verlorene Mitte, feindselige Zustände. Rechtsextreme Einstellungen in Deutschland 2018/2019. Herausgegeben für die Friedrich-Ebert-Stiftung von Franziska Schröter. Bonn: Dietz, S. 147-171.

Hechler, Andreas (2021): Funktionalisierte Kinder. Kindeswohlgefährdung in Neonazifamilien – eine Hilfestellung für Fachkräfte in den Bereichen Recht und (Sozial-)Pädagogik. *www.andreashechler.com/publications* (17.08.2021).

Heinrich, Gudrun (2018): Fanal „Rostock-Lichtenhagen". Rassistische Ausschreitungen und die junge Demokratie. In: Creuzberger, Stefan; Mrotzek, Fred; Niemann, Mario (Hrsg.): Land im Umbruch. Mecklenburg-Vorpommern nach dem Ende der DDR. Berlin: be.bra, S. 173-188.

Heitmeyer, Wilhelm; Freiheit, Manuela; Stritzer, Peter (2020): Rechte Bedrohungsallianzen. Berlin: Suhrkamp.

Hochschule Düsseldorf (2020): HSD stellt sich gegen antisemitische und rechtsextreme Inhalte. www.hs-duesseldorf.de/aktuelles/20201106-hsd-stellt-sich-gegen-antisemitische-und-rechtsextreme-inhalte (08.08.2021).

Holtz, Tobias (2020): Diakonie rechtfertigt Entscheidung gegen AfD Geld. www.nordkurier.de/demmin/diakonie-rechtfertigt-entscheidung-gegen-afd-geld-0337977001.html?fbclid=IwAR0PbjKU3jEJjY5CK3Jbzp8TFP8moHeZr_C7i0EN1p3pykb0dfiUdKJ_1pA (19.02.2021).

Hufer, Klaus-Peter (2018): Neue Rechte, altes Denken. Ideologie, Kernbegriffe und Vordenken. Weinheim, Basel: Beltz Juventa.

Hunner-Kreisel, Christine; Wetzel, Jana (2018): Rassismus in der Sozialen Arbeit und Rassismuskritik als Querschnittsaufgabe – Perspektiven für die Wissenschaft und Praxis. Einleitung. In: Neue Praxis. Sonderheft 15, S. 3-14.

Jaschke, Hans-Gerd (2016): Strategien der extremen Rechten in Deutschland nach 1945. In: Virchow, Fabian; Langebach, Martin; Häusler, Alexander (Hrsg.): Handbuch Rechtsextremismus. Wiesbaden: Springer VS, S. 115-134.

JUMP (2020): Abgelegt. Abgereist. Ausgestiegen. Perspektiven der Ausstiegsarbeit rechts. 10 Jahre JUMP – Ausstiegsarbeit in Mecklenburg-Vorpommern. Waren (Müritz): CJD.

Kappeler, Manfred (2016): Die Berliner Heimkampagne. Ein Beispiel für die Politisierung von Studierenden und PraktikerInnen der Sozialen Arbeit. In: Birgmeier, Bernd; Mührel, Eric (Hrsg.): Die 68er und die Soziale Arbeit. Eine (Wieder-)Begegnung. Wiesbaden: Springer VS, S. 123-152.

Keller, Caro (2021): Gefangen in der Zeitschleife? Konjunkturen und Kontinuitäten rechten Terrors in Deutschland. In: Heinrich-Böll-Stiftung; Amadeu Antonio Stiftung (Hrsg.): Rechter Terror. Warum wir eine neue Sicherheitsdebatte brauchen. Berlin: HBS, S. 16-22.

Kellershohn, Helmut (2016): Das Institut für Staatspolitik und das jungkonservative Hegemonieprojekt. In: Braun, Stephan; Geisler, Alexander; Gerster, Martin (Hrsg.): Strategien der extremen Rechten. Hintergründe – Analysen – Antworten. 2. Auflage. Wiesbaden: Springer VS, S. 439-468.

Kessl, Fabian; Plößer, Melanie (Hrsg.) (2010): Differenzierung, Normalität und Andersheit. Soziale Arbeit als Arbeit mit den Anderen. Wiesbaden: Springer VS.

Klare, Heiko; Sturm, Michael (2016): Aktionsformen und Handlungsangebote der extremen Rechten. In: Virchow, Fabian; Langebach, Martin; Häusler, Alexander (Hrsg.): Handbuch Rechtsextremismus. Wiesbaden: Springer VS, S. 181-204.

Kleine Wördemann, Gerald (2018): Rostocker „Identitäre" suchen reiche Geldgeber: Bezahlte AfD die Rechtsextremisten? In: Ostsee Zeitung online vom 11.07.2019. www.ostsee-zeitung.de/Nachrichten/MV-aktuell/Rostocker-Identitaere-suchen-reiche-Geldgeber-Bezahlte-AfD-die-Rechtsextremisten (19.09.2021).

Klüter, Helmut (2018a): Folgen der Kreisgebietsreform und Entwicklungschancen für das östliche Mecklenburg-Vorpommern. Folien des Vortrags an der Universität Greifswald, Institut für Geographie und Geologie. www.researchgate.net/publication/334051208_Folgen_der_Kreisgebietsreform_und_Entwicklungschancen_fur_das_ostliche_Mecklenburg-Vorpommern (09.09.2021).

Klüter, Helmut (2018b): Sehnsucht nach der Oststee. In: Creuzberger, Stefan; Mrotzek, Fred; Niemann, Mario (Hrsg.): Land im Umbruch. Mecklenburg-Vorpommern nach dem Ende der DDR. Berlin: be.bra, S. 234-260.

Koch, Rainer (2022): Arbeit mit Aussteiger*innen aus rechtsextremen Szenen. Perspektiven für die Soziale Arbeit. In: Gille, Christoph; Jagusch, Birgit; Chehata, Yasmine (Hrsg.): Die extreme Rechte in der Sozialen Arbeit. Grundlagen, Arbeitsfelder, Handlungsmöglichkeiten. Weinheim, Basel: Beltz Juventa, S. 439-450.

Kords, Gabriel (2018): AfD-Abgeordneter beschäftigt Neonazi in seinem Büro. *www.nordkurier.de/mecklenburg-vorpommern/afd-abgeordneter-beschaeftigt-neonazi-in-seinem-buero-0533914812.html* In: Nordkurier vom 05.12.2018. (09.04.2021).

Korfmacher, Carsten (2021): AfD-Bundestagskandidat war in der rechtsextremen Szene. In: Nordkurier vom 26.01.2021. *www.nordkurier.de/mecklenburg-vorpommern/afd-bundestagskandidat-war-in-der-rechtsextremen-szene-2642193101.html* (15.03.2021).

Korfmacher, Carsten (2020): Militante Neonazis rufen zu Training in MV auf. In: Nordkurier vom 10.01.2020. www.nordkurier.de/mecklenburg-vorpommern/militante-neonazis-rufen-zu-training-in-mv-auf-1038042101.html (18.10.2021).

Korfmacher, Carsten (2019): Verfassungsschutz in MV sieht sich Burschenschaften an. In: Nordkurier vom 24.04.2019. *www.nordkurier.de/mecklenburg-vorpommern/verfassungsschutz-in-mv-sieht-sich-burschenschaften-an-2435288004.html* (15.03.2021).

Koschkar, Martin; Nestler, Christian; Scheele, Christopher (2013): Laboratorium Mecklenburg-Vorpommern – Politik und Parteienwettbewerb im Spiegel der Transformation. In: Koschkar, Martin; Nestler, Christian; Scheele, Christopher (Hrsg.): Politik in Mecklenburg-Vorpommern. Wiesbaden: Springer VS, S. 11-23.

Köttig, Michaela (2020): Akzeptieren?! Konfrontieren?! Gesellschaftshistorische Einbettung professioneller Ansätze in der Sozialen Arbeit im Umgang mit extrem rechten Tendenzen. In: Soziale Arbeit 69 (4), S. 131-138.

Krafeld, Franz-Josef (2001): Gerechtigkeitsorientierung als Alternative zur Attraktivität rechtsextremer Orientierungsmuster. In: deutsche jugend, 49 (7/8), S. 322-332.

Krug, Lisa (2016): Zwischen Seen und Meer. *www.der-rechte-rand.de/archive/1937/ib-zwischen-seen-meer/* (21.10.2021).

Kuhlmann, Carola (2012): Soziale Arbeit im nationalsozialistischen Herrschaftssystem. In: Thole, Werner (Hrsg.): Grundriss Soziale Arbeit. Wiesbaden: Springer VS, S. 87-107.

Kunstreich, Timm (2019): Für eine Heimkampagne 3.0! In: Sozial Extra 43, S. 287-289.

Küpper, Beate; Krause, Daniela; Zick, Andreas (2019): Rechtsextreme Einstellungen in Deutschland 2002-2018/19. In: Zick, Andreas; Küpper, Beate; Berghan, Wilhelm: Verlorene Mitte, feindselige Zustände. Rechtsextreme Einstellungen in Deutschland 2018/2019. Herausgegeben für die Friedrich-Ebert-Stiftung von Franziska Schröter. Bonn: Dietz, S. 117-146.

Lang, Juliane; Trzeciak, Miriam Friz (2022): Nicht nur am ‚rechten Rand'. Analysen und Antworten auf antifeministische, LSBTIQ*-bezogene und frauen*feindliche Angriffe. In: Gille, Christoph; Jagusch, Birgit; Chehata, Yasmine (Hrsg.): Die extreme Rechte in der Sozialen Arbeit. Grundlagen, Arbeitsfelder, Handlungsmöglichkeiten. Weinheim, Basel: Beltz Juventa, S. 321-332.

Langebach, Martin; Raabe, Jan (2016): Die „Neue Rechte" in der Bundesrepublik Deutschland. In: Virchow, Fabian; Langebach, Martin; Häusler, Alexander (Hrsg.): Handbuch Rechtsextremismus. Wiesbaden: Springer VS, S. 561-585.

LaiV – Landesamt für innere Verwaltung Mecklenburg-Vorpommern (2021): Anstieg des Bruttoinlandsprodukts in Mecklenburg-Vorpommern im 1. Halbjahr 2021 um 1,3 Prozent. *www.laiv-mv.de/Statistik/Presse-und-Service/Pressemitteilungen/?id=174307&processor=processor.sa.pressemitteilung* (15.10.2021).

LaiV – Landesamt für innere Verwaltung Mecklenburg-Vorpommern (2019): Europawahl am 26. Mai 2019 in Mecklenburg-Vorpommern. Kurzüberblick. www.laiv-mv.de/Wahlen/Europawahlen/2019/ (15.03.2021).

Landeswahlleitung MV (Hrsg.) (2021): Wahlergebnisse für MV ab 1990. *https://www.laiv-mv.de/Wahlen/Landtagswahlen/2021/* (22.12.2021).

Lehnert, Esther (2018): Kulturkampf von rechts – und die ASH mittendrin. In: Alice Salomon Hochschule (Hrsg.): Organize! Extrem Rechte und Rechtspopulismus im Rahmen Sozialer Arbeit. http://ponte.pad-berlin.de/wp-content/uploads/2018/12/Brosch%C3%BCreFachtag Organize.pdf (09.02.2021).

Lehnert, Esther; Radvan, Heike (2016): Rechtsextreme Frauen. Analysen und Handlungsempfehlungen für die Soziale Arbeit und die Pädagogik. Opladen: Barbara Budrich.

Lehrende Institut für Soziale Arbeit BTU Cottbus (2020): Der Umgang mit rechtsextrem organisierten Studierenden: Stellungnahme von Lehrenden des Instituts für Soziale Arbeit aus aktuellem Anlass. www-docs.b-tu.de/soziale-arbeit-ba-fh/public/aktuelles/2020/Stellungnahme/Stellungnahme-Institut-SozA%20BTU-Cottbus-26.2.20-mit-Unterschriften.pdf (09.02.2021).

Lierke, Lydia; Perinelli, Massimo (Hrsg.) (2020) Erinnern stören. Der Mauerfall aus migrantischer und jüdischer Perspektive. Berlin: Verbrecher Verlag.

Lissok, Nadja (2020): Studie zur Neuen Rechten „Mitarbeiter der Sozialarbeit werden bedroht". *www.ksta.de/region/wir-helfen/studie-zur-neuen-rechten--mitarbeiter-der-sozialarbeit-werden-bedroht--7557992?cb=1634764762072&* (15.10.2021).

Lühmann, Michael (2021): Rassismus und die extreme Rechte in „Ostdeutschland". Über tiefe Spuren, wichtige Differenzierungen und „ostdeutsche" Auswege. In: Kowalczuk, Ilko-Sascha; Ebert, Frank; Kulick, Holger (Hrsg.): (Ost)Deutschlands Weg 1989-2021. 45 Studien & Essays zur Lage des Landes. Teil I – 1989 bis heute. Berlin, Bonn: Bundeszentrale für politische Bildung, S. 727-741.

LOBBI – Landesweite Opferberatung, Beistand und Information für Betroffene rechter, Gewalt in Mecklenburg-Vorpommern (Hrsg.) (2021): Rechte Gewalt in Mecklenburg-Vorpommern – LOBBI veröffentlicht Zahlen für 2020. https://lobbi-mv.de/rechte-gewalt-2020/ (15.09.2021).

Lübbert, Anke (2021): Zentralisierung. Die Kreisgebietsreform verstößt gegen den Gleichheitsgrundsatz. In: Katapult vom 31.08.2021. https://katapult-mv.de/artikel/kreisgebietsreform-interview (15.09.2021).

LzpB MV – Landeszentrale für politische Bildung Mecklenburg-Vorpommern (Hrsg.) (2018): Die Geschichte des Landes. *https://politik-mv.de/2018/08/14/die-geschichte-des-landes/* (08.04.2021).

Maaß, Anne-Marie (2019): Jugendliche nach Anschlag auf Demokratiebahnhof schuldig gesprochen. www.nordkurier.de/anklam/jugendliche-nach-anschlag-auf-demokratiebahnhof-schuldig-gesprochen-1737817612.html (12.10.2021).

Manow, Philipp (2018): Die Politische Ökonomie des Populismus. Berlin: Suhrkamp.

Maus, Andreas; Röpke, Andrea; Seemann, Lisa; Otto, Kim; Mogul (2018): Schulterschluss mit Rechtsextremen: die neue Strategie der AfD. In: Monitor vom 06.09.2018. www1.wdr.de/daserste/monitor/sendungen/afd-208.html *(12.03.2021).*

Mayring, Philipp (2016): Einführung in die qualitative Sozialforschung. Weinheim, Basel: Beltz.

Meibauer, Jörg (2013): Hassrede – von der Sprache zur Politik. In: Ders. (Hrsg.): Hassrede/Hatespeech – Interdisziplinäre Beiträge zu einer aktuellen Diskussion. Gießener Elektronische Bibliothek. www.geb.uni-giessen.de/geb/volltexte/2013/9251/ (18.08.2021).

Metz, Markus; Seeßlen, Georg (2018): Der Rechtsruck. Skizzen zu einer Theorie des politischen Kulturwandels. Berlin: Bertz und Fischer.

MIE – Ministerium für Inneres und Europa Mecklenburg-Vorpommern (Hrsg.) (2021): IM-MV: Expertenkommission legt Bericht vor – Innenminister Renz zieht erste Konsequenzen. *www.presseportal.de/blaulicht/pm/108531/4919278* (05.10.2021).

MIE – Ministerium für Inneres und Europa Mecklenburg-Vorpommern (2020): Verfassungsschutzbericht 2019. www.verfassungsschutz-mv.de/publikationen/ (18.08.2021).

MIE – Ministerium für Inneres und Europa Mecklenburg-Vorpommern (2019): Verfassungsschutzbericht 2018. www.verfassungsschutz-mv.de/publikationen/ (18.08.2021).

MIE – Ministerium für Inneres und Europa Mecklenburg-Vorpommern (2018): Verfassungsschutzbericht 2017. www.verfassungsschutz-mv.de/publikationen/ (18.08.2021).

MIE – Ministerium für Inneres und Europa Mecklenburg-Vorpommern (Hrsg.) (2017): Verfassungsschutzbericht 2016. www.verfassungsschutz-mv.de/publikationen/ (18.08.2021).

MIE – Ministerium für Inneres und Europa Mecklenburg-Vorpommern (2016): Verfassungsschutzbericht 2015. www.verfassungsschutz-mv.de/publikationen/ (18.08.2021).

Misselwitz, Charlotte (2020): Als ob wir nichts zu lernen hätten von den linken Juden der DDR ... Bemerkungen zu dem Beitrag von Micha Brumlik „Ostdeutscher Antisemitismus: Wie braun war die DDR?“ www.bpb.de/geschichte/zeitgeschichte/deutschlandarchiv/308502/als-ob-wir-nichts-zu-lernen-haetten-von-den-linken-juden-der-ddr- (15.09.2021).

Mrotzek, Fred (2018): Bewegende Anfänge. Die Neugründung des Bundeslandes Mecklenburg-Vorpommern – ein Sonderfall. In: Creuzberger, Stefan; Mrotzek, Fred; Niemann, Mario (Hrsg.): Land im Umbruch. Mecklenburg-Vorpommern nach dem Ende der DDR. Berlin: be.bra, S. 11-22.

Müller, Mario (2017): Kontrakultur. Steigra: Antaios.

Muy, Sebastian (2018): Über Widersprüche Sozialer Arbeit in Sammelunterkünften für Asylsuchende. In: Stehr, Johannes; Anhorn, Roland; Rathgeb, Kerstin (Hrsg.): Konflikt als Verhältnis, Konflikt als Verhalten – Konflikt als Widerstand. Widersprüche der Gestaltung Sozialer Arbeit zwischen Alltag und Institution. Wiesbaden: Springer VS, S. 155-167.

Natorp, Paul (1899): Sozialpädagogik. Theorie der Willenserziehung auf der Grundlage der Gemeinschaft. Reprint der Originalausgabe. Stuttgart: Frommanns.

Nordkurier (2018): Rechte Störer in Uni Rostock. Identitäre Bewegung stürmt Hörsaal. In: Nordkurier vom 03.02.2018. www.nordkurier.de/mecklenburg-vorpommern/identitaere-bewegung-stuermt-hoersaal-0331144102.html (21.10.2021).

Nordkurier (2014): Harte Linie gegen Rocker: Symbole der „Hells Angels“ in MV verboten. In: Nordkurier vom 27.06.2014. www.nordkurier.de/mecklenburg-vorpommern/symbole-der-hells-angels-in-mv-verboten-277964606.html (12.10.2021).

NPD (2020): Kreistag Vorpommern-Greifswald: AfD stimmt mit NPD gegen wahlplakatabreißende Demokratiebahnhofschefin und den Integrationsbeauftragten! *www.npd-mv.de/?p=19639* (15.03.2021).

Ostsee-Zeitung (Hrsg.) (2018): Rechtsruck bei der AfD? Kreisverband trifft Identitäre. In:_ Ostsee-Zeitung vom 09.02.2018. *www.ostsee-zeitung.de/Mecklenburg/Rostock/Rechtsruck-bei-der-AfD* (15.03.2021).

Paritätischer Gesamtverband (2020): Druck aus den Parlamenten – zum Umgang sozialer Organisationen mit Anfeindungen von rechts. www.der-paritaetische.de/publikationen/druck-aus-den-parlamenten-zum-umgang-sozialer-organisationen-mit-anfeindungen-von-rechts/ (18.02.2021)

Paulini, Christa (2017): Gerade die Fürsorgerin ist zur Mitarbeit am Volksaufbau berufen. In: Amthor, Ralph-Christian (Hrsg.): Soziale Arbeit im Widerstand! Weinheim: Beltz Juventa, S. 58-74.

PWH – Peter Weiß Haus (Hrsg.) (2018): Anschlag auf das Peter-Weiss-Haus. Pressemitteilung. In: Stadtgestalten. https://stadtgestalten.org/pwh/anschlag-auf-das-peter-weiss-haus/ (23.07.2021).

Pfahl-Traughber, Armin (2020): Die AfD ist (mittlerweile) eine rechtsextremistische Partei. In: Sozial Extra 2/2020, S. 87–91.

Pfeiffer, Thomas (2017): Menschenverachtung mit Unterhaltungswert. Musik, Symbolik, Internet – der Rechtsextremismus als Erlebniswelt. In: Glaser, Stefan; Pfeiffer Thomas (Hrsg.): Erlebniswelt Rechtsextremismus. Modern – subversiv – hasserfüllt. Schwalbach i. Ts.: Wochenschau, S. 41-64.

Pubantz, Frank (2020): Verfassungsschutz nimmt Greifswalder Burschenschaftler ins Visier. In: Ostsee-Zeitung vom 24.02.2020. www.ostsee-zeitung.de/Nachrichten/MV-aktuell/Verfassungsschutz-nimmt-Greifswalder-Burschenschaftler-ins-Visier (15.03.2021).

Queer Communications (Hrsg.) (2021): Mecklenburg-Vorpommern: Queerfeindlicher Angriff auf Jugendzentrum. www.queer.de/detail.php?article_id=38465 (10.10.2021)

Quent, Matthias (2019): Deutschland rechts aussen. Wie die Rechten nach der Macht greifen und wie wir sie stoppen können. München: Piper.

RAA MV – Regionale Arbeitsstelle für Bildung, Integration und Demokratie Mecklenburg-Vorpommern e. V. Hrsg. (2020): KZ-Außenlager Neubrandenburg (Waldbau). https://zeitlupe-nb.de/de/ort/kz-aussenlager-neubrandenburg-waldbau (15.09.2021).

Rat für Migration (2021): Stellungnahme zur Diskreditierung rassismuskritischer Forschung und Forscher*innen. www.rat-fuer-migration.de/2021/02/03/zur-diskreditierung-rassismuskritischer-forschung/ (09.08.2020).

Reißenweber, Uwe (2019): Meldeplattform in MV: „Lehrer-Pranger" schlägt auf AfD zurück. In: Nordkurier vom 01.09.2019. www.nordkurier.de/mecklenburg-vorpommern/lehrer-pranger-schlaegt-auf-afd-zurueck-0136609109.html (05.10.2021).

Rieker, Peter (2009): Rechtsextremismus, Prävention und Intervention. Ein Überblick über Ansätze, Befunde und Entwicklungsbedarf. Weinheim: Beltz Juventa.

RND – RedaktionsNetzwerk Deutschland (2020): Nach Waffenkaufaffäre: MV-Innenminister Caffier tritt zurück. www.rnd.de/politik/nach-waffenkauf-affare-mv-innenminister-caffier-tritt-zuruck-LDUGIDA6UJALDJZ6FNR3ALK62E.html (15.10.2021).

Rock gegen Rechts MV (2021): Solidarität ohne Grenzen! Brandanschlag in Greifswald. www.rock*gegenrechts.com/?p=5104* (24.07.2021).

Röpke, Andrea (2015): Gefährlich verankert. Rechtsextreme Graswurzelarbeit, Strategien und neue Netzwerke in Mecklenburg-Vorpommern. Sozialdemokratische Schriften zur Landespolitik. Schwerin: SPD Landtagsfraktion Mecklenburg-Vorpommern.

Röpke, Andrea (2010): Die geführte Jugend – Kindererziehung von rechts. Braunschweig: Bildungsvereinigung Arbeit und Leben.

Röpke, Andrea; Speit, Andreas (2019): Völkische Landnahme. Alte Sippen, junge Siedler, rechte Ökos. Berlin: Christoph Links.

Röpke, Andrea; Speit, Andreas (2017): Rechtsaußen-AfDler im Chat. www.bnr.de/artikel/hintergrund/rechtsau-en-afdler-im-chat (28.08.2021).

Roscher, Silvia (2006): Neonazi Kontaktbörse. www.bnr.de/content/neonazi-kontaktboerse (11.08.2021).

Rösel, Felix; Sonnenburg, Julia (2016): Politisch abgehängt? Kreisgebietsreform und AfD-Wahlergebnis in Mecklenburg-Vorpommern. In: ifo Dresden berichtet Jg. 23/2016, Heft 6, S. 6-13.

Roeser, Rainer (2019): AfD: Wirbel um rausgeworfenen „Kameraden". www.bnr.de/artikel/hintergrund/afd-wirbel-um-rausgeworfenen-kameraden (11.10.2021).

Rudnicka, Justyna (2020): Statistiken zu Mecklenburg-Vorpommern. https://de.statista.com/themen/2450/mecklenburg-vorpommern/#dossierSummary__chapter2 (08.03.2021).

Sager, Thomas (2012): Wesensverwandtschaft mit dem NS. www.bnr.de/artikel/hintergrund/wesensverwandtschaft-mit-dem-ns (11.08.2021).

Salzborn, Samuel (2020): Rechtsextremismus. Erscheinungsformen und Erklärungsansätze. 4. Auflage. Baden-Baden: Nomos.

Salzborn, Samuel (2018): Rechtsextremismus? Rechtsradikalismus? Extreme Rechte? Rechtspopulismus? Neonazismus? Neofaschismus? In: Baron, Philip; Drücker, Ansgar; Seng, Sebastian (Hrsg.): Das Extremismusmodell. Über seine Wirkungen und Alternativen in der politischen (Jugend-)Bildung und der Jugendarbeit. Düsseldorf: Informations- und Dokumentationszentrums für Antirassismusarbeit e. V., S. 5-9.

Salzborn, Samuel (2017): Angriff der Antidemokraten. Die völkische Rebellion der Neuen Rechten. Weinheim, Basel: Beltz Juventa.

Salzmann, Susann (2019): Dunkle Wolken über der Penzliner CDU. In: Nordkurier vom 25.06.2019. www.nordkurier.de/mueritz/dunkle-wolken-ueber-der-penzliner-cdu-2535902906.html (15.03.2021).

Schellhöh, Jennifer (2018): Abgrenzungen an allen Fronten. Die Neue Rechte und ihre ethnopluralistische Erzählung. In: Schellhöh, Jennifer; Reichertz, Jo; Heins, Volker M.; Flender, Armin (Hrsg.): Großerzählungen des Extremen. Neue Rechte, Populismus, Islamismus, War on Terror. Bielefeld: transcript, S. 15-20.

Scherr, Albert (2020): Editorial. In: Soziale Arbeit und Rechtsextremismus. Schwerpunktheft Archiv für Wissenschaft und Praxis der sozialen Arbeit 51 (2), S. 1-2.

Scherr, Albert; Bitzan, Renate (2007): Rechtsextreme Studierende und JugendarbeiterInnen – Phantom oder Tabu? Sozial Extra 1&2 (2007), S. 8-10.

Schmidt, Joachim (Hrsg.) (2017a): 18 Monate Haft für ‚Alten Herren' der Burschenschaft Rugia wegen Volksverhetzung. Fleischervorstadt-Blog. blog.17vier.de/2017/04/24/rigolf-hennig-volksverhetzung-rugia/ (15.08.2021).

Schmidt, Joachim (Hrsg.) (2017b): AfD-Chats: Causa Holger Arppe ist kein Einzelfall. Fleischervorstadt-Blog. blog.17vier.de/2017/09/18/afd-chats-holger-arppe/ (15.08.2021).

Schroeder, Wolfgang; Greef, Samuel; Ten Elsen, Jennifer; Heller, Lukas (2020): Bedrängte Zivilgesellschaft von rechts. Interventionsversuche und Reaktionsmuster. OBS Arbeitsheft 102. www.otto-brenner-stiftung.de/wissenschaftsportal/publikationen/titel/bedraengte-zivilgesellschaft-von-rechts/aktion/show/ (09.02.2021).

Schroeder, Wolfgang; Weßels, Bernhard (Hrsg.) (2019): Smarte Spalter. Die AfD zwischen Bewegung und Parlament. Bonn: Dietz.

Schröder, Rike (2019): NPD-„Sömmerfier" im kleinen Kreis. www.bnr.de/artikel/aktuelle-meldungen/npd-s-mmerfier-im-kleinen-kreis (15.10.2021).

Schubert, Martin; Schenderlein, Laura (2016): Aus dem Fokus – Gedanken aus der gemeinwesenberaterischen Praxis. In: Regionale Arbeitsstelle für Bildung, Integration und Demokratie (RAA) Mecklenburg-Vorpommern e.V. (Hrsg.): Rechts oben II – Demokratie und Rechtsextremismus in Mecklenburg-Vorpommern. S. 65-71. www.raa-mv.de/sites/default/files/raa_ro2_0.pdf (09.02.2021).

Schuhmacher, Nils; Scherthelm, Moritz; Zimmermann, Gillian (2021): Stay with the trouble. Politische Interventionen in der Offenen Kinder- und Jugendarbeit. Berlin: BAG OKJE. htt-www.offene-jugendarbeit.net/pdf/Studie_Stay_with_the_Trouble_web.pdf (09.09.2021).

Schulz, Marlen; Ruddat, Michael (2012): „Let's talk about sex!" Über die Eignung von Telefoninterviews in der qualitativen Sozialforschung. Forum Qualitative Sozialforschung 13 (3), www.qualitative-research.net/index.php/fqs/article/view/1758 (01.03.2021).

Schulz, Philipp (2020): AfD will Mitgründerin Bundesverdienstkreuz entziehen lassen. In: Nordkurier vom 12.03.2020. www.nordkurier.de/anklam/afd-will-mitgruenderin-bundesverdienstkreuz-entziehen-lassen-1238696903.html (15.03.2021).

Schulze, Christoph (2008): Vier-Säulen-Konzept. In: Belltower News vom 23.04.2008. www.belltower.news/vier-saeulen-konzept-51134/ (12.12.2021).

Schütz, Alfred; Luckmann, Thomas (1975/2003): Strukturen der Lebenswelt. Konstanz: UVK.

Seelmeyer, Udo (2018): Normalität und Normalisierung. In: Otto, Hans-Uwe; Thiersch, Hans; Treptow, Rainer; Ziegler, Holger (Hrsg.): Handbuch Soziale Arbeit. 6. Auflage. München: Ernst Reinhardt, S. 1091-1097.

Sehmer, Julian; Simon, Stephanie; Ten Elsen, Jennifer; Thiele, Felix (Hrsg.) (2021): Recht extrem - Dynamiken in zivilgesellschaftlichen Räumen. Wiesbaden: Springer VS.

Sieber, Roland (2016): Von „Unsterblichen" und „Identitären" – Mediale Inszenierung und Selbstinszenierung der extrem Rechten. In: Braun, Stephan; Geisler, Alexander; Gerster, Martin (Hrsg.): Strategien der extremen Rechten. Hintergründe – Analysen – Antworten. 2. Auflage. Wiesbaden: Springer VS, S. 365-377.

Speit, Andreas (2021): Verqueres Denken. Gefährliche Weltbilder in alternativen Milieus. Berlin: Christoph Links.

Speit, Andreas (2019): Rechtsrock-Bands aus Meck-Pomm: Internationale Kontakte. In: taz vom 13.09.2019. https://taz.de/Rechtsrock--Bands-aus-Meck-Pomm/!5622401/ (14.03.2021).

Spinrath, Andreas; Maus, Andreas (2019): Bürgerliche Fassade, rechte Gesinnung: Die neue Strategie der Rechtsextremen. www1.wdr.de/daserste/monitor/sendungen/anklam-100.html (08.09.2021).

Staack, Michael (2021): Jahresrückblick 2020. Mecklenburg-Vorpommern. www.belltower.news/jahresrueckblick-2020-mecklenburg-vorpommern-111083/ (13.04.2021).

Staatskanzlei Mecklenburg-Vorpommern Hrsg. (o.J.): Daten und Fakten zur demografischen Entwicklung in Mecklenburg-Vorpommern. www.regierung-mv.de/Landesregierung/stk/Themen/ Demografischer-Wandel/Daten-und-Fakten/ (14.03.2021).

Stark, Toralf; Wegscheider, Carsten; Brähler, Elmar; Decker, Oliver (2017): Sind Rechtsextremisten sozial ausgegrenzt? Eine Analyse der sozialen Lage und Einstellungen zum Rechtsextremismus. Papers RLS 2/2017. www.rosalux.de/publikation/id/37644/sind-rechtsextremisten-sozial-ausgegrenzt/ (09.08.2021).

StatA MV – Statistisches Amt Mecklenburg-Vorpommern (2021a): Statistisches Jahrbuch Mecklenburg-Vorpommern 2021. www.laiv-mv.de/Statistik/Ver%C3%B6ffentlichungen/Jahrbuecher/ (10.10.2021).

StatA MV – Statistisches Amt Mecklenburg-Vorpommern (2021b): Statistische Berichte. Bevölkerungsstand. Ausländische Bevölkerung (Ausländerzentralregister) 2020. Schwerin: StatA.

StatA MV – Statistisches Amt Mecklenburg-Vorpommern (2021c): Bevölkerungsentwicklung der Kreise und Gemeinden in Mecklenburg-Vorpommern (Faktoren der Bevölkerungsentwicklung) 2020. Schwerin: StatA MV.

Staud, Toralf; Radke, Johannes (2012): Neue Nazis. Jenseits der NPD: Populisten, Autonome Nationalisten und der Terror von rechts. Köln: Kiepenheuer & Witsch.

Steiner, Felix M. (2017): Vom Nazi-Skinhead zum Nipster – rechtsextreme Jugendkulturen im Wandel. www.bpb.de/politik/extremismus/rechtsextremismus/255988/jugendkulturen-im-wandel (13.09.2021).

Stützel, Kevin (2019): Jugendarbeit im Kontext von Jugendlichen mit rechten Orientierungen. Wiesbaden: Springer VS.

SVZ – Schweriner Volkszeitung (Hrsg.) (2014): „Hells Angels" und „Bandidos" teilen sich MV. In: SVZ vom 08.01.2014. www.svz.de/5377296 (15.10.2021).

SZ – Süddeutsche Zeitung (2017): Kriminalität – Greifswald: Brandanschlag: Wieder Vorfall an Jugendzentrum in Greifswald. In: SZ vom 29.01.2020. www.sueddeutsche.de/panorama/kriminalitaet-greifswald-brandanschlag-wieder-vorfall-an-jugendzentrum-in-greifswald-dpa.urn-newsml-dpa-com-20090101-200129-99-678791 (21.07.2021).

Thole, Werner (2020): Problematische Ablehnungskonstruktionen. Sozialstaat, Gemeinschaft und Erziehung in rechtspopulistischen Sprachspielen und Rhetoriken. In: Sozial Extra 44, S. 107-112.

Trepsdorf, Daniel K. W. (2017): Mecklenburg-Vorpommern 2017. Kontinuitäten und neue exemplarische Entwicklung. www.belltower.news/mecklenburg-vorpommern-2017-kontinuitaeten-und-neue-exemplarische-entwicklung-46398/ (08.03.2021).

Tretropp, Stefan (2019): Schweinekopf auf zukünftigem Moschee-Gelände abgelegt. In: Nordkurier vom 20.02.2019. www.nordkurier.de/mecklenburg-vorpommern/schweinekopf-auf-zukuenftigem-moschee-gelaende-abgelegt-2034618502.html (04.12.2021).

Universitäts- und Hansestadt Greifswald (2021): Änderungsantrag zum Haushaltsplan der Universitäts- und Hansestadt Greifswald – hier Änderungsantrag zur Vorlage BV-V/07/0374-03, Beschlussvorlage der Politik. Greifswald: Ausschuss für Finanzen, Liegenschaften und Beteiligungen.

Vehkamp, Robert (2021): Rechtsextreme Einstellungen der Wähler*innen vor der Bundestagswahl. Einwurf 1/2021 der Bertelsmann Stiftung. www.bertelsmann-stiftung.de/de/unsere-projekte/monitoring-der-demokratie/projektnachrichten/rechtsextreme-einstellungen-der-waehlerinnen-vor-der-bundestagswahl-2021 (08.02.2021).

Virchow, Fabian (2018): Die extreme und populistische Rechte in Deutschland nach 1945. Empirische Befunde und theoretisch-begriffliche Zugänge. In: Gomolla, Mechthild; Kollender, Ellen; Menk, Marlene (Hrsg.): Rassismus und Rechtsextremismus in Deutschland. Figurationen und Interventionen in Gesellschaft und staatlichen Institutionen. Weinheim, Basel: Beltz Juventa, S. 28-43.

Virchow, Fabian (2016): „Rechtsextremismus": Begriffe – Forschungsfelder – Kontroversen. In: Virchow, Fabian; Langebach, Martin; Häusler, Alexander (Hrsg.): Handbuch Rechtsextremismus. Wiesbaden: Springer VS, S. 5-41.

Virchow, Fabian; Häusler, Alexander (2022): Begriffliche Einordnung: Rechtsextremismus – Rechtsradikalismus – Extreme Rechte – Faschismus – Neonazismus – Neue Rechte – Rechtspopulismus. In: Gille, Christoph; Jagusch, Birgit; Chehata, Yasmine (Hrsg.): Die extreme Rechte in der Sozialen Arbeit. Grundlagen, Arbeitsfelder, Handlungsmöglichkeiten. Weinheim, Basel: Beltz Juventa, S. 38-48.

Volgmann, Thomas (2020): Mecklenburg-Vorpommern: Sind die Rocker im Land zahm geworden? In: Schweriner Volkszeitung vom 06.10.2020. *www.svz.de/29867547* (15.10.2021).

Waibel, Harry (2017): Die braune Saat. Antisemitismus und Neonazismus in der DDR. Stuttgart: Schmetterling.

Wéber, Júlia; Brauer, Kai (Hrsg.) (2021): Die Friedliche Revolution 1989 und die Soziale Arbeit Rückblicke und Ausblicke auf einen Epochenbruch: Zivilgesellschaft – Mitgestaltung – Hochschule. Bielefeld: Transcript Verlag.

Weiß, Volker (2016): Bedeutung und Wandel von >Kultur< für die extreme Rechte. In: Virchow, Fabian; Langebach, Martin; Häusler, Alexander (Hrsg.): Handbuch Rechtsextremismus. Wiesbaden: Springer VS, S. 441-470.

Werner, Melanie (2022): Das Kulturvolk in klassischen Theorien Sozialer Arbeit. In: Gille, Christoph; Jagusch, Birgit; Chehata, Yasmine (Hrsg.): Die extreme Rechte in der Sozialen Arbeit. Grundlagen, Arbeitsfelder, Handlungsmöglichkeiten. Weinheim, Basel: Beltz Juventa, S. 49-60.

Werz, Nikolaus (2013): Land Mecklenburg-Vorpommern. In: Bpb – Bundeszentrale für politische Bildung (Hrsg.): Handwörterbuch des politischen Systems der Bundesrepublik Deutschland. www.bpb.de/nachschlagen/lexika/handwoerterbuch-politisches-system/202057/land-mecklenburg-vorpommern?p=all (14.03.2021).

Willisch, Andreas (2021): „Abgehängte Regionen“ – Wie es sie gibt und wo nicht? Kurze Thesen zu einem besonders den Osten plagenden Dilemma. In: Kowalczuk, Ilko-Sascha; Ebert, Frank; Kulick, Holger (Hrsg.): (Ost)Deutschlands Weg 1989-2021. 45 Studien & Essays zur Lage des Landes. Teil I – 1989 bis heute. Berlin, Bonn: Bundeszentrale für politische Bildung, S. 131-133.

Winters, Peter J. (2000): Rezension zu: Hajna, Karl-Heinz (2000): Die Landtagswahlen 1946 in der SBZ. In: Frankfurter Allgemeine Zeitung vom 21.11.2000. www.faz.net/aktuell/feuilleton/politik/rezension-sachbuch-zum-ersten-und-letzten-male-113239.html?printPagedArticle=true#pageIndex_2 (28.08.2021).

Woltering, Christian; Höppner, Isabell-Marie (2020): Haltung und Strategie – zum Umgang der Wohlfahrtsverbände mit Rechtsextremismus. In: Archiv für Wissenschaft und Praxis der sozialen Arbeit 51(2), S. 49-53.

Wrede, Jesko (2016): … nicht bloß harmlose Pfadfinder: Völkische Jugendbünde. www.bpb.de/politik/extremismus/rechtsextremismus/229984/-nicht-bloss-harmlose-pfadfinder-voelkische-jugendbuende (09.08.2021).

Wüstefeld, Christina; Graßtorf, Ingo (2022): Rechtsextremismus als Herausforderung für die soziale Arbeit: Erfahrungen und Handlungsstrategien der Diakonie als evangelischer Wohlfahrtsverband. In: Gille, Christoph; Jagusch, Birgit; Chehata, Yasmine (Hrsg.): Die extreme Rechte in der Sozialen Arbeit. Grundlagen, Arbeitsfelder, Handlungsmöglichkeiten. Weinheim, Basel: Beltz Juventa, S. 476-488.

Zick, Andreas; Küpper, Beate (Hrsg.) (2021): Die geforderte Mitte. Rechtsextreme und demokratiegefährdende Einstellungen in Deutschland 2020/21. Bonn: Dietz.

Ziebarth, Anne (2018): Identitäre wollen Vorlesung stören und laufen auf. In: Ostsee-Zeitung vom 18.11.2018. www.ostsee-zeitung.de/Vorpommern/Greifswald/Identitaere-stoeren-Vorlesung (22.10.2021).

Zimmermann, Gillian; Schwerthelm, Moritz; Schuhmacher, Nils (2021): Rechte Interventionen in die Offene Kinder- und Jugendarbeit: Die Inszenierung „Politischer Sterilität“ und was die Praxis ihr entgegensetzt. In: Gille, Christoph; Jagusch, Birgit; Chehata, Yasmine (Hrsg.): Die Soziale Arbeit und die extreme Rechte. Grundlagen, Arbeitsfelder, Handlungsmöglichkeiten. Weinheim, Basel: Beltz Juventa, S. 191-204.

Zorn, Daniel-Pascal (2018): Ethnopluralismus als strategische Option. In: Schellhöh, Jennifer; Reichertz, Jo; Heins, Volker M.; Flender, Armin (Hrsg.): Großerzählungen des Extremen. Neue Rechte, Populismus, Islamismus, War on Terror. Bielefeld: transcript, S. 21-34.

Abbildungsverzeichnis

Tabellenverzeichnis